Schritte PLUS NEU 6 Niveau B1.2

Deutsch als Zweitsprache
für Alltag und Beruf
Kursbuch und Arbeitsbuch
mit Audios online

Silke Hilpert
Marion Kerner
Angela Pude
Anne Robert
Anja Schümann
Franz Specht
Dörte Weers
Barbara Gottstein-Schramm
Valeska Hagner
Susanne Kalender
Isabel Krämer-Kienle

Hueber Verlag

Beratung:
Ulrike Ankenbrank, München
Annette Decker, Neu-Isenburg

Für die hilfreichen Hinweise danken wir:
PD Dr. Marion Grein, Johannes Gutenberg-Universität Mainz
sowie allen Teilnehmerinnen und Teilnehmern an den Kursleiter-Workshops

Unter Mitarbeit von:
Katja Hanke

Foto-Hörgeschichte:
Darsteller: Shary Osman, Sven Binner,
Horst Kerner, Niklas Remoundos u. a.
Fotograf: Matthias Kraus, München

Die Audio- und Videodateien finden Sie in der *Hueber Media*-App. Die Audiodateien stehen zusätzlich auch unter www.hueber.de/schritte-plus-neu zur Verfügung.

5. 4. 3. | Die letzten Ziffern
2029 28 27 26 25 | bezeichnen Zahl und Jahr des Druckes.
Alle Drucke dieser Auflage können, da unverändert, nebeneinander benutzt werden.
1. Auflage

Umschlaggestaltung: Sieveking Agentur, München
Gestaltung und Satz: Sieveking Agentur, München
GPSR-Kontakt: Hueber Verlag GmbH & Co. KG, Baubergerstraße 30, 80992 München, kundenservice@hueber.de
Druck und Bindung: FIRMENGRUPPE APPL Holding GmbH & Co. KG, Senefelderstraße 3–11, 86650 Wemding, info@appl.de
Printed in Germany
ISBN 978–3–19–641085–3

Art. 530_30197_001_03

Aufbau

Symbole und Piktogramme

Kursbuch

4 🔊 8 Hörtext

Film

Aktivität im Kurs

Einsatz mobiler Geräte (fakultativ)

ÜG Verweis auf Schritte Neu Grammatik (ISBN 978-3-19-011081-0)

Grammatik:

Wie?	..., ohne dass Sie Mitglied sind. ..., ohne Mitglied zu sein.

Hinweis:

irgend-: irgendwer, irgendwie, irgendwann, ...

Kommunikation:

Unglaublich! / Wahnsinn! ...
Ach, wirklich? Das ist ja nicht zu glauben.

Audios zum Einschleifen und Üben der Redemittel:

4 | 9–11 AUDIO-TRAINING

Arbeitsbuch

2 🔊 12 Hörtext

B2 Verweis ins Kursbuch

◇ Vertiefungsübung zum binnendifferenzierenden Arbeiten

❖ Erweiterungsübung zum binnendifferenzierenden Arbeiten

Inhaltsverzeichnis **Kursbuch**

D	E	Wortfelder	Grammatik
Von mir aus können wir uns gern duzen. • das *Du* anbieten. • duzen oder siezen?		• Arbeit und Kollegen • Umgang im Büro	• Konjunktion *falls*: *…, falls dich das interessiert.* • zweiteilige Konjunktion *je … desto/umso*: *…, desto schlechter wird die Stimmung.* • Relativsatz mit Präpositionen: *Ist das die Bekannte, von der du erzählt hast?* • Adjektiv als Nomen: *bekannt → die/der Bekannte* • n-Deklination: *ein Kollege, einen Kollegen*
Internetforum • in einem Forum antworten	**Radioreportage** • eine Radiodiskussion zum Thema „digitale Welt" verstehen • über digitale Medien diskutieren	• Technik und Alltag • digitale Medien	• Konjunktionen *während, nachdem, bevor*: *Du suchst nach der Datei, während ich das Programm runterlade.* *Alex war Polizist, bevor er „Superstar" wurde.* *Nachdem du den Ordner kopiert hattest, hast du ihn gelöscht.* • Konjunktion *als ob*: *Du tust ja so, als ob ich keine Ahnung hätte.*
Crowdsourcing • eine Radioreportage zum Thema Crowdsourcing verstehen • Crowdsourcing ausprobieren	**Die sprechende Zahnbürste – eine Kolumne** • einen Lesetext zum Thema verstehen	• Produkte und Werbung • Beschwerden und Reklamation • Missgeschicke und Pannen	• zweiteilige Konjunktion *sowohl … als auch*: *sowohl lecker als auch gesund* • zweiteilige Konjunktion *weder … noch*: *weder lecker noch gesund* • Relativsatz mit *wo* und *was*: *Das, was du suchst, …* • Partizip Präsens als Adjektiv: *wohltun → wohltuend*
In der Fremde • Aussagen zum Fremdsein verstehen • über Erfahrungen mit dem Fremdsein sprechen	**Andere Länder, andere Sitten** • über Einladungen sprechen • Ratschläge geben	• Regeln und Gesetze • Umgangsformen • fremd sein • Länder und Sitten	• Futur I: *Sie werden jetzt sofort hier weggehen!* • Konjunktion *da*: *Ich wollte einfach nur schnell los, da ich schon spät dran bin.*
Dieser Mensch war mir ein Vorbild. • über Vorbilder sprechen	**Gewissensfrage** • über Gewissensfragen sprechen und einen Standpunkt vertreten	• Vereine • soziales Engagement • Vorbilder • Gewissensfragen	• Konjunktion *seit/seitdem*: *…, seit/seitdem ich 16 bin.* • Konjunktion *bis*: *…, bis die Schule wieder anfängt.* • Konjunktion *indem*: *…, indem Sie Geld spenden.* • Konjunktionen *ohne dass / ohne zu*: *…, ohne dass Sie Mitglied sind. / ohne Mitglied zu sein.* • Präposition *außer* + Dativ: *alle außer meiner Schwester*
Aus der deutschen Geschichte • deutsche Geschichte nach 1945 verstehen • die Geschichte des Heimatlandes präsentieren		• Biografien • Demokratie • Politik und Gesellschaft • deutsche Nachkriegsgeschichte	• Passiv Perfekt: *1975 ist ein Lernhilfeverein gegründet worden.* • Passiv Präteritum: *Sie wurde zur 2. Bürgermeisterin gewählt.* • Adjektivdeklination mit Komparativ und Superlativ: *ein größerer Teil, der größere/größte Teil*
Blick zurück – Blick nach vorn • über den eigenen Deutschlernweg sprechen • über Pläne und die Zukunft sprechen		• Spezialitäten • Heimat • Europa	• Wiederholung Wortbildung Nomen: *das Volk + s + das Fest = das Volksfest* • Wiederholung Verben mit Präpositionen: *denken an* • Wiederholung Präpositionaladverbien: *denken an – daran – woran?*

Inhaltsverzeichnis **Arbeitsbuch**

Vorwort

Liebe Leserinnen, liebe Leser,

mit *Schritte plus Neu* legen wir Ihnen ein komplett neu bearbeitetes Lehrwerk vor, mit dem wir das jahrelang bewährte und erprobte Konzept von *Schritte plus* noch verbessern und erweitern konnten. Erfahrene Kursleiterinnen und Kursleiter haben uns bei der Neubearbeitung beraten, um *Schritte plus Neu* zu einem noch passgenaueren Lehrwerk für die Erfordernisse Ihres Unterrichts zu machen. Wir geben Ihnen im Folgenden einen Überblick über Neues und Altbewährtes im Lehrwerk und wünschen Ihnen viel Freude in Ihrem Unterricht.

Schritte plus Neu ...

- führt Lernende ohne Vorkenntnisse in 3 bzw. 6 Bänden zu den Sprachniveaus A1, A2 und B1.
- orientiert sich an den Vorgaben des Gemeinsamen Europäischen Referenzrahmens sowie an den Vorgaben des Rahmencurriculums für Integrationskurse des Bundesamts für Migration und Flüchtlinge.
- bereitet gezielt auf die Prüfungen *Start Deutsch 1* (Stufe A1), *Start Deutsch 2* (Stufe A2), den *Deutsch-Test für Zuwanderer* (Stufe A2–B1), das *Goethe-Zertifikat* (Stufe A2 und B1) und das *Zertifikat Deutsch* (Stufe B1) vor.
- bereitet die Lernenden auf Alltag und Beruf vor.
- eignet sich besonders für den Unterricht mit heterogenen Lerngruppen.
- ermöglicht einen zeitgemäßen Unterricht mit vielen Angeboten zum fakultativen Medieneinsatz (verfügbar im Medienpaket sowie im Lehrwerkservice und abrufbar über die *Hueber Media*-App).

Der Aufbau von *Schritte plus Neu*

Kursbuch (sieben Lektionen)

Lektionsaufbau:

- Einstiegsdoppelseite mit einer rundum neuen Foto-Hörgeschichte als thematischer und sprachlicher Rahmen der Lektion (verfügbar als Audio oder Slide-Show) sowie einem Film mit Alltagssituationen der Figuren aus der Foto-Hörgeschichte
- Lernschritte A–C: schrittweise Einführung des Stoffs in abgeschlossenen Einheiten mit einer klaren Struktur
- Lernschritte D+E: Trainieren der vier Fertigkeiten Hören, Lesen, Sprechen und Schreiben in authentischen Alltagssituationen und systematische Erweiterung des Stoffs der Lernschritte A–C
- Übersichtsseite Grammatik und Kommunikation mit Möglichkeiten zum Festigen und Weiterlernen sowie zur aktiven Überprüfung und Automatisierung des gelernten Stoffs durch ein Audiotraining sowie eine Übersicht über die Lernziele
- eine Doppelseite „Zwischendurch mal ..." mit spannenden fakultativen Unterrichtsangeboten wie Filmen, Projekten, Spielen, Liedern etc. und vielen Möglichkeiten zur Binnendifferenzierung

Arbeitsbuch (sieben Lektionen)

Lektionsaufbau:

- abwechslungsreiche Übungen zu den Lernschritten A–E des Kursbuchs
- Übungsangebot in verschiedenen Schwierigkeitsgraden, zum binnendifferenzierten Üben
- ein systematisches Phonetik-Training
- ein systematisches Schreibtraining
- Aufgaben zum Selbstentdecken grammatischer Strukturen (Grammatik entdecken)
- Aufgaben zur Prüfungsvorbereitung
- Selbsttests am Ende jeder Lektion zur Kontrolle des eigenen Lernerfolgs der Teilnehmer
- fakultative Fokusseiten zu den Themen Alltag, Beruf und Familie

Anhang:

- Lernwortschatzseiten mit Lerntipps, Beispielsätzen und illustrierten Wortfeldern
- Grammatikübersicht

Außerdem finden Sie im Lehrwerkservice zu *Schritte plus Neu* vielfältige Zusatzmaterialien für den Unterricht und zum Weiterlernen.

Viel Spaß beim Lehren und Lernen mit *Schritte plus Neu* wünschen Ihnen

Autoren und Verlag

Die erste Stunde im Kurs

1 Wie heißen Sie? Stellen Sie sich vor.

2 Sehen Sie das Foto an.
Kennen Sie die Personen? Wenn ja: Sammeln Sie Informationen.
Lesen Sie dann die Texte und ergänzen Sie. Sprechen Sie.

Mit vollem Namen heißt sie Ella Wegmann. Sie arbeitet als Journalistin hier beim Stadt-Kurier. Sie ist neugierig, sie interessiert sich für alles und sie kann sehr gut schreiben. In ihrer Freizeit macht Ella gern Sport. Ich glaube, sie joggt fast jeden Tag. Ella ist meine beste Mitarbeiterin. Manchmal habe ich Angst, sie könnte zu einer anderen Zeitung gehen.

Sami Kirsch ist mein Chef. Er ist Mitte 40 und Chefredakteur hier beim Stadtkurier. Das ist ein sehr stressiger Job. Sami isst oft ungesunde Sachen und trinkt viel zu viel Kaffee. Dazu kommt, dass er zu wenig Sport macht. Kein Wunder, dass er Magenprobleme hat. Manchmal mache ich mir Sorgen um seine Gesundheit. Aber er ist ein wirklich guter und sehr netter Chef.

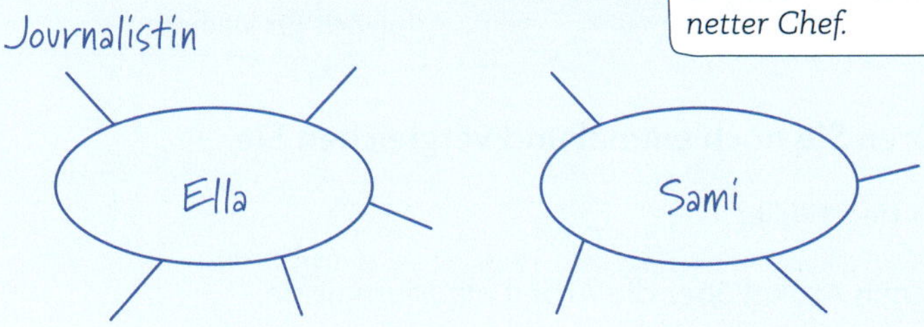

3 Erzählen Sie Ihrer Partnerin / Ihrem Partner über sich.
Stellen Sie dann Ihre Partnerin / Ihren Partner im Kurs vor.

Name | Beruf/Arbeitsplatz | Familie | Wohnort | Hobbys | Träume | ...

Unter Kollegen

4 🔊 1–4 **1 Was meinen Sie? Sehen Sie die Fotos an und beantworten Sie die Fragen.**
Hören Sie dann und vergleichen Sie.

Foto 1: Ella ist schlecht gelaunt. Warum?
Foto 2–4: Wo sind die beiden Frauen? Was machen sie dort?
Foto 3+4: Wer ist der Mann?

Vielleicht ist Ella schlecht gelaunt, weil die Frau keine Zeit für sie hat.

4 🔊 1–4 **2 Was passt? Ordnen Sie zu. Hören Sie noch einmal und vergleichen Sie.**

E = Ella   JL = Jessica Langer   M = Herr Müller

a .... hat eine Idee für einen Artikel über die Arbeit als Journalistin.
b .... und .... langweilen sich.
c .... interviewt .... zum ersten Mal.
d .... freut sich, dass sie ihr großes Vorbild .... endlich mal kennenlernt.
e .... hält Sami Kirsch für einen tollen Journalisten.
f .... erzählt, dass man auf .... oft lange warten muss.
g .... meint, dass .... immer das Gleiche sagt.

3 Lesen Sie den Chat und beantworten Sie die Fragen.

- Was erfahren Sie über Jessica Langer?
- Wie findet Ella Jessica Langer?

4 Haben Sie ein Vorbild? Zeigen Sie ein Foto und erzählen Sie.

Mein großes Vorbild ist meine Freundin Svetlana. Zu ihr kann ich immer gehen, wenn ich Probleme habe. Sie kann sehr gut zuhören und hat immer gute Ratschläge.

Ellas Film

A Wir sind jetzt per *Du*, **falls** dich das interessiert.

A1 Ein guter Tag für Ella?

a Was bedeutet *falls*? Lesen Sie die Tabelle und kreuzen Sie an.

Wir sind jetzt per *Du*,	falls	dich das	interessiert.
Kein Problem ist unlösbar,	falls	man seine Hausaufgaben ordentlich	gemacht hat.

falls = ○ weil ○ wenn ○ obwohl

b Schreiben Sie Sätze mit *falls* und vergleichen Sie mit Ihrer Partnerin / Ihrem Partner.

1 Sie haben ein Problem? Dann können Sie sich gern an mich wenden.
2 Sie möchten noch etwas wissen? Dann können Sie einfach anrufen.
3 Sie haben noch Fragen? Dann sind meine Mitarbeiter immer für Sie da.

1 Falls Sie ein Problem haben, können …

A2 Probleme im Büro

a Welche Überschrift passt? Überfliegen Sie den ersten Abschnitt und kreuzen Sie an.

○ **Gutes Zeitmanagement: Wie schaffe ich meine Aufgaben rechtzeitig?**

○ **Grenzen setzen: Wie lehne ich Aufgaben im Job ab?**

Sie kennen es sicher: Sie haben viel zu tun und wissen kaum, wie Sie Ihre Arbeit schaffen sollen. Plötzlich steht ein Kollege vor Ihnen und bittet Sie um Hilfe oder der Chef hat noch eine weitere Aufgabe für Sie. Sie möchten hilfsbereit sein und niemanden enttäuschen? Eventuell haben Sie auch Angst vor negativen Konsequenzen, falls Sie *Nein* sagen. Doch auch wenn es schwerfällt: Es ist wichtig, rechtzeitig *Nein* zu sagen. Denn Sie wirken unzuverlässig, falls Sie Ihre Aufgaben dann doch nicht schaffen.

- Achten Sie darauf, wie Sie *Nein* sagen: Seien Sie freundlich, aber bestimmt.
- Erklären Sie, warum Sie *Nein* sagen müssen. Beachten Sie dabei, dass Sie mit kurzen und klaren Erklärungen sicherer wirken.
- Sprechen Sie das Problem auch an, falls Sie schon zugesagt haben und Ihnen erst nachher klar wird, dass Sie das zeitlich nicht schaffen können.
- Zeigen Sie Verständnis für die Situation des Kollegen bzw. des Chefs und bieten Sie Alternativen/Kompromisse an. Vielleicht können Aufgaben getauscht oder verschoben werden?

b Lesen Sie den Text jetzt ganz und beantworten Sie die Fragen.

1 Warum ist es nicht so leicht, im Job *Nein* zu sagen?
2 Wie sollte man Aufgaben ablehnen?
3 Was sollte man tun, wenn man eine Aufgabe abgelehnt hat?

A3 „Könnten Sie das für mich übernehmen?“ – Wie reagieren Sie? Ordnen Sie zu.

Alternativen vorschlagen | auf Alternativvorschläge reagieren | Aufträge/Aufgaben ablehnen

....	....	....
Tut mir leid, aber ich habe gerade selbst viel zu viel zu tun. *Ich habe leider gerade überhaupt keine Zeit, zusätzliche Aufgaben zu übernehmen.* *Da kann ich dir/Ihnen leider nicht helfen, weil …* *Ich muss noch … bis … bearbeiten. / erledigen. / Deshalb …*	*Wenn wir … tauschen/verschieben, könnte ich dir/Ihnen vielleicht helfen.* *Vielleicht könnte … meine Aufgaben übernehmen, dann könnte ich …* *Ich könnte dir/Ihnen helfen, falls du/Sie jemanden für meine Aufgaben/… findest/finden.*	*Ja, gute Idee.* *Ja, stimmt. Das wäre möglich.* *Ich spreche gleich mal mit …* *Das geht leider nicht, weil …*

A4 Rollenspiel: Arbeitsaufträge ablehnen

a Arbeiten Sie zu zweit: Wählen Sie die Rollen oder schreiben Sie eigene Rollenkärtchen. Markieren Sie in A3: Welche Sätze wollen Sie benutzen?

Partner A
Sie schaffen es nicht, die heutige Konferenz vorzubereiten. Sie bitten eine Kollegin / einen Kollegen um Hilfe. Es muss sich jemand um heiße und kalte Getränke, die Technik und um Blöcke und Kulis für die Teilnehmer kümmern.

Partner B
Sie müssen heute die morgige Geschäftsreise für den Chef vorbereiten. Eine Kollegin bittet Sie um Hilfe. Lehnen Sie die Aufgabe ab, nennen Sie den Grund und bieten Sie Alternativen an.

b Spielen Sie ein Gespräch. Tauschen Sie auch die Rollen.

A Kollegin/Kollege	*B Kollegin/Kollege*
Sie bitten B um Hilfe. Sie haben eine zusätzliche Aufgabe für B.	
	Sie lehnen die Aufgabe ab. Sie erklären, warum Sie *Nein* sagen.
	Sie machen einen Alternativ-Vorschlag.
Sie reagieren auf den Vorschlag.	

◆ Frau Richter, ich brauche dringend Ihre Hilfe.
○ Worum geht's denn?
◆ Ich schaffe es heute leider nicht, die Konferenz vorzubereiten.
Es muss sich jemand um … kümmern. Könnten Sie das für mich übernehmen?
○ Tut mir leid, aber ich habe …
◆ …

B Je länger man wartet, desto schlechter wird ...

B1 Wo bleibt der denn so lange?

4 5 **a** Hören Sie und verbinden Sie. Ergänzen Sie dann die Tabelle.

1 Je länger man wartet,	desto länger muss man auf sie warten.
2 Je wichtiger die Leute sind,	desto weniger muss man glauben.
3 Je mehr man weiß,	desto schlechter wird die Stimmung.

Je länger man ...., desto/umso schlechter .... die Stimmung.

b Kettenspiel: Arbeiten Sie in Gruppen und schreiben Sie zehn Kettensätze.

Je netter meine Kollegen sind, desto lieber gehe ich zur Arbeit.
Je lieber ich zur Arbeit gehe, desto ...

B2 Freundschaften im Job. Lesen Sie den Text. Was ist richtig? Kreuzen Sie an.

Freundschaften im Job haben positiven Einfluss auf das Betriebsklima. Trotzdem warnt die Karriereexpertin Tanja Pieper vor zu engen Freundschaften am Arbeitsplatz.

Frau Pieper, Studien zeigen, dass Freundschaften am Arbeitsplatz das Betriebsklima verbessern. Je angenehmer die Arbeitsatmosphäre ist, desto weniger Stress haben die Mitarbeiter und desto besser arbeiten sie. Warum warnen Sie trotzdem vor Freundschaften im Job?

Nun ja, Freundschaften im Job können auch zu Problemen führen. So kann zum Beispiel die Freundin plötzlich zur Chefin werden.

Privat- und Berufsleben sollten also getrennt werden?

Nein, ein gutes Betriebsklima ist schon wichtig. Je kälter das Betriebsklima ist, desto schneller wechseln die Mitarbeiter den Betrieb und desto häufiger sind sie krank.

Ist es nicht schwierig, immer auf Distanz zu bleiben?

Einen freundschaftlichen Umgang kann man nicht vermeiden. Aber der Kontakt muss trotzdem professionell bleiben.

Und wie schafft man das?

Zunächst sollte man gute Zusammenarbeit nicht mit Freundschaft verwechseln. Außerdem gibt es am Arbeitsplatz natürlich Tabuthemen, beispielsweise Beziehungsprobleme und Geldsorgen.

1 ○ Freundschaften im Job beeinflussen die Arbeitsleistung negativ.
2 ○ Frau Pieper meint, dass Freundschaften im Job auch problematisch sein können.
3 ○ Angestellte, die sich am Arbeitsplatz wohlfühlen, melden sich häufiger krank.
4 ○ Auch sehr private Gesprächsthemen sind am Arbeitsplatz sinnvoll.

B3 Kollegen oder Freunde? Machen Sie Notizen. Diskutieren Sie.

1 Sind Freundschaften im Job in Ordnung?
2 Welche Gesprächsthemen sind im Job okay/tabu?
3 Welche Regeln im Umgang mit Kollegen finden Sie wichtig?
4 ...

1 Ja: sinnvoll, man arbeitet besser

◆ Ich finde, dass Freundschaften im Job nicht nur völlig in Ordnung, sondern auch sinnvoll sind. Denn je besser man sich mit den Kollegen versteht, desto besser arbeitet man.
○ Ja, das denke ich auch. Ich habe meine beste Freundin ...

C ... die Kollegin, **von der** ich dir erzählt habe.

C1 Lesen Sie die Tabelle und ergänzen Sie.

a Das ist die Kollegin, _von_ _der_ ich dir so oft erzählt habe.
(Ich habe dir so oft von ihr erzählt.)

b Sami gehört zu den Kollegen, ... ich nur Gutes sagen kann.
(Ich kann von ihnen nur Gutes sagen.)

c Das ist ein Mann, ... man Bescheid weiß, wenn man einmal mit ihm gesprochen hat.
(Man weiß über ihn Bescheid, wenn man einmal mit ihm gesprochen hat.)

Bescheid wissen über	+ ihn/sie:	..., über den/die	... Bescheid weiß.
erzählen von	+ ihm/ihr:	..., von dem/der	... erzählt habe.
sagen von	+ ihnen:	..., von denen	... sagen kann.

C2 Wer ist ...? Ergänzen Sie und vergleichen Sie mit Ihrer Partnerin / Ihrem Partner.

1

2

3

4

1 Tom? Das ist so ein verrückter Bekannter,
mit dem ....

2 Leo? Das ist mein treuester und romantischster Freund,
....

3 Michaela? Das ist eine witzige Bekannte,
....

4 Maria? Das ist eine meiner besten Freundinnen,
....

bekannt → der/die Bekannte
ein Bekannter / eine Bekannte

auch so: Jugendlicher, Erwachsener, Deutscher, ...

C3 Was machen Sie mit wem?

Notieren Sie Namen von Freunden, Nachbarn, Bekannten und Kollegen auf einen Zettel. Tauschen Sie dann die Zettel mit Ihrer Partnerin / Ihrem Partner. Fragen und antworten Sie.

◆ Alexander, wer ist Jibril?
○ Jibril ist ein Kollege, mit dem ich donnerstags nach der Arbeit im Orchester spiele. Wer ist ...

Jibril – Kollege

der/ein Kollege
den/einen Kollegen
dem/einem Kollegen

auch so: einen Nachbarn, Menschen, Journalisten, ...

D Von mir aus können wir uns gern duzen.

D1 Das *Du* anbieten

a *Du* oder *Sie*? In welchen Situationen werden Sie geduzt/gesiezt? Erzählen Sie.

am Arbeitsplatz | von den Nachbarn | im Geschäft | in meiner Lieblingskneipe | im Verein | im Kindergarten | auf dem Elternabend | ...

Von den Nachbarn werde ich gesiezt.

4 ◀)) 6–8 **b** Wo sind die Leute? Hören Sie und kreuzen Sie an.

Gespräch 1 ○ im Büro ○ im Treppenhaus
Gespräch 2 ○ auf dem Spielplatz ○ im Kindergarten
Gespräch 3 ○ auf dem Markt ○ im Restaurant

4 ◀)) 6–8 **c** Was ist richtig? Kreuzen Sie an. Hören Sie dann noch einmal und vergleichen Sie.

1 ○ Frau Richter arbeitet schon lange in der Firma.
2 ○ Frau Stein soll sich an Herrn Ramsauer wenden, wenn sie Fragen hat.
3 ○ Die beiden Väter kommen zu spät zum Elternabend.
4 ○ Die beiden Väter treffen sich zum ersten Mal.
5 ○ Amadou Bah hat seinen ersten Arbeitstag als Koch.
6 ○ Lars Kramer ist für den Einkauf zuständig.

4 ◀)) 6–8 D2 Wie bieten die Leute das *Du* an? Wie nehmen sie das *Du* an?

Hören Sie noch einmal. In welchem Gespräch (1–3) hören Sie das? Ergänzen Sie.

das *Du* anbieten	*Gespräch*	das *Du* annehmen	*Gespräch*
Wir sagen hier alle *Du* zueinander. Wenn es Ihnen recht ist, dann können wir uns gern duzen.	○	Ja, gern! Ich heiße ...	○
Übrigens, von mir aus können wir uns gern duzen. Ich heiße ...	○	Schön! Hallo ... Ich bin ...	○
Ach, wollen wir uns nicht lieber duzen?	○	Alles klar! Ich heiße ...	○

D3 Rollenspiele: Arbeiten Sie zu zweit und wählen Sie eine Rollenkarte.

Wählen Sie ein bis zwei Situationen und spielen Sie ein Gespräch. Verwenden Sie die Sätze aus D2.

Wetter | Urlaub | Hobbys | Familie | Bücher | Filme | Essen | ...

Sie treffen eine Mutter aus dem Kindergarten Ihres Kindes auf dem Spielplatz und unterhalten sich. Die andere Mutter bietet Ihnen das *Du* an.

Sie treffen eine Nachbarin im Zug und kommen ins Gespräch. Im Laufe des Gesprächs bieten Sie der Nachbarin das *Du* an.

Sie treffen einen älteren Kollegen aus einer anderen Abteilung auf der Weihnachtsfeier und unterhalten sich. Der Kollege bietet Ihnen das *Du* an.

D4 Duzen oder Siezen?

a Überfliegen Sie den Text und ordnen Sie zu.

Im Privatleben Grundsätzlich Im Arbeitsleben

DUZEN ODER SIEZEN?

Gibt es da eigentlich verbindliche Regeln? Das ist eine schwierige Frage. Wir haben versucht, für Sie eine kurze Antwort zu finden.

1 ______________ wird in der Regel gesiezt. Das gilt vor allem bei Kontakt zu Kunden sowie auf Ämtern und Behörden. Allerdings gibt es zunehmend Branchen, in denen das *Du* üblich ist, wie z. B. in der Computerbranche, in der Werbung, in der Gastronomie und auf dem Bau. Wird in einem Betrieb normalerweise gesiezt, dann bietet die Person das *Du* an, die eine höhere Position hat oder schon länger im Betrieb ist.

2 ______________ wird im Vergleich zu früher mehr geduzt, also nicht nur in der Familie und unter Freunden. Das *Du* schafft Gemeinschaft, egal, ob man über die Kinder, die Nachbarn, denselben Arbeitsweg oder den Hund spricht. Es gilt dabei nach wie vor die altbekannte Regel, nach der die Älteren den Jüngeren das *Du* anbieten.

3 ______________ kann man sicherlich sagen: Wer zu schnell duzt, gilt möglicherweise als unhöflich; wer zu lange siezt, kann steif wirken.

b Wer kann das *Du* anbieten? Wie lauten die beiden Regeln? Lesen Sie noch einmal und ergänzen Sie.

Im Arbeitsleben: Die Person, die ______________

Im Privatleben: Die Person, ______________

D5 Welche Regeln gelten in Ihrem Heimatland?

SCHON FERTIG? Hat Ihnen schon einmal jemand das *Du* angeboten? Schreiben Sie.

a Beantworten Sie die Fragen. Vergleichen Sie auch mit den Regeln in Deutschland und machen Sie Notizen.

1 Sagt man in Ihrer Sprache auch *Du* und *Sie*?
2 In welchen Situationen duzt/siezt man sich?
3 Wer darf das *Du* anbieten?
4 Was muss außer der Anrede noch beachtet werden, wenn man höflich sein möchte?

Ukraine
duzen: „ty"
siezen: „wy"

b Arbeiten Sie in Gruppen. Erzählen Sie von den Regeln in Ihrem Heimatland.

Ähnlich wie im Deutschen gibt es im Ukrainischen auch zwei Anredeformen.
Ich habe den Eindruck, bei uns in der Ukraine siezt man öfter als in Deutschland, z. B. sprechen sich an der Uni Dozenten und Studenten normalerweise mit „wy" an.

Grammatik und Kommunikation

Grammatik

1 Konjunktion: *falls* ÜG 10.11

	Konjunktion		Ende
Wir sind jetzt per *Du*,	falls	dich das	interessiert.
Kein Problem ist unlösbar,	falls	man seine Hausaufgaben ordentlich	gemacht hat.

Was machen Sie am Wochenende? Schreiben Sie drei Sätze mit *falls*.

Ich gehe ins Kino, falls es einen guten Film gibt.
Ich mache ein Picknick, falls …

2 Zweiteilige Konjunktion: *je … desto/umso* ÜG 10.13

Je länger man wartet, desto/umso schlechter wird die Stimmung.

Im Berufsleben: Schreiben Sie Sätze mit *je … desto* … Wie viele Sätze finden Sie in fünf Minuten?

Je mehr Berufserfahrung man hat, desto höher wird das Gehalt.
Je besser ein Team zusammenarbeitet, desto …

3 Relativsatz mit Präpositionen ÜG 10.14

Ist das der Kollege,	von dem	man nur Gutes sagen kann? (sagen von + Dativ)
	von dem	du erzählt hast? (erzählen von + Dativ)
Ist das die Bekannte,	von der	man nur Gutes sagen kann?
	von der	du erzählt hast?
Sind das die Kollegen,	von denen	man nur Gutes sagen kann?
	von denen	du erzählt hast?

4 Adjektiv als Nomen: *bekannt → die/der Bekannte* ÜG 4.06

	Nominativ	Akkusativ	Dativ
●	der Bekannte ein Bekannter	den Bekannten einen Bekannten	dem Bekannten einem Bekannten
●	die Bekannte eine Bekannte	die Bekannte eine Bekannte	der Bekannten einer Bekannten
●	die Bekannten – Bekannte	die Bekannten – Bekannte	den Bekannten – Bekannten

auch so: jugendlich → die/der Jugendliche
erwachsen → die/der Erwachsene
deutsch → die/der Deutsche

Schreiben Sie so viele Sätze wie möglich zu einer Person.

sprechen mit
sich verabreden mit
sich ärgern über
denken an
warten auf
spazieren gehen mit
sich freuen über
…

Tina

Das ist meine Nachbarin Tina,
– mit der ich am Wochenende manchmal spazieren gehe.
– für die ich die Blumen gieße, wenn sie im Urlaub ist.
– …

5 n-Deklination ÜG 1.04

	Nominativ	Akkusativ	Dativ
●	der/ein Kollege	den/einen Kollegen	dem/einem Kollegen
●	die/– Kollegen	die/– Kollegen	den/– Kollegen

auch so: der Mensch, der Nachbar, der Praktikant, der Herr, der Junge, der Pole, der Grieche, …

Kommunikation

AUFTRÄGE/AUFGABEN ABLEHNEN: Tut mir leid, aber ...

Tut mir leid, aber ich habe gerade selbst viel zu viel zu tun. | Ich habe leider gerade überhaupt keine Zeit, zusätzliche Aufgaben zu übernehmen. | Da kann ich dir/Ihnen leider nicht helfen, weil ... | Ich muss noch ... bis ... bearbeiten/erledigen/ ... Deshalb ...

ALTERNATIVEN VORSCHLAGEN: Ich könnte Ihnen helfen, falls ...

Wenn wir ... tauschen/verschieben, könnte ich dir/Ihnen vielleicht helfen. Vielleicht könnte ... meine Aufgaben übernehmen, dann könnte ich ... Ich könnte dir/Ihnen helfen, falls du/Sie jemanden für meine Aufgaben findest/finden.

AUF ALTERNATIVVORSCHLÄGE REAGIEREN: Ja, gute Idee.

Ja, gute Idee. | Ja, stimmt. Das wäre möglich. Ich spreche gleich mal mit ... Das geht leider nicht, weil ...

DAS *DU* ANBIETEN: Ach, wollen wir uns nicht lieber duzen?

Wir sagen hier alle Du zueinander. | Wenn es Ihnen recht ist, dann können wir uns gern duzen. | Übrigens, von mir aus können wir uns gern duzen. Ich heiße ... | Ach, wollen wir uns nicht lieber duzen?

DAS *DU* ANNEHMEN: Ja, gern! Ich heiße ...

Ja, gern! Ich heiße ... | Schön! Hallo ... Ich bin ... | Alles klar! Ich heiße ...

Schreiben Sie ein Gespräch.

Ihr Kollege hat nächste Woche Urlaub und bittet Sie um Hilfe.

◇ Frau ... / Herr ... , ich brauche dringend Ihre Hilfe. Sie wissen ja, dass ich ...

Das *Du* anbieten: Wählen Sie ein Bild und schreiben Sie ein Gespräch.

◇ Guten Tag. Ich bin Ihr neuer Nachbar.
○ ...

Sie möchten noch mehr üben?

4 | 9–11 AUDIO-TRAINING

Lernziele

Ich kann jetzt ...

A ... Ratgebertexte verstehen: *Wie lehne ich Aufgaben im Job ab?* ______ ☺ 😐 ☹
... Arbeitsaufträge ablehnen und Alternativvorschläge machen: *Tut mir leid, aber ...* ______ ☺ 😐 ☹

B ... über Freundschaften im Job diskutieren: *Je besser man sich mit den Kollegen versteht, desto besser arbeitet man.* ______ ☺ 😐 ☹

C ... erzählen, was mir andere Personen bedeuten und was ich mit ihnen unternehme: *Jibril ist ein Kollege, mit dem ich ...* ______ ☺ 😐 ☹

D ... das *Du* anbieten und annehmen: *Ach, wollen wir uns nicht lieber duzen?* ______ ☺ 😐 ☹
... von den Regeln für das Siezen und Duzen in Deutschland erzählen: *Im Arbeitsleben bietet die Person das Du an, die ...* ______ ☺ 😐 ☹

Ich kenne jetzt ...

... 6 Wörter zum Thema *Arbeit*:

das Betriebsklima, ...

... 4 Charaktereigenschaften:

treu, ...

GEDICHT

Freundschaft

Refrain: Freundschaft nur bei Sonnenschein?
Kann keine echte Freundschaft sein.
Freundschaft ist wie ein gutes Haus:
Sie hält auch schlechtes Wetter aus.

Wenn du mich an der Schulter packst
und dabei lächelst und mir sagst,
dass das, was ich grad mache, Mist ist,
und dass du deshalb jetzt bei mir bist,
um mir zu helfen, zu verstehen
und einen besseren Weg zu gehen,
dann ist mein Ärger schnell verschwunden.
Ich habe einen Freund gefunden!

Refrain

Wenn meine Traurigkeit mal groß ist,
so groß, dass ich nicht weiß, was los ist,
bist du ganz nah und aufmerksam,
bist ehrlich, lügst mich niemals an.
Weißt du, wie wunderbar du bist?
Wie wichtig deine Freundschaft ist?
Ich geb' dir hoffentlich ein Stück
von diesem großen Glück zurück.

Refrain

4 12 **1 Hören Sie das Gedicht und lesen Sie mit.**
Was bedeutet: „Freundschaft nur bei Sonnenschein? Kann keine echte Freundschaft sein."? Sprechen Sie.

2 Was bedeutet für Sie „echte Freundschaft"? Erzählen Sie.

PROJEKT

„NETZWERKEN"

In der deutschen Umgangssprache gibt es seit einiger Zeit ein neues Verb: „netzwerken". Es bedeutet: seine Beziehungen zu Kollegen, Geschäftspartnern, Bekannten, Nachbarn oder Freunden verbessern und neue Beziehungen schaffen. Je größer das eigene Netzwerk ist, desto schneller und einfacher kann man sich einen Rat holen, Hilfe organisieren und Probleme lösen. Anders gesagt: Je besser dein Netzwerk ist, desto leichter ist dein Alltag.

1 Lesen Sie den Text „Netzwerken" auf Seite 104 und sammeln Sie im Kurs:
Wo kann man besonders gut Menschen kennenlernen?

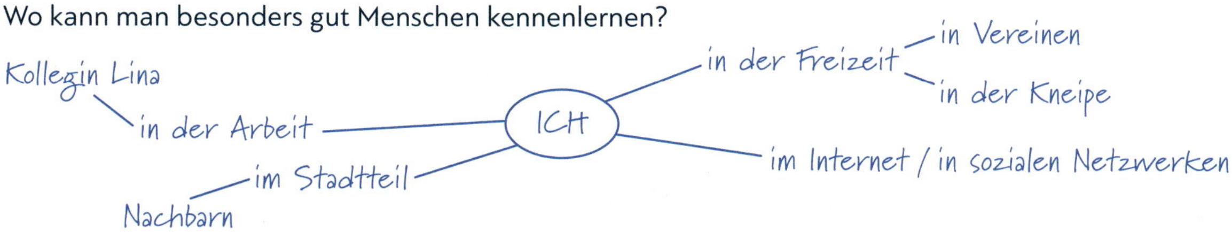

2 Ergänzen Sie Personen in Ihrem persönlichen Netzwerk in 1 und erzählen Sie zu jeder Person, warum diese Person für Sie wichtig ist.

Lina habe ich in der Arbeit kennengelernt. Mittlerweile sind wir gute Freundinnen. Sie kann gut zuhören und hilft mir, wenn ich Probleme habe. …

LESEN

Die Sterne lügen nicht

Es ist Nacht. Der Himmel ist klar und voller Sterne. Jeder Mensch, der dort hinauf sieht, kennt wahrscheinlich diesen Gedanken: Wie groß ist das Weltall! Wie klein bin ich! Schon vor Jahrtausenden haben Menschen beobachtet, dass in den verschiedenen Jahreszeiten ganz unterschiedliche Sterne dort oben zu sehen sind. Sie wollten wissen, warum Sonne, Mond und Sterne immer wieder über den Himmel „wandern". Sie haben verstanden, dass das Leben auf der Erde ohne das Licht und die Wärme der Sonne nicht möglich wäre. Sie haben bemerkt, dass das Meer irgendwie mit dem Mond „zusammenarbeitet".
Deshalb haben sie geglaubt, dass man die Welt verstehen und sogar die Zukunft voraussagen kann, wenn man die Bewegungen der Sterne und Planeten genau kennt. So entstand die Astrologie. Auch heute noch glauben manche Menschen an die „Macht der Tierkreiszeichen" und lassen sich persönliche Horoskope machen.

Diese Tierkreiszeichen gibt es in der westlichen Astrologie:

ERDZEICHEN: ruhig, tief, ändern sich nur langsam
Stier (21. April bis 20. Mai) sucht Sicherheit, sparsam, meist entspannt, liebt gutes Essen
Jungfrau (24. August bis 23. September) ruhig, fleißig, hilfsbereit, möchte geliebt werden
Steinbock (22. Dezember bis 20. Januar) zuverlässig, sucht Erfolg, arbeitet hart und fleißig

LUFTZEICHEN: viele Interessen, oft kopfbetont
Zwillinge (21. Mai bis 21. Juni) neugierig, kommunikativ, gern unter Menschen
Waage (24. September bis 23. Oktober) sucht das Gleichgewicht und die Gemeinschaft
Wassermann (21. Januar bis 19. Februar) tolerant, freundlich, viel Verständnis für andere

WASSERZEICHEN: gefühlsbetont, empfindlich
Krebs (22. Juni bis 22. Juli) fantasievoll, sucht Sicherheit, liebt sein Zuhause
Skorpion (24. Oktober bis 22. November) intensive Gefühle, oft sehr nachdenklich
Fische (20. Februar bis 20. März) starke Gefühle, gern allein, voller Liebe

FEUERZEICHEN: spontan, schnell, vertrauen ihrer Energie
Widder (21. März bis 20. April) sucht die Herausforderung, immer in Bewegung
Löwe (23. Juli bis 23. August) steht gern im Mittelpunkt, braucht viel Aufmerksamkeit
Schütze (23. November bis 21. Dezember) sucht das Neue, liebt Abenteuer, langweilt sich schnell

1 Lesen Sie den Text. Welches Tierkreiszeichen sind Sie?
Passt die Beschreibung zu Ihnen? Sprechen Sie.

2 Gibt es in Ihrer Heimat dieselben Tierkreiszeichen oder haben Sie andere? Erzählen Sie.

Virtuelle Welt

1 Wörter rund um den Computer

Arbeiten Sie zu zweit mit dem Wörterbuch. Welche Wörter verstehen Sie, welche nicht? Schreiben Sie zu jedem Wort einen Beispielsatz. Wer hat zuerst alle Sätze geschrieben?

• der Ordner • die Festplatte • die Datei • die Sicherungskopie •/• das/der Virus • der Monitor • die Speicherkarte • das Programm • die Tastatur löschen umbenennen kopieren anschließen speichern anklicken (he)runterladen

Auf meinem Computer sind 39 Ordner.

4 13–16 **2 Sehen Sie die Fotos an. Ordnen Sie zu und ergänzen Sie in der richtigen Form.**

Hören Sie dann und vergleichen Sie.

• Computer • Speicherkarte • Ordner • Kamera • Sicherungskopie löschen speichern laden

Sami findet auf seinem Computer den ______________ „Alex Müller" nicht. Er hat auch leider keine ______________ gemacht und glaubt, dass jemand den Ordner ______________ hat.
Ella ______________ ein Programm herunter, mit dem man Dateien finden kann. Sie findet aber nichts.
Sami wollte Fotos von seiner ______________ auf seinen Computer kopieren.

Stadt-Kurier

Ellas Tag

Sind Maschinen besser als wir?

von Ella Wegmann

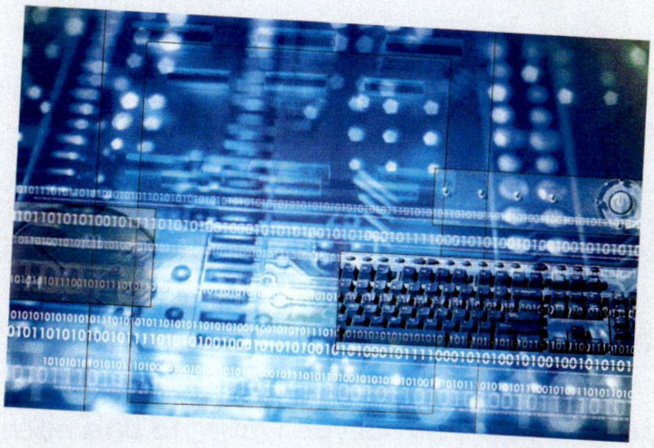

Ich hasse es, wenn ich irgendwelche dummen Arbeiten hundertmal hintereinander erledigen muss. Geht's Ihnen auch so? Und machen Sie dann auch irgendwann aus lauter Langeweile die ersten Fehler? Tja, Maschinen können so etwas viel, viel besser. Sie erledigen tagelang die dümmsten Arbeiten, ohne einen einzigen Fehler zu machen. Sind die Maschinen also besser als wir? Quatsch! Man sollte lieber mal scharf nachdenken, bevor man solch einen Unsinn glaubt. Es stimmt, der Computer kann schneller rechnen als wir. Aber genau dafür haben wir ihn doch erfunden: Damit wir selbst nicht mehr so viel rechnen müssen. Alle unsere Werkzeuge und Maschinen haben wir entwickelt, um unser Leben leichter und bequemer zu machen. Es gibt also überhaupt keinen Grund, so zu tun, als ob unsere Erfindungen intelligenter und besser wären als wir. Seien wir lieber mal ein bisschen stolz auf uns!

Ella findet heraus, was Sami falsch gemacht hat: Er hat den Ordner „Alex Müller" aus Versehen auf die Kamera-__________ kopiert und von seinem __________ gelöscht. Der Ordner ist aber in der Kamera __________. Gott sei Dank! Der Ordner ist nun wieder da!

3 Hatten Sie auch schon einmal Probleme mit der Technik? Erzählen Sie.

Letzten Monat ist der Akku von meinem Handy kaputtgegangen. Ich hatte kein Back-up gemacht. Und deshalb ...

4 Ellas Kolumne

Lesen Sie die Kolumne. Was ist richtig? Kreuzen Sie an.

a ○ Die Menschen haben Werkzeuge und Maschinen erfunden, damit alles schneller geht.
b ○ Auch Maschinen können Fehler machen.
c ○ Menschen machen Fehler, wenn die Arbeit langweilig ist.

5 Welche Maschinen helfen Ihnen besonders im Alltag / in der Arbeit?

Ich habe vier Kinder. Wenn ich keine Waschmaschine hätte, dann müsste ich die ganze Wäsche mit der Hand waschen. ...

Ellas Film

A Du suchst weiter, **während** ich ...

A1 Was kann man auch sagen? Kreuzen Sie an.

a Du suchst jetzt weiter nach der Datei, während ich das Programm runterlade.
- ○ Du suchst erst die Datei. Danach lade ich das Programm runter.
- ○ Du suchst die Datei. Zur gleichen Zeit lade ich das Programm runter.

b Alex Müller war Polizist, bevor er „Superstar" wurde.
- ○ Alex Müller war zuerst Polizist, danach „Superstar".
- ○ Alex Müller war zuerst „Superstar", danach Polizist.

c Nachdem du den Ordner „Alex Müller" auf die Kamera-Speicherkarte kopiert hattest, hast du ihn auf deinem Computer gelöscht.
- ○ Du hast den Ordner auf die Speicherkarte kopiert. Danach hast du ihn auf deinem Computer gelöscht.
- ○ Du hast den Ordner auf deinem Computer gelöscht. Danach hast du ihn auf die Speicherkarte kopiert.

Du suchst nach der Datei, während ich das Programm runterlade.
Alex war Polizist, bevor er „Superstar" wurde.
Nachdem du den Ordner kopiert hattest, hast du ihn gelöscht.

A2 Was machen Ella und Sami wann? Schreiben Sie Sätze mit *bevor, während* und *nachdem*.

einen Artikel schreiben – telefonieren

zehn Stunden arbeiten – nach Hause gehen

einen Kaffee trinken – zur Arbeit gehen

A Ella schreibt einen Artikel, ...

A3 Mitteilungen am Arbeitsplatz

Ergänzen Sie *bevor, während, nachdem*.

A

Achtung!

Ab 16 Uhr wird auf Ihrem Rechner ein neues Antivirenprogramm installiert. Drücken Sie bitte keine Taste, ______ die Installation läuft.

Ihre IT

B

Lieber Herr Lutz,

______ Sie gestern das Haus verlassen hatten, rief Herr Nitsche aus der IT-Abteilung an. Bitte rufen Sie ihn an, ______ Sie versuchen, Ihren Laptop mit dem WLAN zu verbinden. Es ist wichtig!

Gruß, Martin Bauer

C E-Mail senden

Liebe Kollegen,
wie Ihr wisst, verlässt uns Gisela zum 1.10. Wir wollen eine kleine Überraschungsparty für sie vorbereiten. Sagt uns doch bitte erst Bescheid, ob Ihr am 30.9. um 17 Uhr Zeit habt, ______ wir uns dann Gedanken machen!
Und wer hat schon eine gute Idee, was wir Gisela schenken könnten? ______ Ihr darüber nachdenkt, sammeln wir schon einmal das Geld dafür ein ☺!
Erika und Thomas

D E-Mail senden

Liebe Frau Hennig,
würden Sie den Vertrag mit TT Tilp erst von Frau Orth unterschreiben lassen, ______ Sie ihn an Frau Kowalski senden?
Vielen Dank! Hermine Ritter

SCHON FERTIG? Antworten Sie auf eine der Mitteilungen.

4 17 A4 Etwas planen

a Hören Sie. Was planen die Kollegen?

b Hören Sie noch einmal. Ergänzen Sie: T (Thomas), E (Erika), N (Nora) oder L (Luisa).

1 (L) findet, die Küche ist zu klein für die Party.
2 ◯ macht Salate.
3 ◯ isst kein Fleisch.
4 ◯ besorgt Brot und Butter.
5 ◯ backt Kuchen.
6 ◯ kauft Getränke.
7 ◯ findet, dass es viel Arbeit ist, eine Party vorzubereiten.

A5 Im Vorbereitungskomitee

a Arbeiten Sie zu dritt. Wählen Sie eine Situation und organisieren Sie das Fest / das Picknick.

kleine Überraschungsfeier für Ihre Kursleiterin / Ihren Kursleiter

Kursausflug mit Picknick

Was? Picknick am See
Wie?
Essen und Getränke?
...

Was? | Wann? | Wo/Wohin? | Wie lange? | ...
Kosten | Essen/Getränke | Fahrkarten | Transportmittel | ...

b Welche Sätze möchten Sie benutzen? Markieren Sie je zwei Sätze in jeder Rubrik.

jemandem eine Aufgabe geben	eine Aufgabe annehmen	eine Aufgabe ablehnen
Würdest du ...? | Wie wäre es, wenn du ...? | Könntest du nicht ...? Würdest du das tun?	*Das übernehme ich. | Ja, lass mich das machen. | Das mache ich gern. Darum kann ich mich kümmern.*	*Ich weiß nicht. Ich kann nicht so gut ... | Das kommt für mich nicht infrage. | Eher nicht. Aber ich würde ...*

c Planen Sie und verteilen Sie die Aufgaben. Verwenden Sie Sätze aus b.

◆ Ich schlage vor, wir machen mit dem Kurs ein Picknick am See.
○ Und wie kommen wir dorthin?
▲ ...
◆ Könntest du einkaufen gehen, während ich ...?
▲ Klar. Darum kann ich mich kümmern, nachdem ich ...

B Du tust ja so, **als ob** ich keine Ahnung **hätte**.

4 🔊 18 **B1 Wie ist es in Wirklichkeit? Ordnen Sie zu.**
Hören Sie dann und vergleichen Sie.

	Aber in Wirklichkeit …
a Du tust ja so, als ob ich keine Ahnung hätte.	war das ein Versehen.
b Du tust so, als ob du die ganze Arbeit noch einmal machen müsstest.	kenne ich mich ziemlich gut damit aus.
c Du sagst das so, als ob ich das absichtlich getan hätte.	finden wir eine Lösung für das Problem.

Du tust ja so, als ob ich keine Ahnung hätte.

B2 Schreiben Sie.

A

Sarah tut so, als ob … (gut gehen)

B

Max tut so, … (Computer reparieren können)

C

Hanna tut so, … (gerade arbeiten)

D

Fabian tut so, …
(schönes Wetter sein)

A … als ob es ihr gut gehen würde. Aber in Wirklichkeit …

B3 Der Angeber

4 🔊 19 **a** Lesen Sie Michaels „Steckbrief" und hören Sie dann das Gespräch. Ergänzen Sie.

Was ist Ihr Beruf?	technischer Angestellter
Wo wohnen Sie?	in einem Wohnblock im Zentrum von Hamburg
Haben Sie ein Auto?	nein, im Moment nicht
Ihr Familienstand?	verheiratet, 2 Kinder
Was machen Sie in Ihrer Freizeit?	Fernsehen, Computer spielen
Wohin führte Ihre letzte Reise?	an die Nordsee

Im Gespräch tut er so, als ob …
Topmanager

b Sprechen Sie.

Er tut so / Er sagt das so / Es scheint so / Es hört sich so an / Es sieht so aus, als ob … Aber in Wirklichkeit …

Michael tut so, als ob er Topmanager wäre. Aber in Wirklichkeit ist er technischer Angestellter.

B4 Erfinden Sie selbst „Als-ob-Leute" wie Michael.
Arbeiten Sie zu zweit. Schreiben Sie einen „Steckbrief" auf ein Plakat und spielen Sie ein Gespräch wie in B3a. Der Kurs beschreibt „Ihre" Person wie in B3b.

C Laden Sie die App.

4 🔊 20–23 C1 Bedienungsanleitungen

a Hören Sie und ordnen Sie zu.

A

B

C

D

Gespräch	1	2	3	4
Bild				

b Ordnen Sie die Gespräche den Sätzen zu.
Hören Sie dann noch einmal und vergleichen Sie.

	Gespräch
Jemand liest die Bedienungsanleitung. Alles funktioniert wie beschrieben.	◯
Jemand macht alles wie beschrieben. Trotzdem kommt immer wieder eine Fehlermeldung.	◯
Jemand macht alles wie beschrieben. Es ist aber schwierig und dauert ziemlich lange.	◯
Jemand versteht die Bedienungsanleitung nicht und beschließt, das Problem allein zu lösen.	◯

C2 Im Waschsalon

a Was passt? Ordnen Sie zu.

wählen | schließen | öffnen | einfüllen | drücken | ~~einwerfen~~ | läuft | einfüllen

1 Geld *einwerfen*

2 Tür ....

3 Wäsche ....

4 Programm ....

5 Waschmittel ....

6 Tür ....

7 Startknopf ....

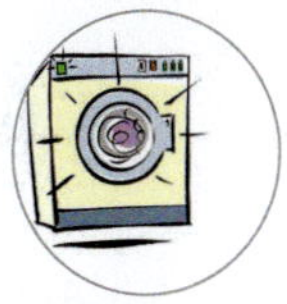
8 Waschvorgang ....

b Spielen Sie ein Gespräch mit Ihrer Partnerin / Ihrem Partner.

Partner A
Sie sind im Waschsalon und möchten Ihre Wäsche waschen. Sie wissen nicht, wie das funktioniert. Bitten Sie um Hilfe.

Partner B
Erklären Sie Ihrer Partnerin / Ihrem Partner, was sie/er tun muss.

Entschuldigung/Verzeihung, ich bin zum ersten Mal hier. Könnten Sie mir vielleicht sagen, wie das hier funktioniert?

Kein Problem, gern. | Sehen Sie, zuerst müssen Sie hier ... | Dann ... | Danach ... | Und dann ... Zuletzt müssen Sie ...

C3 Wie funktioniert das? Sprechen Sie.

Erklären Sie Ihrer Partnerin / Ihrem Partner, wie Sie mit Ihrem Handy: eine Sprachnachricht verschicken, Fotos versenden, einen neuen Kontakt erstellen, den Weg zur nächsten Haltestelle finden, das Passwort ändern, ...

Sieh mal, zuerst musst du auf das Symbol „Mikrofon" drücken. Dann ...

D Internetforum

D1 Was soll ich bloß tun?

Überfliegen Sie die Forumstexte und beschreiben Sie kurz die Situationen der beiden Personen.

A Hallo! Ich heiße Hanna und bin 42. Ich habe Angst, dass mein Sohn (16) spielsüchtig ist. An den Wochenenden spielt er ca. zehn bis 12 Stunden pro Tag und an Schultagen auch mindestens sechs Stunden. Er macht nichts anderes mehr, er trifft keine Freunde, er geht nicht raus, nichts! Jetzt haben wir gerade Herbstferien und da spielt er die ganze Nacht durch, bis 8 Uhr früh. Dann schläft er zehn Stunden und dann geht alles wieder von vorn los. Ich glaube sogar, gestern hat er gar nicht geschlafen, sondern durchgespielt. Wir wissen wirklich nicht mehr, wie wir mit der Situation umgehen sollen. Hat irgendwer einen guten Rat?

B Hallo zusammen, ich bin seit fünf Jahren mit meinem Mann zusammen. Letztes Jahr haben wir dann geheiratet und eine Wohnung gekauft, wofür wir einen Kredit aufnehmen mussten, der nun Monat für Monat abbezahlt werden muss. Mein Mann ist wirklich der liebste Mensch, den ich kenne, aber er kann nicht mit Geld umgehen. Den Kredit für die Wohnung muss ich ganz alleine abbezahlen, weil mein Mann sein sämtliches Geld für unwichtige Dinge ausgibt: einen Motorroller (der steht ungefahren in der Garage), ein neues Snowboard (obwohl er nicht Snowboard fährt), ein Mountainbike (obwohl er die Berge sowieso nicht mag), eine Spiel-Konsole (mit der er einmal gespielt hat) und so weiter und so fort. Ich habe schon oft versucht, mit ihm darüber zu reden, aber es nutzt nichts. Was soll ich bloß tun? Ich weiß irgendwie nicht mehr weiter. Danke für Eure Antworten! Eure Tami

irgend-: irgendwer, irgendwie, irgendwann, ...

D2 In einem Forum antworten

a Wählen Sie einen Text aus D1 und schreiben Sie einen Kommentar dazu.

Das Gefühl/Problem kenne ich gut.
Mir geht es (manchmal) genauso.
Auch bei mir / bei uns ...
Ich kann Dich gut verstehen.

Ehrlich gesagt hat man den Eindruck, dass / als ob ...
Keine Ahnung, wieso Dich das so aufregt.
Das finde ich unmöglich/übertrieben.

Ich rate Dir ...
Ehrlich gesagt, würde ich ...
Versuch doch ...
Deshalb solltest Du ...
An Deiner Stelle würde ich ...

Liebe Hanna,
das Problem ...

b Arbeiten Sie zu zweit. Tauschen Sie Ihre Kommentare.
Lesen Sie den Kommentar Ihrer Partnerin / Ihres Partners.
Schreiben Sie dann eine Antwort auf den Kommentar.

Ich sehe das auch so wie Du / wie ... | Grundsätzlich würde ich Dir ja zustimmen, aber ... | Ich denke, so kann man das nicht sehen.

D3 Lebendiges Forum

Bilden Sie zwei Gruppen, eine für jeden Forumstext aus D1. Stellen Sie alle Kommentare und Antworten zusammen. Lesen Sie sie. Welchen Beitrag finden Sie besonders interessant? Wieso? Erzählen Sie.

E Radioreportage

4 ◀)) 24 **E1 Hören Sie eine Radiodiskussion zum Thema „Digitale Welt".**

a Um welche Themen geht es? Kreuzen Sie an.

1 ☒ Wie verändern Smartphones die Kommunikation zwischen den Menschen?
2 ○ Wie viele Kinder nutzen Smartphones?
3 ○ Welchen Einfluss haben die digitalen Medien auf Kinder und Jugendliche?
4 ○ Sollen auch Erwachsene Lernspiele am Computer machen?
5 ○ Welche Vorteile haben Smartphones im Alltag?

b Hören Sie die Diskussion noch einmal. Wer sagt was? Kreuzen Sie an.

		Frau Fröhlich	*Herr Melkonian*
1	In meinem Freundeskreis bleiben die Smartphones aus, wenn wir uns unterhalten.	☒	○
2	Meine Freunde und ich – wir arbeiten den ganzen Tag digital. Im Büro und unterwegs.	○	○
3	Früher habe ich das gemacht: Ich habe mit meinen Freunden geredet und gleichzeitig auf meinem Smartphone Nachrichten geschrieben.	○	○
4	Man sollte nicht nur über die negativen Seiten der digitalen Welt sprechen.	○	○
5	Man kann heute umsonst weltweit telefonieren. Das ist ein Vorteil.	○	○
6	Es ist praktisch, dass man Fahrkarten nun über Handy kaufen kann.	○	○
7	Das Gehirn von Kindern entwickelt sich im echten Leben besser als am Bildschirm.	○	○
8	Lehrer und Eltern sollten gut darüber nachdenken, wie Kinder den Umgang mit digitalen Medien lernen.	○	○

E2 Diskussion: Ein Leben ohne Handy, PC und Internet – ist das möglich?

Arbeiten Sie zu fünft: Jede/r übernimmt eine Rolle. Bereiten Sie Ihre Rolle vor und notieren Sie sich Stichpunkte. Diskutieren Sie dann.

Anton Schürle
Moderator. Er leitet die Diskussion und achtet darauf, dass alle zu Wort kommen und ihren Standpunkt zum Thema sagen können.

Jan Schwarz
Vater von zwei Kindern (10/12). Die beiden haben kein Handy und dürfen nur eine halbe Stunde am Tag an den Computer.

Susan Klein
Erfolgreiche Managerin. Sie braucht ihr Handy privat und im Beruf und macht auch gern Computerspiele. Sie kann sich ein Leben ohne Handy nicht vorstellen

Andreas Taube
Er hat versucht, ein Jahr ohne Handy und Internet zu leben. Sein Lebensmotto war: „Ich bin dann mal offline." Sein Leben hat sich dadurch komplett geändert und er findet die Erfahrung toll.

Klara Schulze
Lehrerin an der Schiller-Gesamtschule in Berlin. Sie arbeitet viel mit Computern und Medien in ihrer Klasse. Sie findet, Kinder müssen lernen, mit Medien umzugehen. „Das ist unsere moderne Welt. Es gibt kein Zurück."

Grammatik und Kommunikation

Grammatik

1 Konjunktionen: *während, nachdem, bevor* ÜG 10.08

Du suchst nach der Datei, während ich das Programm runterlade.
Alex war Polizist, bevor er „Superstar" wurde.
Nachdem du den Ordner kopiert hattest, hast du ihn gelöscht.

Schreiben Sie drei Sätze mit *während/nachdem/bevor*.

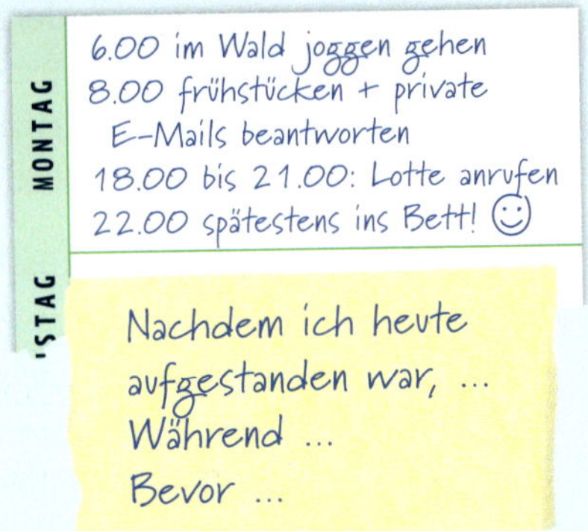

2 Konjunktion: *als ob* ÜG 5.18

	Konjunktion	Ende: Konjunktiv II
Du tust ja so,	als ob ich keine Ahnung	hätte.

Willi tut so, … Schreiben Sie drei Sätze mit *als ob*.

Willi tut so, …

Kommunikation

JEMANDEM EINE AUFGABE GEBEN: Würdest du …?

Würdest du …? | Wie wäre es, wenn du …?
Könntest du nicht …? | Würdest du das tun?

EINE AUFGABE ANNEHMEN: Das mache ich gern.

Das übernehme ich. | Ja, lass mich das machen.
Das mache ich gern. | Darum kann ich mich kümmern.

EINE AUFGABE ABLEHNEN: Eher nicht. Aber …

Ich weiß nicht. Ich kann nicht so gut … | Das kommt für mich nicht infrage.
Eher nicht. Aber ich würde …

IRREALES AUSDRÜCKEN: Er tut so, …

Er tut so / Er sagt das so / Es scheint so /
Es hört sich so an / Es sieht so aus, als ob …
Aber in Wirklichkeit …

UM HILFE BITTEN: Könnten Sie mir vielleicht sagen, ...?

Entschuldigung/Verzeihung, ich bin zum ersten Mal hier. Könnten Sie mir vielleicht sagen, wie das hier funktioniert?

ETWAS ERKLÄREN: Zuletzt müssen Sie ...

Kein Problem, gern.
Sehen Sie, zuerst müssen Sie hier ...
Dann ... | Danach ... | Und dann ...
Zuletzt müssen Sie ...

VERSTÄNDNIS/MITLEID ZEIGEN: Ich kann dich gut verstehen.

Das Gefühl/Problem kenne ich gut.
Mir geht es (manchmal) genauso.
Auch bei mir/bei uns ...
Ich kann dich gut verstehen.

ERSTAUNT/KRITISCH REAGIEREN: Das finde ich unmöglich.

Ehrlich gesagt, hat man den Eindruck, dass/als ob ...
Keine Ahnung, wieso dich das so aufregt.
Das finde ich unmöglich./übertrieben.

EINEN RAT GEBEN: Versuch doch ...

Ich rate dir ... | Ehrlich gesagt, würde ich ... | Versuch doch ...
Deshalb solltest du ... | An deiner Stelle würde ich ...

ETWAS KOMMENTIEREN: Ich denke, ...

Ich sehe das auch so wie du/wie ... | Grundsätzlich würde ich dir ja zustimmen, aber ... | Ich denke, so kann man das nicht sehen.

Erklären Sie dem Mann, wie der Fahrkartenautomat funktioniert.

Reiseziel eingeben
Verbindung wählen
Kauf bestätigen
Geld einwerfen / Geldkarte einstecken
Fahrkarte entnehmen

Zuerst müssen Sie das Reiseziel eingeben. Dann ...

Geben Sie der Frau drei Ratschläge.

Ich weiß nicht mehr, was ich tun soll. Mein Mann kommt jeden Abend von der Arbeit nach Hause und setzt sich vor den Fernseher. Mit mir redet er den ganzen Abend kein Wort.

Ich kann dich gut verstehen. ...

Sie möchten noch mehr üben? 4 | 25–27 AUDIO-TRAINING

Lernziele

Ich kann jetzt ...

A ... kurze Mitteilungen im Arbeitsalltag verstehen: *Bitte rufen Sie ihn an, bevor ...* ________ ☺ 😐 ☹
... mit anderen etwas planen: *Das übernehme ich.* ________ ☺ 😐 ☹

B ... Irreales mit *als ob* ausdrücken: *Er tut so, als ob er Topmanager wäre.* ________ ☺ 😐 ☹

C ... eine Bedienungsanleitung verstehen: *Wählen Sie das Programm.* ________ ☺ 😐 ☹
... erklären, wie etwas funktioniert: *Zuerst müssen Sie ...* ________ ☺ 😐 ☹

D ... in einem Forum kommentieren und Ratschläge geben: *Ehrlich gesagt würde ich ...* ________ ☺ 😐 ☹

E ... eine Radioreportage zum Thema „digitale Welt" verstehen. ________ ☺ 😐 ☹
... über das Thema „digitale Welt" diskutieren: *In meinem Freundeskreis bleiben die Smartphones aus, wenn ...* ________ ☺ 😐 ☹

Ich kenne jetzt ...

... 10 Wörter zum Thema *Digitale Welt*:

die Sicherungskopie, ...
____
____
____
____
____
____
____

LIED

Ich bin nicht „irgendwer"

1 Ich hab' mir ein Gerät mit Supermultifunktion gekauft,
ein Spitzenqualitätsprodukt der neuesten Generation,
mit Treibersoftware in der aktuellen Version.
Zum Starten braucht man leider eine Zahlenkombination.

Refrain:
Irgendwo steht das. ... Es muss doch irgendwo stehen!
Irgendwie geht das. ... Es muss doch irgendwie gehen!
Irgendwer weiß das. ... Irgendwer weiß es bestimmt!
Aber ich bin ja nicht irgendwer.

2 Also schau' ich lieber gleich in die Bedienungsanleitung
und stelle dabei fest: Das Ding hat 570 Seiten!
Muss ich wirklich Urlaub nehmen für die Vorbereitung?
Na, es hat ja keinen Sinn, jetzt schlechte Laune zu verbreiten.

3 Nach sieben Stunden Lesen hab ich immer noch nichts kapiert.
Ich weiß nur, dass das Startprogramm den Code nicht akzeptiert.
Jetzt habe ich die Software einfach noch mal installiert,
denn ich bin ja nicht der Typ, der die Geduld verliert.

4 13 Stunden sind vergangen, es ist mitten in der Nacht
und kein einziger Versuch hat mir irgendwas gebracht.
Deshalb hab' ich jetzt die Werkzeugkiste aufgemacht.
Und nun werden wir gleich sehen, wer hier als Letzter lacht!

Refrain:
Irgendwann reicht's mir! ... Und dann reicht's mir total!
Irgendwann reicht's mir! ... Und dann werd' ich brutal!
Irgendwann reicht's mir! ... Dann ist mir alles egal!
Ich bin nicht irgendwer, ist das klar? Ja?

1 Sehen Sie das Foto an. Was meinen Sie? Worum geht es in diesem Lied?

4 🔊 28 **2 Hören Sie das Lied und lesen Sie mit.**

4 🔊 28 **3 Hören Sie noch einmal. Die Stimmung des Mannes ändert sich. Ordnen Sie zu.**

wütend | verzweifelt | leicht genervt | ~~stolz~~

1. Strophe: stolz .... 3. Strophe: ....
2. Strophe: .... 4. Strophe: ....

4 Hatten Sie auch schon einmal ein Problem mit einem komplizierten Gerät? Erzählen Sie.

SCHREIBEN

So funktioniere ich.
Was passt und was gar nicht geht.

In dieser Übung wollen wir eine „Bedienungsanleitung" für uns selbst schreiben. Sie soll den anderen zeigen: SO sollst du mit mir umgehen. DIES kannst du gern tun und DAS ist auch okay, aber DAS solltest du auf keinen Fall mit mir machen! Ein Beispiel? Aber gern! Leyla hat schon mal so eine „Bedienungsanleitung" für sich selbst geschrieben:

Bedienungsanleitung für Leyla

Ich funktioniere eigentlich völlig normal und problemlos.
Es gibt nur ein paar Dinge, die du unbedingt beachten solltest:

1. Ich stehe morgens nicht auf, bevor ich einen starken Kaffee bekommen habe.
2. Du solltest mich auf keinen Fall stören, während ich Musik höre.
3. Wenn du mich nicht ausreden lässt, bekomme ich schlechte Laune.
4. Ich brauche normalerweise ein kurzes Schläfchen, nachdem ich gegessen habe.
5. Ich muss mindestens einmal pro Woche tanzen gehen, sonst fühle ich mich nicht wohl.

1 Lesen Sie den Text und schreiben Sie eine „Bedienungsanleitung" für sich selbst.

2 Schreiben Sie eine „Bedienungsanleitung" für Ihre Partnerin / Ihren Partner.

3 Vergleichen Sie die beiden „Bedienungsanleitungen".

SPIEL

MENSCHEN SIND SO UNTERSCHIEDLICH!

Das kann man schon an den kleinsten Dingen sehen. Zum Beispiel, wo jemand sein Geld mit sich herumträgt: in einem Geldbeutel oder einfach in der Hosentasche? Oder, wo jemand sein Smartphone aufbewahrt: in der Jacke, in der Hose oder in einem Täschchen? Welche Schuhe jemand trägt. Wie jemand die Schuhe bindet. Wie jemand die Lernsachen transportiert. Welche verschiedenen Brillenformen die Leute tragen und, und, und … In diesem „Forschungsspiel" geht es darum, in Ihrem Kurs ganz genau hinzusehen und festzustellen, wie unterschiedlich die Kursteilnehmer sind.

1 Wählen Sie mit Ihrer Partnerin / Ihrem Partner ein Thema aus dem Text.
Oder denken Sie sich selbst ein Thema aus. Welche Fragen wollen Sie stellen? Machen Sie Notizen. Gehen Sie dann im Kurs herum und fragen Sie.

Schmuck | Weg zum Deutschkurs … | …

Geldbeutel
Wer hat einen?
Farbe? Größe?
Was ist noch in deinem Geldbeutel?
…

2 Präsentieren Sie Ihre Ergebnisse im Kurs.
Erzählen Sie.

Interessant ist, dass fast alle einen Geldbeutel haben. Drei Frauen haben einen großen Geldbeutel. Gefallen hat uns, dass Fatima ein Foto von ihren Kindern in ihrem Geldbeutel hat. …

Werbung und Konsum

1 Was passt? Verbinden Sie.

a veröffentlichen	Man bekommt Geld, wenn man Nachteile hatte.
b Hautausschlag	z. B. in einem sozialen Netzwerk oder in einer Zeitung berichten
c Schadensersatz	Punkte z. B. im Gesicht, auf der Brust oder am Hals

5 1–4

2 Sehen Sie die Fotos an. Hören Sie und beantworten Sie die Fragen.

Foto 1: Warum ist Ella schlecht gelaunt?
Foto 2: Was macht Philipp König bei Ella und Sami in der Redaktion?
Foto 3: Warum zeigt Sami ein Foto von Philipp König und einen Brief?
Foto 4: Warum ist Ella gut gelaunt?

3 Erzählen Sie die Geschichte.

• Stau • Radiowerbung: Lecker „Gute-Laune-Tee" Philipp König • Hautausschlag
Foto: • soziales Netzwerk • Ärger mit dem Rechtsanwalt • Tee-Test ...

Stadt-Kurier

Ellas Tag

Der strahlende Sieger

von Ella Wegmann

Philipp K. (28) hatte ziemlich viel Stress in letzter Zeit. Zuerst bekam er allergischen Hautausschlag, weil er einen „Wellness-Tee“ getrunken hatte. Seine Erfahrung postete er im Internet und bekam deshalb Probleme mit seinem sozialen Netzwerk. Zuletzt lag auch noch Post vom Rechtsanwalt im Briefkasten. Die Teefirma wollte ihm verbieten, von dem Erlebnis öffentlich zu berichten. Da reichte es K. Er kam mit dem Tee zum „Stadt-Kurier“ und wir machten einen Live-Allergie-Test in der Redaktion. Als wir der Firma das Ergebnis zeigten, nahm sie den Tee vom Markt, entschuldigte sich bei K. und zahlte ihm 500 Euro Entschädigung. Die Antwort des strahlenden Siegers: „Wer sich nicht wehrt, lebt verkehrt.“

4 Ellas Kolumne

Was ist richtig? Lesen Sie die Kolumne und kreuzen Sie an.

a ○ Die Teefirma hat der Zeitung den Live-Allergie-Test verboten.
b ○ Die Firma verkauft den Tee nach dem Test nicht mehr.
c ○ Philipp König musste 500 Euro Schadensersatz an die Teefirma zahlen.
d ○ Philipp König meint: Wenn man ungerecht behandelt wird, muss man etwas dagegen tun.

5 Lassen Sie sich von Werbung beeinflussen? Erzählen Sie.

Ich probiere manchmal neue Produkte aus, die ich in der Werbung gesehen habe. Vorige Woche …

Wenn ich im Fernsehen Werbung sehe, schalte ich sofort um.

Ellas Film

A Der Tee soll **sowohl** lecker ... **als auch** ... machen.

A1 Produktwerbung

a Was passt? Verbinden Sie.

1 Der Tee soll sowohl lecker schmecken	als auch Post vom Rechtsanwalt.
2 Ella meint, dass der Tee weder lecker ist	noch sonst irgendwo veröffentlichen.
3 Philipp K. bekommt sowohl Probleme mit seinem Netzwerk	noch gute Laune macht.
4 Er darf das Foto weder im Internet	als auch gute Laune machen.

weder lecker noch gesund = nicht lecker und nicht gesund
sowohl lecker als auch gesund = lecker und gesund

b Schreiben Sie Sätze zu den Bildern.

1 **Wellness-Tee**

lecker und gesund

2 **Fitnessriegel**

kein Zucker und kein Fett

3 **Limonade**

schmeckt fruchtig und erfrischend

1 Der Tee soll sowohl lecker als auch ...

SCHON FERTIG? Schreiben Sie eine eigene Produktwerbung.

5 🔊 5–8 **A2 Kundenwünsche**

a Hören Sie und ordnen Sie zu.

A 

B 

C 

D 

Gespräch	1	2	3	4
Bild				

b Ergänzen Sie: *weder ... noch ... – sowohl ... als auch ...* Hören Sie dann noch einmal und vergleichen Sie.

1 Ja, also, Sie haben mir dieses Kleid zugeschickt und ... Ja, also ich bin wirklich sehr verärgert! ... Beim Auspacken musste ich dann aber feststellen, dass das Kleid weder die richtige Farbe __________ die richtige Größe hat. ... Das ist nun schon die zweite falsche Lieferung!

2 Sie können einfach mit dem Zelt und Ihrer Rechnung an die Kasse gehen. – Tja, das ist ja das Dumme: Wir haben __________ die Verpackung __________ die Rechnung weggeworfen.

3 Bei meinem letzten Handy hatte ich __________ auf das Gerät __________ auf den Akku zwei Jahre Garantie. – ... Aber die Hersteller haben da leider unterschiedliche Garantiebedingungen. ... Ich kann das Gerät einschicken. ... Wenn es am Gerät liegt, müssen Sie natürlich __________ für die Überprüfung __________ für die Reparatur bezahlen.

4 Hören Sie mal, ich komme gerade aus dem Urlaub zurück. Es war abgemacht, dass Sie __________ das Bad renovieren __________ die Wände streichen.

A3 Wer sagt was? Markieren Sie: Kunde oder Verkäufer.

Dazu möchte ich aber noch anmerken, dass... | Ich musste nun leider feststellen, dass ...
Ich kann verstehen, dass Sie enttäuscht/verärgert sind. | Das geht doch nicht.
Selbstverständlich, das ist überhaupt kein Problem. | Ich bin wirklich sehr verärgert/enttäuscht.
Oh, das tut mir leid. Da sehe ich leider nur eine Möglichkeit: ... | Es war abgemacht/vereinbart, dass ...
Das Hauptproblem war, ... | Das kann man doch nicht machen.
Also, ich muss sagen, das hat mich schon etwas enttäuscht. | Ach, wirklich? Das ist wirklich sehr ärgerlich.
Ich werde mich sofort persönlich darum kümmern.

A4 Rollenspiel: sich beschweren

a Arbeiten Sie zu zweit. Wählen Sie eine Situation oder finden Sie selbst eine Situation.

Kundin/Kunde:	**Verkäuferin/Verkäufer:**
Ihr Fotoapparat ist nicht so gut wie in der Werbung versprochen.	Vorschlag: Geld zurück
Sie sind mit dem Vorschlag einverstanden, aber Sie haben keine Rechnung.	Es wird die Rechnung benötigt.
Vorschlag: Umtausch	Umtausch möglich

Kundin/Kunde:	**Fitnessstudio:**
Sie haben im Fitnesskurs nicht wie versprochen 10 Kilo abgenommen.	Vorschlag: Gratisstunden
Sie wollen keine Gratisstunden, sondern das Geld zurück.	Es gibt kein Geld zurück.

b Spielen Sie ein Gespräch. Tauschen Sie auch die Rollen. Benutzen Sie Sätze aus A3.

Kundin/Kunde

Verkäuferin/Verkäufer oder Mitarbeiterin/Mitarbeiter im Fitnessstudio

Gruß – Sie stellen Ihr Problem vor und beschweren sich. Sie betonen, was Ihnen versprochen wurde/erklären genau, was nicht funktioniert hat.

Sie zeigen Verständnis. Sie schlagen der Kundin/dem Kunden etwas vor.

Sie sind einverstanden oder Sie lehnen den Vorschlag ab und schlagen etwas anderes vor.

Sie gehen auf den Vorschlag der Kundin/des Kunden ein oder Sie bedauern, dass Sie in diesem Fall nichts tun können.

Sie sind einverstanden und bedanken sich oder Sie sind richtig verärgert. – Gruß

Sie bedanken sich ebenfalls oder Sie sagen noch einmal, dass Sie in diesem Fall leider nichts tun können. – Gruß

B Warum fahre ich **dort**, **wo** der Stau …

B1 Welches Foto passt? Ordnen Sie zu.

1 Warum fahre ich immer genau dort, wo der Stau am schlimmsten ist?
2 Das, was du suchst, findest du immer dort, wo du zuletzt nachschaust.
3 Warum gehen Elektrogeräte immer kurz nach Ablauf der Garantie kaputt?
4 Die andere Schlange kommt stets schneller voran.

Satz	1	2	3	4
Foto				

Warum fahre ich immer genau dort, wo der Stau am schlimmsten ist?
Das, was du suchst, findest du immer …

auch so: da / überall / die Stadt / der Ort/…, wo …
auch so: nichts/etwas/alles/…, was …

5 🔊 9–12 **B2 Pannen und Missgeschicke**

a Hören Sie die Gespräche und ordnen Sie zu.

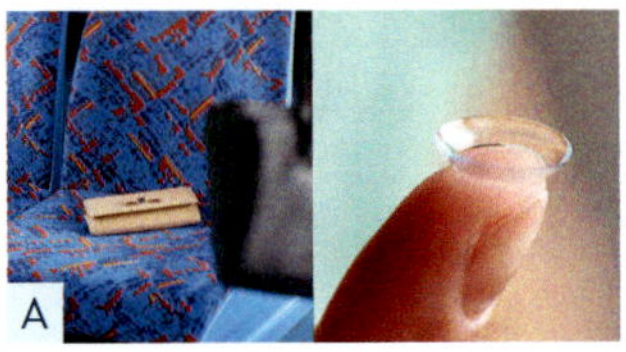

Gespräch	1	2	3	4
Foto				

b Ordnen Sie zu und ergänzen Sie *wo* oder *was*. Hören Sie noch einmal und vergleichen Sie.

alles alles alles dort nichts etwas etwas ~~da~~

1 Ich finde meinen Schlüssel nicht. Lach nicht! Sag mir lieber, wo ich suchen soll! – Na, am besten *da*, ______ du ihn immer hinlegst. Oder vielleicht in deiner Handtasche.
2 Ich habe noch Milch mitgenommen. Sag mal, gibt's sonst noch ______, ______ wir brauchen? … – … Dass wir uns ausgerechnet ______ anstellen, ______ es am langsamsten geht.
3 Ist das ______, ______ dir dazu einfällt? … – … Es gibt ______, ______ ich richtig mache. … – … Es gibt so Tage, an denen geht ______ schief, ______ schiefgehen kann.
4 Warum dauert eigentlich ______, ______ man noch schnell erledigen möchte, länger, als man denkt? – Keine Ahnung! Das ist ______, ______ ich noch nie verstanden habe.

B3 Peinliche und lustige Pannen und Missgeschicke

Wählen Sie ein Bild oder wählen Sie ein eigenes Missgeschick. Schreiben Sie eine Geschichte. Hängen Sie dann die Geschichten im Kurs auf. Lesen Sie und kommentieren Sie.

Mir ist mal etwas richtig Peinliches passiert: Ich habe mal eine Nachricht abgeschickt, die für jemand anderen war. …

Oje, wie peinlich! | Das kenne ich. Das ist mir auch schon passiert. Da hast du später bestimmt noch oft darüber gelacht, oder?

C Der **wohltuende** Tee

C1 Ordnen Sie zu und ergänzen Sie dann die Tabelle.

1 (B) der wohltuende Tee
2 ◯ die sprechende Puppe
3 ◯ das hupende Fahrzeug
4 ◯ die leuchtenden Schuhe

A

C

B

D

- ein wohltuender Tee ist ein Tee, der wohltut.
- ein hupendes Fahrzeug ist ein Fahrzeug, das ……
- eine sprechende Puppe ist eine Puppe, ……
- leuchtende Schuhe sind Schuhe, ……

C2 Markt der ungewöhnlichen Produkte

a Wie würden Sie diese Produkte nennen?

sprechend ~~kochend~~ singend fliegend wachsend schrumpfend korrigierend sich drehend ...

1

2

3

4

1 der kochende Kühlschrank
2 ……
3 ……
4 ……

b Arbeiten Sie in Gruppen. Wählen Sie eins der Produkte aus a oder erfinden Sie ein neues Produkt. Machen Sie Notizen.

> Der kochende Kühlschrank
> – kennt alle Rezepte der Welt.
> – bestellt selbstständig alles, was er braucht, im Online-Supermarkt.
> – reinigt sich selbstständig.
> Das Essen gelingt immer und schmeckt ausgezeichnet.

c Sie wollen Ihr Produkt vorstellen. Markieren Sie die Redemittel, die Sie verwenden wollen. Bilden Sie dann neue Gruppen. Alle stellen das Produkt aus ihrer Gruppe vor.

Unser/Der/... ist einfach super!	*Unglaublich! / Wahnsinn!*
Stellen Sie sich nur vor, er kann nicht nur ..., sondern auch ...	*Ach, wirklich? Das ist ja nicht zu glauben.*
Damit können Sie sowohl ... als auch ...	
Das Beste kommt noch!	

◆ Unser kochender Kühlschrank ist einfach super! Er kann sowohl kühlen als auch kochen.
○ Unglaublich!
◆ Ja, aber das Beste kommt noch! Er kennt ...

d Welches Produkt gefällt Ihnen am besten? Warum? Sprechen Sie.

Also mir gefällt der kochende Kühlschrank am besten. Ich koche gar nicht gern und ...

D Crowdsourcing

D1 Crowdsourcing – mit der Hilfe von vielen

5 🔊 13 **a** Hören Sie den Anfang der Reportage und kreuzen Sie an.

1 Wobei hat Fred mitgeholfen?
- ○ bei der Entwicklung eines neuen Produktes
- ○ bei der Gründung einer neuen Firma

2 Was bekommt Fred als Dank für seine Hilfe?
- ○ einen Arbeitsplatz beim *Nuss-Werk* in Bremerhaven
- ○ ein Paket mit dem neuen Nuss-Snack

5 🔊 14 **b** Wie wurde das Produkt entwickelt? Hören Sie die Reportage nun ganz und korrigieren Sie.

1 Zunächst hat die Firma *Nuss-Werk* ihre Kunden ~~in Briefen~~ dazu eingeladen, eine neue Nussmischung zu erfinden. im Internet
2 Auf der Internetseite des Unternehmens haben 2000 Firmen ihre Lieblingsmischung zusammengestellt. ……………
3 Hinterher konnte telefonisch über die 50 am häufigsten genannten Ideen abgestimmt werden. ……………
4 Eine Jury probierte die drei besten Snacks und wählte die Nussmischung, die produziert werden sollte. ……………
5 Die Mitarbeiter des Unternehmens haben den Namen für das neue Produkt entwickelt. ……………
6 Für die Unternehmen ist das Crowdsourcing mit vielen Nachteilen verbunden: Sie sparen einerseits Kosten für die Marktforschung, andererseits auch Kosten für Verbrauchertests und Werbung. ……………
7 Die Verbraucher, die freiwillig bei der Entwicklung von neuen Produkten mithelfen, werden in der Regel gut bezahlt. ……………

D2 Was halten Sie von Crowdsourcing?

Würden Sie bei so einem Projekt mitmachen? Sprechen Sie.

Na ja, es ist vielleicht beim ersten Mal spannend, aber …

D3 Unsere Lieblingsschokolade

a Arbeiten Sie in Gruppen. Stellen Sie Ihre Lieblingsschokolade zusammen. Finden Sie auch einen passenden Namen für das Produkt.

Stellen Sie Ihre Lieblingsschokolade zusammen:

Schokoladenart:	○ weiß	○ Vollmilch	○ dunkel
Weitere Zutaten:	○ Nüsse	○ Beeren	○ Marzipan
	○ Kokos	○ Keks	○ Honig
	○ Espresso	○ Joghurt	○ Zitrone
	○ Pflaume	○ Aprikose	○ …
Gewürze:	○ Chili	○ Salz	○ Pfeffer
	○ Zimt	○ Vanille	○ Ingwer

Winterzauber!
Dunkle Schokolade mit Ingwer, Zimt und Honig
Für kalte Tage!

b Stellen Sie Ihre Schokoladenkreation vor.
Welche Schokolade soll produziert werden? Stimmen Sie ab.

E Die sprechende Zahnbürste – eine Kolumne

E1 Lesen Sie die Kolumne von Axel Hacke und beantworten Sie die Fragen.

Axel Hacke, Journalist und Kolumnist, geb. 1956 in Braunschweig

Tag für Tag die gleichen Kämpfe mit Luis: Ob er dieses Mal das Zähneputzen auslassen darf. Ob es nicht reicht, dass er sich gestern die Zähne besonders sorgfältig geputzt hat. ... Paola hat dann neulich eine sprechende Zahnbürste gekauft, sehr schön, mit neongelber Bürste und einer kleinen sommersprossigen Figur am Griff. Wenn Luis sich damit die Zähne zu putzen begann, sagte die Zahnbürste mit roboterhafter Stimme: „Weitermachen!“ Sie redete, bis drei Minuten vorbei waren.

Das funktionierte gut. ... Aber nun ist die Zahnbürste weg. Das kam so.

Eines Nachts wachte ich auf, weil ich eine leise Stimme hörte. Ich dachte, Luis wäre wach geworden, stand auf, sah nach ihm, aber er schlief. ... „Hat Paola den Fernseher vergessen?“, dachte ich und machte mich auf den Weg zum Wohnzimmer. Dabei kam ich am Bad vorbei. Aus dem Bad hörte ich ein leises, metallisches „Weitermachen!“. Ich dachte: „Die Zahnbürste! Ist ein Dieb im Bad, hat sie aus Versehen berührt und ...?“ Entschlossen öffnete ich die Tür und machte Licht. Die Zahnbürste war vom Waschbecken gefallen, lag auf dem Fußboden und sagte: „Weitermachen!“ Ich schüttelte sie, aber sie sprach weiter. Ich versuchte sie auszuknipsen, aber es gab keinen Schalter. Ich bedeckte sie mit drei Handtüchern, schloss die Tür und ging wieder ins Bett. Das „Weitermachen!“ hörte nicht auf. Das Metallstimmchen war durch kein Handtuch aufzuhalten. „Weitermachen!“, hörte ich. „Weitermachen!“

Ich ging wieder ins Bad. Versuchte, die Batterie aus dem Gerät zu nehmen. Sie befand sich hinter einer Klappe, die mit einer winzigen Schraube verschlossen war. Ich suchte einen Schraubenzieher, aber alle Schraubenzieher, die ich fand, waren zu groß für diese winzige Schraube. Ich wurde nervös ... und holte ein Messer, um die Schraube zu lösen.

Aber ich rutschte mit dem Messer ab und schnitt mich. Blutete. Leise fluchend holte ich ein Pflaster. „Weitermachen!“ ... Ich war jetzt hysterisch. Was, zum Teufel, sollte ich tun? Ich konnte mir nicht den Rest der Nacht mit der Zahnbürste um die Ohren schlagen.

Ich ging ins Wohnzimmer, öffnete das Fenster und warf die Zahnbürste hinaus. ... Die Zahnbürste fiel in eine tiefe Kanalbaugrube vor unserem Haus. „Weitermachen!“, hörte ich leise aus der Tiefe. „Weitermachen!“ Es war drei Uhr nachts.

Ein Betrunkener wankte den Bürgersteig entlang. Am Rand der Baugrube blieb er stehen und lauschte. „Es ist nichts!“, rief ich. „Nur eine Zahnbürste!“ Er blickte zu mir hinauf. „ Da lllliegt wer drinnn“, lallte er, „muss runtagefallln sssseinnnn ...“ „Weitermachen!“, hörte ich leise. „Weitermachen!“ „Es ist nur eine defekte Zahnbürste!“, rief ich. „Gehen Sie weiter!“ Ich dachte, wie es wäre, wenn er jetzt um Hilfe schreien und die ganze Straße wecken würde. Wenn man in der Baugrube nach einem Verschütteten zu suchen begänne. Und nur eine Zahnbürste fände, eine kleine sprechende Zahnbürste mit neongelber Bürste ... „Sssshanbürsssste?“, lallte der Mann. Er schwieg und starrte in die Grube. Dann wandte er sich mir zu: „Ich höre Ssssahnbürsssten schprechn, Ssssahnbürsten schprechn aussss der Tiefe sssu mir.“ Er schüttelte den Kopf und wischte sich mit der Hand übers Gesicht. „Scheisss-Sssauferei“, hörte ich noch.

a Wer ist Paola? Wer ist Luis? Wer ist der Ich-Erzähler?
b Warum hat Paola die Zahnbürste gekauft?
c Was ist mit der Zahnbürste nachts im Badezimmer passiert? Wie hat der Erzähler zuerst reagiert?
d Warum hat er dann ein Messer geholt?
e Was hat er dann mit der Zahnbürste gemacht? Warum?
f Was ist daraufhin passiert?

Grammatik

1 Zweiteilige Konjunktion: *sowohl ... als auch* ÜG 10.13

Der Tee soll	sowohl lecker schmecken	als auch gute Laune machen.

sowohl lecker als auch gesund = lecker und gesund

2 Zweiteilige Konjunktion: *weder ... noch* ÜG 10.13

Ella meint, dass der Tee	weder lecker ist	noch gute Laune macht.

weder lecker noch gesund = nicht lecker und nicht gesund

3 Relativsatz mit *wo* und *was* ÜG 10.14

Warum fahre ich immer genau	dort, wo	der Stau am schlimmsten ist?

auch so: da/überall/die Stadt/der Ort/..., wo ...

Das, was	du suchst,	findest du immer ...

auch so: nichts/etwas/alles/..., was ...

4 Partizip Präsens als Adjektiv ÜG 4.05

Partizip Präsens		
wohltun	wohltuend	• der wohltuende / ein wohltuender Tee
hupen	hupend	• das hupende / ein hupendes Fahrzeug
sprechen	sprechend	• die sprechende / eine sprechende Puppe
leuchten	leuchtend	• die leuchtenden / leuchtende Schuhe

Ihre Einkaufs- und Essgewohnheiten: Schreiben Sie Sätze mit *sowohl ... als auch* und *weder ... noch*.

Ich achte beim Einkauf sowohl auf Werbung als auch auf Sonderangebote.
Ich trinke zum Frühstück ...

Schreiben Sie einen Relativsatz mit *wo* oder *was* und überlegen Sie sich dann eine kleine Geschichte dazu.

Das ist genau das, was Anton immer wollte.
Vor vielen Jahren ist Anton ...

Ordnen Sie zu und ergänzen Sie dann in der richtigen Form.

duften | klingeln | machen | ~~lachen~~ | aufgehen

Mir gefallen am Morgen ...

meine lachenden Kinder

der ________ Kaffee

die ________ Sonne

ein fit ________ Frühstück

Aber der ________ Wecker gefällt mir überhaupt nicht.

Kommunikation

ENTTÄUSCHT/ÜBERRASCHT SEIN: Also, ich muss sagen, ...

Ich bin wirklich sehr verärgert/enttäuscht.

Also, ich muss sagen, das hat mich schon etwas enttäuscht.

SICH BESCHWEREN: Das geht doch nicht.

Das geht doch nicht.

Das kann man doch nicht machen.

EIN PROBELM GENAUER BESCHREIBEN: Es war abgemacht, dass ...

Dazu möchte ich aber noch anmerken, dass ... | Ich musste nun leider feststellen, dass ... | Es war abgemacht/vereinbart, dass, ... | Das Hauptproblem war, ...

MIT VERSTÄNDNIS AUF DEN KUNDEN REAGIEREN: Oh, das tut mir leid.

Ich kann verstehen, dass Sie enttäuscht/verärgert sind. | Selbstverständlich, das ist überhaupt kein Problem. | Ach wirklich? Das ist wirklich sehr ärgerlich. | Oh, das tut mir leid. Da sehe ich leider nur eine Möglichkeit. Ich werde mich sofort persönlich darum kümmern.

AUF ERZÄHLUNGEN ÜBER MISSGESCHICKE REAGIEREN: Oje, wie peinlich!

Oje, wie peinlich! | Das kenne ich. Das ist mir auch schon passiert. Da hast du später bestimmt noch oft darüber gelacht, oder?

EIN PRODUKT PRÄSENTIEREN: Das Beste kommt noch!

Unser/Der/... ist einfach super! | Stellen Sie sich nur vor, er kann nicht nur ..., sondern auch ... | Damit können Sie sowohl ... als auch ... | Das Beste kommt noch!

ERSTAUNEN AUSDRÜCKEN: Wahnsinn!

Unglaublich! / Wahnsinn! | Ach, wirklich? Das ist ja nicht zu glauben.

Der Kunde möchte das Laufrad umtauschen. Schreiben Sie ein Gespräch.

◇ Entschuldigen Sie?
○ Ja, bitte. Womit kann ich Ihnen helfen?
...

Sie möchten noch mehr üben?

5 | 15–17 AUDIO-TRAINING

Lernziele

Ich kann jetzt ...

A ... Produktwerbung verstehen: *Der Tee soll sowohl lecker schmecken als auch gute Laune machen.* ☺ 😐 ☹

... Beschwerden äußern: *Ich bin wirklich sehr verärgert.* ☺ 😐 ☹

B ... von Pannen und Missgeschicken erzählen: *Ich habe mal eine Nachricht abgeschickt, die für jemand anderen war.* ☺ 😐 ☹

... darauf reagieren: *Oje, wie peinlich!* ☺ 😐 ☹

C ... ein Produkt präsentieren: *Unser ... ist einfach super!* ☺ 😐 ☹

... Erstaunen äußern: *Ach, wirklich? Das ist ja nicht zu glauben.* ☺ 😐 ☹

D ... eine Reportage verstehen: *Crowdsourcing – mit der Hilfe von vielen* ☺ 😐 ☹

E ... eine Kolumne verstehen: *Die sprechende Zahnbürste* ☺ 😐 ☹

Ich kenne jetzt ...

... 10 Wörter rund ums Produkt:

die Lieferung, ...

GEDICHT

Willkommen bei Sternemarkt!

Überall, wo drei Sterne stehen,
kannst du in den Sternemarkt gehen.
Alles, was du willst, mein Kind,
bekommst du dort, wo die drei Sterne sind!

Es gibt sicher nichts, was dir besser gefällt
als der freche Rock hier für so wenig Geld.
Der macht dich jugendlich, der macht dich schön,
zieh ihn mal an, du wirst super aussehen!

Ach, diese Hose da ist wirklich schick!
Nein, liebes Kind, du bist doch nicht dick!
Übergrößen? Na klar, gibt's auch.
Und die hier, die macht einen schlanken Bauch.

Dies ist das neueste Trainingsgerät.
Es kostet nicht viel und ist Topqualität.
Wirst sehen, du hättest das niemals gedacht,
wie schlank und wie glücklich dich so etwas macht.

Hier kommt noch etwas, das du haben musst:
Der bunte Schmuck, der macht selbstbewusst.
Die Kette ist frech und sehr attraktiv.
Komm, häng sie um! Denke positiv!

5 ◀)) 18 **1 Hören und lesen Sie das Gedicht.**
Was soll man bei „Sternemarkt" kaufen? Warum? Sprechen Sie.

Man soll einen Rock kaufen. Dann sieht man jugendlich und hübsch aus.

2 „Wirtschaft und Werbung leben davon, dass die Menschen unzufrieden sind."
Was denken Sie über diesen Satz? Haben Sie Beispiele? Sprechen Sie.

Viele Menschen finden sich zu dick und kaufen deshalb Diätprodukte … Das finde ich schade. Denn …

Viele Leute haben keine Zeit, Sport zu machen. Deshalb kaufen sie sich teure Fitnessgeräte, um zu Hause Sport zu machen. Oft benutzen sie die aber gar nicht. Denn auch dafür braucht man Zeit.

HÖREN

Hallo? Hier spricht die AUTOMATIK AG

5 ◀)) 19 **1 Hören Sie das Gespräch. Was ist richtig? Kreuzen Sie an.**

a ○ Herr Meier bekommt einen Anruf von einem Reklamations-Automaten.
b ○ Er war am 13. August Gast in einem selbstfahrenden Taxi.
c ○ Der Taxifahrer beschwert sich über Herrn Meier.
d ○ Herr Meier sagt, dass er nichts Schlimmes gemacht hat.
e ○ Der Automat hat eine Videoaufnahme. Dort kann man alles hören, was Herr Meier gesagt hat.
f ○ Herr Meier hat laut geflucht und den Taxifahrer beleidigt und das Auto kaputt gemacht.
g ○ Herr Meier bittet den Automaten um Entschuldigung.
h ○ Der Automat nimmt die Entschuldigung nicht an.

2 Denken Sie sich selbst lustige Beschwerden von Geräten oder Dingen über das Verhalten ihrer Besitzer aus. Stellen Sie Ihre Ideen im Kurs vor.

Mein Handy würde sagen: „Also, Ümit! Du redest immer so laut und außerdem auch viel zu lange! Außerdem schreibst du so viele Nachrichten! Das ist total stressig für mich. ...“

Also mein Kochtopf würde sagen: „Kiril, ich stehe hier immer rum und habe nichts zu tun! Und wenn ich mal zum Einsatz komme, dann muss ich so langweilige Sachen kochen! Puh!“

LANDESKUNDE

Revolution und Geschäft

Außenwerbung sieht man überall in deutschen Städten. Sie klebt auf Plakaten, sie hängt an Bushaltestellen und Hauswänden, sie läuft auf großen Monitoren in U-Bahn-Stationen. Und dann gibt es da auch noch diese sonderbaren runden Türme aus Beton. Mehr als 60.000 sind es in Deutschland. In diesem Text erfahren Sie, seit wann es sie gibt, warum es sie gibt und wie sie heißen.

Gehen wir zurück ins Jahr 1848. In Berlin und anderen deutschen Städten gab es damals eine Revolution. Naja, sagen wir besser: einen Revolutionsversuch. Viele Menschen wollten, dass aus den vielen kleinen deutschen Staaten ein großes neues Deutschland wird. Auch der Druckereibesitzer Ernst Litfaß in Berlin war dafür. Er druckte und verkaufte sogar eine revolutionäre Zeitung. Aber die Herrscher in den kleinen Staaten wollten ihre Macht nicht verlieren und sorgten dafür, dass die Revolution ein Misserfolg wurde. Da änderte Herr Litfaß schnell seine politische Meinung und hatte eine neue Geschäftsidee. Die Berliner Polizei ärgerte sich damals über die vielen Plakate und Info-Zettel, die die Leute einfach überall an die Wände klebten.

Ernst Litfaß hatte bei einem Besuch in Paris kleine runde Türme extra für Werbeanzeigen gesehen. Er machte der Berliner Polizei ein Angebot: Er würde solche Türmchen in Berlin aufstellen, aber nur, wenn Plakate nur noch dort angeklebt werden dürfen.

Gesagt, getan! Wer in Berlin Plakatwerbung machen wollte, musste ab 1855 zu Ernst Litfaß gehen. Für diesen Service musste man natürlich bezahlen. 1865 gehörten Litfaß schon 150 Plakattürme in der ganzen Stadt. Von den Bürgern wurden sie „Litfaßsäulen“ genannt. So wurde Litfaß reich und die Polizei freute sich. Weil sie nun genau kontrollieren konnte, welche Informationen man in Berlin sehen konnte und welche nicht.

1 Sehen Sie die Fotos an. Was ist eine Litfaßsäule? Lesen Sie dann und vergleichen Sie.

2 Lesen Sie noch einmal und erzählen Sie, wie die Litfaßsäule entstanden ist.

1848 in Deutschland Revolutionsversuch – viele Plakate und Zettel an Wände kleben – Polizei nicht gefallen – Herr Litfaß eine Idee: Türmchen aufstellen – nur dort Plakate kleben – Leute mussten zu Herrn Litfaß – Geld bezahlen – Plakate nur dort aufhängen – 1865 schon 150 Litfaßsäulen in der Stadt – Herr Litfaß viel Geld verdienen

3 Fotografieren Sie eine Litfaßsäule oder Werbung. Zeigen Sie Ihr Bild und sagen Sie, wo Sie die Litfaßsäule gesehen haben. Oder erzählen Sie, warum Sie die Werbung mögen.

Miteinander

Folge 11: Alles „bestens“, oder?

5 🔊 20 **1 Sehen Sie die Fotos an.**

Was meinen Sie? Was ist eine Kürbisstation? Hören Sie und vergleichen Sie.

5 🔊 20–23 **2 Sehen Sie die Fotos an. Hören Sie und beantworten Sie die Fragen.**

Foto 1: Wo ist Ella? Was macht sie da?
Foto 2: Warum filmt Ella den Mann?
Foto 3: Worüber spricht Ella mit dem Mann?
Foto 4: Wie erklärt der Mann sein Verhalten?

3 Wie finden Sie das Verhalten des Mannes?

Also, ich finde das nicht so schlimm. Der Bauer muss damit rechnen, dass es immer Leute gibt, die betrügen und nicht bezahlen.

Das ist doch illegal! Ich finde, das muss angezeigt und bestraft werden.

Stadt-Kurier

Ellas Tag

Alles hat seinen Preis

von Ella Wegmann

Billig, billig, billig! Alles muss heute billig sein. Und am billigsten ist ganz umsonst. Alles bekommen und nichts dafür geben, das wäre für manche Leute die ideale Welt. Also „vergessen“ sie schon mal, die Zeitung zu bezahlen, die sie aus dem Zeitungskasten nehmen. Oder sie parken am Blumenfeld, schneiden sich einen schönen großen Strauß ab, sehen nach links und rechts und fahren einfach weiter, ohne Geld in die Kasse zu werfen. Wisst ihr kleinen (und großen!) Diebe eigentlich, was ihr tut? Ihr zerstört Vertrauen! Ohne Vertrauen werden wir aber keine gute Zukunft haben. Es wird uns allen schlechter gehen. Tja, alles hat seinen Preis. Am Ende wird alles teurer werden. Nein, bloß das nicht, schreit ihr? Dann hört auf zu stehlen!

4 Ellas Kolumne

Was ist richtig? Lesen Sie die Kolumne und kreuzen Sie an.

a ○ Manche Menschen möchten alles umsonst bekommen.
b ○ Sie stehlen z. B. Zeitungen aus Zeitungskästen.
c ○ Ella meint, dass damit das Vertrauen kaputt gemacht wird.
d ○ Aber das beeinflusst unsere Zukunft nicht.

5 Was bedeutet die Redewendung „Alles hat seinen Preis“?

Was meinen Sie? Sprechen Sie.

Vielleicht heißt das, dass alles immer teurer wird.

Nein, das glaube ich nicht. Damit meint man wahrscheinlich …

Ellas Film

A Sie **werden** jetzt sofort hier **weggehen**!

5 🔊 24 **A1 Hören Sie und ergänzen Sie.**

◆ Hören Sie: ... Sie _werden_ jetzt sofort hier ________________, damit ich losfahren kann. ... In Ordnung?

○ Nein, das ist nicht in Ordnung. Wissen Sie, wenn jeder einfach Kürbisse nimmt und nicht bezahlt, dann ________________ es im nächsten Sommer hier keine billigen Kürbisse mehr ________________.

Sie werden jetzt sofort hier weggehen.

5 🔊 25–29 **A2 Welche Aussage passt zu welchem Foto?**

a Ordnen Sie zu. Hören Sie dann und vergleichen Sie.

A

B

C

D

E

1 (B) Auch im benachbarten Ausland wird es in den Skigebieten voraussichtlich lange Staus geben.
2 ○ Mach dir keine Sorgen, Mama. Ich werde keinen einzigen Tropfen Alkohol trinken.
3 ○ Sie werden auf der Stelle hier wegfahren. Sie behindern die Fußgänger.
4 ○ Der neue Job gefällt mir gut. Mein Mann und ich werden jetzt versuchen, so schnell wie möglich eine Wohnung in Bremen zu finden.
5 ○ Anfang Juni fange ich eine Ausbildung zum Hotelfachmann an.

Anfang Juni fange ich eine Ausbildung zum Hotelfachmann an.
Drückt aus, was man in der Zukunft macht.

Ich werde keinen einzigen Tropfen Alkohol trinken.
Drückt Vorhersagen/Vermutungen, Aufforderungen, Versprechen und Vorsätze/Pläne aus.

b Was ist richtig? Hören Sie noch einmal und kreuzen Sie an.

1 ○ Der Wetterbericht meldet neue Schneefälle und sagt Staus voraus.
2 ○ Der junge Mann verspricht, mit dem Taxi nach Hause zu fahren.
3 ○ Die Politesse fordert den Mann auf wegzufahren, weil er im Halteverbot parkt.
4 ○ Die Frau zieht zuerst allein nach Bremen und ihre Familie kommt später nach.
5 ○ Der junge Mann muss erst richtig Deutsch lernen, bevor er mit der Ausbildung beginnen kann.

A3 Gute Vorsätze: Ab morgen ...

Überlegen Sie sich ein Thema und notieren Sie gute Vorsätze. Spielen Sie dann ein Gespräch.

Gesundheit:
– endgültig das Rauchen aufgeben
– mich bemühen, regelmäßig Sport zu machen
– jede Erkältung ernst nehmen

Freizeit:
ein Instrument, z. B. Flöte lernen
...

Arbeit:
...

So geht das nicht mehr weiter. Ab morgen ... / In Zukunft / Nächsten Montag ... | Das habe ich mir fest vorgenommen. | Das verspreche ich dir.

Eine tolle Idee! Das ... Nicht schlecht. Mal sehen, ... Wirklich? Das ist ja super!

Ach, ist das nicht ...? | Ich weiß ja nicht ... Bist du sicher / Meinst du wirklich, dass ...? | Das ist doch nicht realistisch!

B Ich wollte schnell los, **da** ich viel zu spät bin.

B1 Welcher Satz hat die gleiche Bedeutung? Kreuzen Sie an.

Ich wollte einfach nur schnell los, da ich schon viel zu spät dran bin.

○ Ich wollte einfach nur schnell los, obwohl ich schon viel zu spät dran bin.
○ Ich wollte einfach nur schnell los, weil ich schon viel zu spät dran bin.

Ich wollte einfach nur schnell los, da ich schon viel zu spät dran bin.

B2 Gutes Benehmen?

a Lesen Sie den Text und ordnen Sie die Überschriften zu.

1 Die Bahn als Büro
2 Wie pünktlich ist pünktlich?
3 Rücksicht in öffentlichen Verkehrsmitteln
4 Eine Frage der Erziehung?!
5 Das Smartphone allzeit bereit
6 Augenkontakt – ja oder nein?

Gute Umgangsformen im Alltag

Höflichkeit und ein guter Umgang miteinander – eigentlich ganz selbstverständlich, oder? Nur: Was ist eigentlich gutes Benehmen? Was für manche als unhöflich gilt, ist für Menschen aus einer anderen Generation oder einer anderen Kultur vielleicht durchaus üblich. Gutes Benehmen ist auf jeden Fall eine Frage des Respekts gegenüber seinen Mitmenschen und der jeweiligen Kultur, in der man sich bewegt. Wir alle kennen Alltagssituationen, die wir als unhöflich empfinden. Lesen Sie hier ein paar Beispiele:

A ○ Sie haben sich mit einem Freund am Hauptbahnhof verabredet. Es war geplant, dass er Sie vom Zug abholt. Er verspätet sich um 20 Minuten, ohne Sie vorher informiert zu haben.

B ○ Sie unterhalten sich mit mehreren Kollegen über ein wichtiges Thema. Einer in der Runde nimmt plötzlich sein Handy und schreibt eine Nachricht, während die anderen weitersprechen.

C ○ Ein Mann unterhält sich mit seiner Kollegin. Während des Gesprächs vermeidet er es, sie direkt anzusehen.

D ○ Sie sitzen im ICE im Speisewagen und möchten in Ruhe essen. Neben Ihnen führt ein junger Mann minutenlang mit lauter Stimme Geschäftstelefonate.

E ○ Sie haben der kleinen Tochter von Freunden ein Geschenk mitgebracht. Die Kleine weigert sich, „Danke" zu sagen, nimmt das Geschenk und verschwindet in ihr Zimmer. Die Eltern schauen zu, ohne etwas zu sagen, und lächeln.

F ○ Sie fahren mit der U-Bahn. Neben Ihnen sitzt ein junger Mann und isst einen Döner mit Zwiebeln. Sie finden den Geruch unerträglich.

SCHON FERTIG? Was finden Sie unhöflich? Finden Sie weitere Beispiele aus dem Alltag.

b Wie beurteilen Sie das Verhalten der Personen? Ordnen Sie die Situationen (A–F) in a auf der Skala ein und begründen Sie Ihre Meinung. Wie ist das bei Ihnen?

völlig in Ordnung	in Ausnahmen möglich	absolut unmöglich
10	5	0

In meiner Heimat wäre es eindeutig unhöflich, wenn man in der U-Bahn isst.

Ich finde es nicht schlimm, mit dem Handy zu telefonieren, da das mittlerweile vollkommen normal ist. Deshalb würde ich Situation D bei 10 einordnen.

C Ach, seien Sie doch bitte so nett!

5 🔊 30 **C1 Ärger im Straßenverkehr**

a Welche Situation passt? Sehen Sie die Fotos an, hören Sie das Gespräch und kreuzen Sie an.

○ A

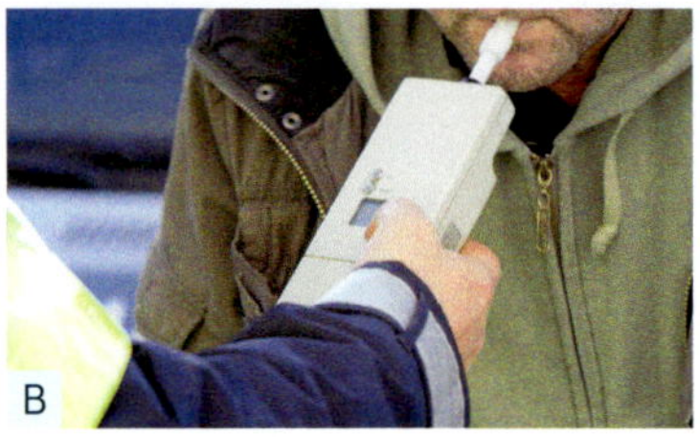
○ B

○ C

b Was ist richtig? Hören Sie noch einmal und kreuzen Sie an.

1 ○ Der Mann ist zu schnell gefahren. Er hat sich nicht an die Geschwindigkeitsbeschränkung gehalten.
2 ○ Er hatte es eilig und hat vom Handy aus nur schnell die Bank angerufen.
3 ○ Der Mann muss ein Bußgeld zahlen und bekommt einen Punkt in Flensburg.
4 ○ Der Polizist akzeptiert seine Entschuldigung und lässt ihn fahren.
5 ○ Der Polizist droht mit einer hohen Strafe, wenn der Mann das Bußgeld und den Punkt nicht akzeptiert.

c Wer sagt das? Kreuzen Sie an.

	Polizist	*Fahrer*
1 Tut mir leid, das ist mir wirklich unangenehm.	○	○
2 Da haben Sie ja vollkommen recht.	○	○
3 Tut mir leid, aber das ist nicht in Ordnung.	○	○
4 Ach, kommen Sie, so schlimm war das doch gar nicht.	○	○
5 Das kommt überhaupt nicht infrage!	○	○

C2 Rollenspiel: Im Straßenverkehr

Arbeiten Sie zu zweit. Wählen Sie eine Situation und spielen Sie ein Gespräch.

Sie haben mit dem Fahrrad bei Rot die Straße überquert. Strafe: 60,– Euro Bußgeld und ein Punkt in Flensburg

Sie sind auf der Landstraße außerhalb einer Ortschaft 35 km/h zu schnell gefahren. Strafe: 120,– Euro und ein Punkt in Flensburg

außerhalb einer Ortschaft = nicht in einer Ortschaft
innerhalb einer Ortschaft = in einer Ortschaft

Polizistin/Polizist
Sie sagen, was der/die andere falsch gemacht hat.

Fahrerin/Fahrer
Sie entschuldigen sich und erklären die Situation.

Polizistin/Polizist
Sie akzeptieren die Entschuldigung nicht. Der/Die Fahrer/in soll Strafe zahlen.

Fahrerin/Fahrer
Sie wollen das nicht und versuchen, den Polizisten/die Polizistin zu überreden.

Tut mir leid, das ist mir wirklich unangenehm. | Sie haben ja vollkommen recht. | Ich wollte nur schnell ... Aber hören Sie, es war doch keine Absicht. | Es wird bestimmt nie wieder vorkommen. | Ach, bitte, so schlimm war das doch gar nicht. | Ach, seien Sie doch bitte so nett. | Können Sie nicht mal ein Auge zudrücken?

Aber das geht doch nicht. | Das ist nicht in Ordnung. | Das kommt überhaupt nicht infrage.

D In der Fremde

D1 Lesen Sie die Zitate.

Welches Zitat gefällt Ihnen? Warum? Was ist damit gemeint? Sprechen Sie.

Mir gefällt das Zitat ...
Ich glaube, das bedeutet ...

Fremde sind vielleicht Freunde, die wir heut' noch nicht kennen.
Friedrich Nietzsche, 1844–1900, deutscher Philosoph

Fremd ist der Fremde nur in der Fremde.
Karl Valentin, 1882–1948, deutscher Kabarettist und Komiker

Jeder ist Ausländer – fast überall.

D2 Straßeninterviews

5 🔊 31 **a** Hören Sie den Anfang des Interviews. Was ist das Thema? Kreuzen Sie an.

○ Ausländer in Deutschland
○ das Gefühl von Fremdheit
○ Interkulturelle Missverständnisse

5 🔊 32–35 **b** Hören Sie die Interviews. Zu wem passen die Aussagen? Ordnen Sie zu.

A ○ Das Gefühl von Fremdheit hat mit der kulturellen und geografischen Distanz zum Herkunftsland zu tun.

B ○ Wenn man auf der Flucht ist und seine Heimat verlassen musste, fühlt man sich zuerst überall fremd und hat Heimweh.

C ○ Man kann sich auch im eigenen Land fremd fühlen, wenn man die Menschen um sich herum nicht versteht.

D ○ Wenn man an vielen verschiedenen Orten gelebt hat und für fremde Kulturen offen ist, gibt es dieses Gefühl von Fremdheit eigentlich nicht.

1

2

3

4

D3 Haben Sie sich schon einmal irgendwo fremd gefühlt?

Warum? Erzählen Sie.

Ja, dieses Gefühl kenne ich. Als ich vor zwei Jahren nach Deutschland kam, war alles so fremd und ich habe kein Wort verstanden.

E Andere Länder, andere Sitten

E1 Andere Sitten – ein satirischer Text von Rafik Schami

a Lesen Sie den ersten Abschnitt (Zeile 1–7) und beantworten Sie die Fragen.

– Woher kommt der Autor Rafik Schami?
– Wo lebt er und wie lange lebt er schon dort?

b Rafik Schami beschreibt humorvoll das Verhalten bei Einladungen. Lesen Sie den Text und markieren Sie: Wie verhalten sich Deutsche und Araber bei privaten Einladungen?

Andere Sitten

In Damaskus fühlt sich jeder Gastgeber beleidigt, wenn seine Gäste etwas zu essen mitbringen. Und kein Araber käme auf die Idee, selber zu kochen oder zu backen, wenn er bei jemandem eingeladen ist. Die Deutschen sind anders. Wenn man sie einlädt, bringen sie stets etwas mit: Eingekochtes vielleicht oder Eingelegtes, manchmal auch selbstgebackenen Kuchen und in der Regel Nudelsalat. Warum Nudelsalat, mit Erbsen und Würstchen und Mayonnaise? Auch nach zweiundzwanzig Jahren in Deutschland finde ich ihn noch schrecklich.

In Damaskus hungert ein Gast am Tag der Einladung, weil er weiß, dass ihm eine Prüfung bevorsteht. Er kann nicht bloß einfach behaupten, dass er das Essen gut findet, er muss es beweisen, das heißt eine Unmenge davon verdrücken. Das grenzt oft an Körperverletzung, denn keine Ausrede hilft. Gegen die Argumente schüchterner, satter oder auch magenkranker Gäste halten Araber immer entwaffnende, in Reime gefasste Erpressungen bereit.

Deutsche einzuladen ist angenehm. Sie kommen pünktlich, essen wenig und fragen neugierig nach dem Rezept. Ein guter arabischer Koch kann aber gar nicht die Entstehung eines Gerichts, das er gezaubert hat, knapp und verständlich beschreiben. Er fängt bei seiner Großmutter an und endet bei lauter Gewürzen, die kein Mensch kennt, da sie nur in seinem Dorf wachsen und ihr Name für keinen Botaniker ins Deutsche zu übersetzen ist. Die Kochzeit folgt Gewohnheiten aus dem Mittelalter, als man noch keine Armbanduhr hatte und die Stunden genüsslich vergeudete. Ein unscheinbarer Brei braucht nicht selten zwei Tage Vorbereitung, und das unbeeindruckt von aller modernen Hektik.

Deutsche Gäste kommen nicht nur pünktlich, sie sind auch präzise in ihren Angaben. Wenn sie sagen, sie kommen zu fünft, dann kommen sie zu fünft. Und sollten sie wirklich einmal einen sechsten Gast mitbringen wollen, telefonieren sie vorher stundenlang mit dem Gastgeber, entschuldigen sich dafür und loben dabei die zusätzliche Person als einen Engel der guten Laune und des gediegenen Geschmacks.

So großartig Araber als Gastgeber sind, als Gäste sind sie dagegen furchtbar. Sie sagen, sie kommen zu dritt um zwölf Uhr zum Mittagessen. Um sieben Uhr abends treffen sie ein. Und vor Begeisterung über die Einladung bringen sie Nachbarn, Cousins, Tanten und Schwiegersöhne mit. Aber das bleibt ihr Geheimnis, bis sie vor der Tür stehen. Sie wollen dem Gastgeber doch eine besondere Überraschung bereiten. Einmal zählten wir in Damaskus eine Prozession von 29 Menschen vor unserer Tür, als meine Mutter ihre Schwester eingeladen hatte, um mit ihr nach dem Essen in Ruhe zu reden.

Ein leichtfertiges arabisches Sprichwort sagt: Wer vierzig Tage mit Leuten zusammenlebt, wird einer von ihnen. Seit über zweiundzwanzig Jahren lebe ich inzwischen mit den Deutschen zusammen, und ich erkenne Veränderungen an mir. Aber die Mitbringsel der Gäste? Wein kann ich inzwischen annehmen, aber Nudelsalat – niemals.

c Welche Unterschiede zwischen deutschen und arabischen Gästen finden Sie interessant?

Mitbringsel | Größe der Portionen | Rezept | Uhrzeit | Anzahl der Gäste | ...

Ich finde es interessant, dass Araber die Gastgeber nicht beleidigen möchten und deshalb nichts mitbringen. ...

E2 Einladungen in meinem Land

Wie verhält man sich, wenn man zum Essen eingeladen ist? Und wie verhält man sich als Gastgeber? Machen Sie Notizen und sprechen Sie.

- Anzahl der Gäste
- Mitbringsel
- Vorbereitung
- ...

Bei uns in der Türkei kommt man nie mit leeren Händen zu einer Einladung. Man sollte immer etwas mitbringen, z. B. Süßigkeiten.

E3 Gute Tipps

a Arbeiten Sie in Gruppen. Wählen Sie eine Situation und fünf Themen. Was sollte die Person in der Situation unbedingt wissen? Schreiben Sie ein Plakat mit Tipps, die hilfreich sein können.

Pünktlichkeit | Kleidung | Wetter | Essen | Grüße
Öffnungszeiten | öffentliche Verkehrsmittel | Nachbarn | ...

Eine Freundin / Ein Freund aus Ihrer Heimat kommt zum ersten Mal nach Deutschland.

Sie möchten Ihrer deutschen Kollegin / Ihrem deutschen Kollegen helfen, damit sie/er bei dem ersten Aufenthalt in Ihrem Heimatland keine Probleme bekommt.

b Stellen Sie Ihre Tipps im Kurs vor.

Bei uns in / In ... sollte man ...
Es ist üblich/notwendig, ...
Sie/Er muss wissen, dass ...
Ich würde ihr/ihm erklären, dass ...
Ich denke, sie/er darf es nicht falsch verstehen/missverstehen, wenn ...

Tipps für Jordanien:
Kleidung:
Öffentlichkeit – Schulter bedecken, keine kurzen Hosen, nicht zu kurze Röcke, ...

Bei uns in Jordanien sollte man in der Öffentlichkeit die Schulter bedecken und ...

Grammatik und Kommunikation

Grammatik

1 Futur I ÜG 5.08

		Position 2		Ende
Aufforderung	Sie	werden	jetzt sofort hier	weggehen!
Vorhersage/ Vermutung	Auch im Ausland	wird	es lange Staus	geben.
Versprechen	Ich	werde	keinen einzigen Tropfen Alkohol	trinken.
Vorsatz/Plan	Ich	werde	jeden Abend eine Stunde	joggen.

So kann man auch ausdrücken, was in der Zukunft passiert:
Anfang Juni fange ich eine Ausbildung zum Hotelfachmann an.

2 Konjunktion: *da* ÜG 10.09

	Konjunktion	Ende
Ich wollte einfach nur schnell los,	da ich schon spät dran	bin.

Kommunikation

VORSÄTZE FORMULIEREN: So geht das nicht mehr weiter.

So geht das nicht mehr weiter. Ab morgen / In Zukunft / Nächsten Montag / ...
Das habe ich mir fest vorgenommen.
Das verspreche ich dir.

ETWAS BEURTEILEN: Ich finde es (nicht) schlimm, ...

Ich finde es (nicht) schlimm, ...
In meiner Heimat wäre es eindeutig unhöflich, wenn ...

ZUSTIMMUNG AUSDRÜCKEN: Das ist ja super!

Eine tolle Idee. Das ... | Nicht schlecht. Mal sehen, ...
Wirklich? Das ist ja super!

ZWEIFEL AUSDRÜCKEN: Ich weiß ja nicht ...

Ach, ist das nicht ...? | Ich weiß ja nicht ... Bist du sicher?
Meinst du wirklich, dass ...? | Das ist doch nicht realistisch!

Was sind Ihre Pläne für den Sommer? Schreiben Sie drei Sätze.

Im Sommer werde ich ...

Was sind Ihre guten Vorsätze fürs nächste Jahr? Schreiben Sie fünf Sätze.

regelmäßig Sport machen
aufhören zu rauchen
weniger Schokolade essen
vor elf Uhr ins Bett gehen
...

Ich werde ...

Was meinen Sie? Was verspricht die Frau?

Ich werde nicht mehr ...

Wen oder was lieben Sie und warum? Schreiben Sie Begründungen mit *da*.

Ich liebe meine Stadt, da sie so alt und schön ist.
Ich liebe meine Schwester, da ...

SICH ENTSCHULDIGEN: Ich wollte nur schnell ...

Tut mir leid, das ist mir wirklich unangenehm.
Sie haben ja vollkommen recht.
Ich wollte nur schnell ...
Aber hören Sie, es war doch keine Absicht.
Es wird bestimmt nie wieder vorkommen.

EINE ENTSCHULDIGUNG NICHT AKZEPTIEREN: Das ist nicht in Ordnung.

Aber das geht doch nicht.
Das ist nicht in Ordnung.
Das kommt überhaupt nicht infrage.

JEMANDEN ÜBERREDEN: Ach, seien Sie doch bitte so nett.

Ach, bitte, so schlimm war das doch gar nicht.
Ach, seien Sie doch bitte so nett.
Können Sie nicht mal ein Auge zudrücken?

TIPPS FÜR MEIN HEIMATLAND GEBEN: Es ist üblich, ...

Bei uns in / In ... sollte man ...
Es ist üblich/notwendig, ...
Sie/Er muss wissen, dass ...
Ich würde ihr/ihm erklären, dass ...
Ich denke, sie/er darf es nicht falsch verstehen/missverstehen, wenn ...

Sie kommen eine halbe Stunde zu spät zum Unterricht. Was sagen Sie?

Entschuldigung, tut ...
Ich ... Es ...

Ihr ausländischer Kollege isst Schokolade, bietet Ihnen aber nichts an. Ist sein Verhalten in Ihrem Heimatland in Ordnung? Schreiben Sie.

Bei uns in ...

Sie möchten noch mehr üben?

5 | 36–38 AUDIO-TRAINING

Lernziele

Ich kann jetzt ...

A ... Aufforderungen, Vorhersagen/Vermutungen, Versprechen, Vorsätze und Pläne ausdrücken: *Sie werden jetzt sofort hier weggehen!* ____ ☺ 😐 ☹

B ... Umgangsformen beurteilen und meine Meinung begründen: *Ich finde es nicht schlimm, mit dem Handy zu telefonieren.* ____ ☺ 😐 ☹

C ... über Regeln und Fehler im Straßenverkehr sprechen: *Tut mir leid, das ist mir wirklich unangenehm.* ____ ☺ 😐 ☹

D ... kurze Interviews und einen Erfahrungsbericht zum Thema „Fremdsein“ verstehen und darüber sprechen: *Ja, das Gefühl kenne ich.* ____ ☺ 😐 ☹

E ... Verhaltenstipps für mein Heimatland beschreiben: *Ich würde ihr/ihm erklären, dass ...* ____ ☺ 😐 ☹

Ich kenne jetzt ...

... 4 Wörter zum Thema *Fremde*:

Flucht ...

____
____

... 6 Wörter zum Thema *Verhalten*:

sich verhalten, ...

____
____

LESEN

Herzlich willkommen!

Wenn wir mit jemandem reden, senden wir unserem Gesprächspartner viele Informationen. Wir sprechen die **Worte** ja nicht einfach nur, wir betonen sie auch. Das tun wir mit unserer **Stimme**, unserem **Gesichtsausdruck** und unserem **Körperausdruck**. Womit wir wohl die meisten Informationen weitergeben? Mit den Worten, könnte man meinen.
Aber sehen Sie nun mal die drei Fotos an. Die Frau sagt dreimal „Herzlich willkommen!" Aber ihr Gesichtsausdruck, ihr Körperausdruck und sicher auch ihre Stimme sagen dreimal etwas anderes. Worte allein sagen also ziemlich wenig. Hätten wir nur die Worte, dann würden wir wie ein Roboter sprechen. Erst durch unsere Stimme, durch unseren Gesichtsausdruck und unsere Körperhaltung wird das, was wir sagen, farbig und bekommt Sinn.
Beim Telefonieren haben wir leider nur unsere Stimme, um für „Farbe" im Gespräch zu sorgen. Wissenschaftliche Tests haben gezeigt, dass sich in Telefongesprächen nur durch den Klang unserer Stimme schon nach wenigen Sekunden entscheidet, ob der Gesprächspartner uns als sympathisch oder unsympathisch empfindet.
Noch wichtiger als das, **was** wir sagen, ist also, **wie** wir es sagen. Übrigens: Wenn Sie am Telefon besonders freundlich wirken wollen, versuchen Sie mal, beim Sprechen zu lächeln. Ihre Stimme wird sofort sehr viel sympathischer klingen!

1 Lesen Sie den Text.
Was finden Sie am wichtigsten: Wort, Stimme, Gesichtsausdruck oder Körperausdruck? Sprechen Sie.

2 Sehen Sie das linke Foto im Text an.
Machen Sie den Gesichtsausdruck und den Körperausdruck nach und sagen Sie mit der passenden Betonung: „Herzlich willkommen!" Wiederholen Sie dies dann mit den beiden anderen Fotos.

HÖREN

Der Ton macht die Musik.

Unsere Geschichte geht so: Mike Wetzich ist Programmierer und hat sich schriftlich bei der Firma „IT-Systems" beworben. Emma Heintz ist Personalchefin bei „IT-Systems". Sie ruft Herrn Wetzich an, um ihn zu einem Bewerbungsgespräch einzuladen. Von diesem Gespräch gibt es drei verschiedene Versionen: A, B und C. Jedes Mal hat unser Sprecher die Stimme von Mike Wetzich anders gesprochen. Hören Sie selbst!

1 Lesen Sie die Überschrift. Was bedeutet „Der Ton macht die Musik."?

5 ◀)) 39–41 **2 Lesen Sie den Text und hören Sie die Telefongespräche A, B und C.**
Nach welchem Telefonat freut sich Frau Heintz wohl am meisten auf den Besuch von Herrn Wetzich? Warum?

3 Überlegen Sie sich zwei Sätze.
Sagen Sie etwas Unfreundliches so, dass es nett klingt, und etwas Freundliches so, dass es schrecklich klingt. Achten Sie dabei nicht nur auf Ihre Stimme, sondern auch auf Ihren Gesichts- und Körperausdruck.

FILM

Aljoscha Mona Paulette

1 Sehen Sie den Film an.

a Beantworten Sie die Fragen.

Was kritisiert Aljoscha? Wie finden Paulette und Mona den Brotsalat? Was kritisiert Mona?

b Wie finden Sie Aljoschas Idee mit alten Brötchen? Sprechen Sie.

2 „Aus alt mach neu!"
Werfen Sie alte Dinge lieber weg? Oder gibt es Dinge, die Sie wiederverwerten oder wieder benutzen?

Also, ich werfe lieber alles weg. Sonst hat man viel zu viel Zeug zu Hause in der Wohnung.

Ich bringe alte Kleidung zur Altkleidersammlung. Das Spielzeug von meinen Kindern habe ich auf dem Flohmarkt verkauft, als meine Kinder nicht mehr damit gespielt haben.

Soziales Engagement

1 Was bedeutet „ehrenamtlich arbeiten"? Kreuzen Sie an.

Man arbeitet, z. B. in einem sozialen Bereich ...

○ fest angestellt. ○ freiwillig und bekommt kein Geld dafür.

2 Welches Tier ist das? Ordnen Sie zu.

◯ ein Kuckuck
◯ eine Biene

1  2 

6 🔊 1–4 **3 Was meinen Sie? Sehen Sie die Fotos an und beantworten Sie die Fragen.**
Hören Sie dann und vergleichen Sie.

Foto 1: Warum telefoniert Tobi mit Ella?
Foto 2–4: Wo sind Tobi und Ella?
Foto 2–4: Was machen sie dort?
Foto 2+3: Warum interviewt Ella Tobi und die Kinder?

Stadt-Kurier

Ellas Tag

Nachbarschaftshilfe – Jeder hilft jedem

von Ella Wegmann

Sechs Wochen lang keine Schule? Kinder finden das toll, ganz klar. Aber für Eltern kann die schulfreie Zeit zum Problem werden. Wer hat schon Zeit und Geld, so lange in den Urlaub zu fahren? Besonders Alleinerziehende wissen oft nicht, wohin mit ihrem Kind während der großen Ferien. Zum Glück gibt es Organisationen, die Hilfe anbieten.

Die „Nachbarschaftshilfe e. V." veranstaltet schon seit über zehn Jahren ein buntes Sommerferienprogramm für Sechs- bis Zehnjährige. Die Eltern können also ganz beruhigt zur Arbeit gehen, weil ehrenamtliche Helfer sich um eine sinnvolle und abwechslungsreiche Freizeitgestaltung für die Kinder kümmern. Wir vom „Stadt-Kurier" finden diesen gemeinnützigen Einsatz prima und möchten allen freiwilligen Helfern hier einmal von ganzem Herzen danken. Übrigens: Auch Sie können helfen, indem Sie Geld spenden oder selbst Mitglied werden.

6 🔊 1–4

4 Hören Sie noch einmal. Markieren und korrigieren Sie die Fehler.

Tobias arbeitet fest angestellt für die Nachbarschaftshilfe und bietet eine Theatergruppe für Kinder an. Seine Kollegin fällt aus, da sie sich ein Bein gebrochen hat. Tobias fehlt für übermorgen noch eine zweite Aufsichtsperson. Tobias ist allein für das Kinder-Ferienprogramm verantwortlich. Es gibt Bastel-, Tanz- und Musikkurse, Hausaufgabenbetreuung, Schwimmbadbesuche, Kinderfilme und eine Theatergruppe. In der Theatergruppe spielen die Kinder ein Stück, das Tobias geschrieben hat. Es heißt: „Ferien für die Tiere." Bisher gibt es eine Biene, einen Hund und einen Kuckuck. Ella und Tobias haben einander geholfen: Tobias musste den Kurs nicht ausfallen lassen und Ella kann einen Artikel schreiben.

5 Ellas Kolumne

Lesen Sie die Kolumne und beantworten Sie die Fragen.

Welche Schwierigkeiten haben Eltern im Sommer häufig?
Was ist die Nachbarschaftshilfe? Wer arbeitet in der Nachbarschaftshilfe?
Wie kann man die Nachbarschaftshilfe unterstützen?

Ellas Film

6 Helfen Sie sich gegenseitig in Ihrer Nachbarschaft / Ihrem Haus? Erzählen Sie.

A Ich bin Mitglied, **seit** ich 16 bin.

6 🔊 5 **A1 Ergänzen Sie *bis* oder *seit/seitdem*. Hören Sie und vergleichen Sie dann.**

a Ich bin Mitglied, seit ich 16 bin.

b Das Programm geht die ganzen Ferien über, ………………………… die Schule wieder anfängt.

c ………………………… ich gehört habe, dass meine Kollegin sich den Arm gebrochen hat, suche ich Ersatz.

d Es dauert zwei Wochen, ………………………… meine Kollegin wieder dabei sein kann.

Wie lange ...?	..., seit/seitdem ich 16 bin.
	..., bis die Schule wieder anfängt.

A2 „Von Nachbarn für Nachbarn e.V."

a Überfliegen Sie das Programm des Vereins und ordnen Sie die Rubriken zu.

Angebote für alle Generationen · Angebote für Eltern und Kinder · Unterstützung zu Hause · Angebote für Senioren

Von Nachbarn für Nachbarn e.V.

1 …………………………

Kinderpark	Kinder ab zwei Jahren verbringen einen spannenden Vormittag ohne ihre Eltern. Bis die Kinder sich eingewöhnt haben, dürfen die Eltern sie natürlich begleiten.	Mo 9.00 – 12.00 Uhr
Zirkusschule	Für 8-12-Jährige: Wir lernen und üben Zirkustechniken, bis wir sie auf dem Sommerfest vor Publikum aufführen können.	Do 15.00 – 17.00 Uhr
Mittagsbetreuung	Grundschüler erhalten eine warme Mahlzeit und werden bei der Erledigung ihrer Hausaufgaben unterstützt.	täglich 11.15 – 15.00 Uhr
sonstige Angebote	Tagesmuttervermittlung, Beratung in Erziehungsfragen	

2 …………………………

Töpferkurs 	Seit Sie pensioniert sind, sind Sie auf der Suche nach einem neuen Hobby? Dann sind Sie hier richtig.	Mi 10.00 – 12.00 Uhr
Schreibwerkstatt	Lebenstagebuch: Sie möchten Erinnerungen von früher aufschreiben? Schreibend suchen wir nach kleinen und vielleicht vergessenen Augenblicken, die das Leben liebenswert machen.	Di 15.00 – 17.00 Uhr
Computer- und Handykurs für die Generation 60plus	In kleiner Runde beschäftigen wir uns mit den neuen Medien.	Fr 10.00 – 12.00 Uhr

3 …………………………

Offenes Café	Nachbarschaftlicher Treffpunkt zum Kennenlernen und Austausch von Erfahrungen: für Groß und Klein und Alt und Jung	täglich 10.00 – 12.00 Uhr 15.00 – 17.00 Uhr
Singkreis	Für alle Musikfreunde, die gern singen oder ein Instrument spielen	So 18.00 – 19.00 Uhr

4 …………………………

– Vermittlung von „Essen auf Rädern" – Begleit- und Fahrdienste – kleine Tätigkeiten im Haushalt – Besuchsdienste: Zuhören oder Vorlesen, Gespräche	stundenweise nach Vereinbarung

b Hat die Nachbarschaftshilfe ein passendes Angebot? Wenn ja, welches?
Lesen Sie noch einmal und notieren Sie. Ein Angebot passt nicht. Welches?

1 Sie arbeiten zukünftig montags am Vormittag und suchen eine Betreuung für Ihre dreijährige Tochter.
2 Sie lieben Musik und würden gern mit anderen zusammen singen.
3 Ihr achtjähriger Sohn denkt sich gern Geschichten aus und sucht einen Schreibkurs.
4 Sie möchten Menschen aus der Nachbarschaft kennenlernen.
5 Ihre Mutter hat sich einen Arm gebrochen und muss zweimal wöchentlich zum Arzt gefahren werden.
6 Sie haben ein Tablet von Ihrem Enkel bekommen und wissen nicht, wie es funktioniert.

1 ja, Kinderpark
2 ...

6 6–7 A3 Anruf bei der Nachbarschaftshilfe

a Hören Sie und beantworten Sie die Fragen.

	Probleme	Lösungen
Gespräch 1		
Gespräch 2		

b Ergänzen Sie *seit/seitdem* und *bis*. Hören Sie dann noch einmal und vergleichen Sie.

1 a Ich bin alleinerziehend, ______ mein Mann und ich uns getrennt haben.
b ______ es um 13.00 Uhr ein warmes Mittagessen gibt, können die Kinder spielen.
c ______ wir wieder einen freien Platz haben, müssen Sie allerdings etwas Geduld haben.

2 a ______ mein Mann gestorben ist, lebe ich allein.
b Damit ist mir wirklich sehr geholfen, ______ ich wieder allein zurechtkomme.
c ______ ich den Unfall hatte, fehlen mir vernünftige Mahlzeiten.

A4 Rollenspiel: Anruf bei der Nachbarschaftshilfe „Von Nachbarn für Nachbarn e.V."

Wählen Sie eine Situation und suchen Sie ein passendes Angebot in dem Programm auf Seite 144. Rufen Sie bei der Nachbarschaftshilfe an. Ihre Partnerin / Ihr Partner arbeitet bei der Nachbarschaftshilfe und versucht zu helfen. Tauschen Sie dann die Rollen.

Sie möchten für Ihre Enkel Geschichten aus Ihrem Leben aufschreiben.

Sie spielen Gitarre und möchten mit anderen zusammen Musik machen.

Sie benötigen dreimal in der Woche Betreuung für Ihre zweijährige Tochter.

Ich weiß nicht, ob ich bei Ihnen richtig bin.
Ich habe da ein Problem. Seitdem ich ...,
Ich bin leider gerade in einer blöden Situation.
Ich weiß nicht, was ich machen soll. / wie ich das machen soll.
Können Sie mir da vielleicht weiterhelfen?

Jetzt erzählen/sagen Sie erst mal ...
Was ist denn genau Ihr Problem?
Keine Sorge, wir werden Ihnen (dabei) helfen.
Keine Sorge, wir werden sicher eine Lösung finden.
Ich bin ganz sicher, dass ...

Bis wir/Sie ..., müssen Sie Geduld haben.
Ich habe da eine Idee. / einen Vorschlag.
Wie wäre es denn, wenn ...

B Auch Sie können helfen, **indem** Sie Geld spenden.

B1 Verbinden Sie.

a Auch Sie können helfen,
b In der Nachbarschaftshilfe können Sie sogar mitmachen,
c Die Nachbarschaftshilfe hilft den Eltern,
d Die Kinderbetreuung darf nicht stattfinden,

indem sie ein Ferienprogramm für Kinder anbietet.
ohne dass eine zweite Aufsichtsperson dabei ist.
ohne dass Sie Mitglied sind.
indem Sie Geld spenden oder selbst Mitglied werden.

Wie?	..., indem Sie Geld spenden.

Wie?	..., ohne dass Sie Mitglied sind. ..., ohne Mitglied zu sein.

B2 Vereine in Deutschland

a Überfliegen Sie den Text. Was ist ein Verein? Kennen Sie Vereine? Sind Sie Mitglied in einem Verein?

Es gibt in Deutschland rund 600.000 Vereine. Vereine sind Organisationen, in denen sich Menschen zusammenfinden, die gemeinsame Interessen haben. Um Mitglied in einem Verein zu werden, müssen Sie eine Beitrittserklärung abgeben. Als Mitglied können Sie dann die Angebote des Vereins nutzen, Menschen kennenlernen und gemeinsam Dinge unternehmen. Wer will, kann auch aktiv in einem Verein mitarbeiten. In einigen Vereinen muss man für die Mitgliedschaft einen kleinen Beitrag bezahlen.
Neben Sportvereinen gibt es Musikvereine, soziale Vereine, Jugendklubs, Elternvereine, Tierschutzvereine, die Freiwillige Feuerwehr und vieles mehr. 44 % der Deutschen sind Mitglied in mindestens einem Verein. Besonders beliebt in Deutschland sind Sportvereine. Beinahe jeder dritte Deutsche verbringt dort seine Freizeit.

b Lesen Sie den Text und kreuzen Sie an: *indem* oder *ohne dass*.

1 Sie werden Mitglied in einem Verein,
○ indem ○ ohne dass Sie eine Beitrittserklärung unterschreiben.
2 Sie können auch Mitglied in einem Verein sein, ○ indem ○ ohne dass Sie aktiv mitarbeiten.
3 In einigen Vereinen können Sie auch Mitglied sein, ○ indem ○ ohne dass Sie einen Mitgliedsbeitrag zahlen.

c Lesen Sie den Text weiter. In welchen Vereinen sind die Personen? Warum finden sie diesen Verein wichtig?

Vor zwei Jahren bin ich hier nach Darmstadt gezogen. Das war anfangs gar nicht so leicht, da ich niemanden kannte. Ein Freund gab mir den Tipp: Tritt in einen Verein ein! Da lernst du neue Leute kennen! Erst dachte ich: „Na ja, ich weiß nicht …“ Dann habe ich aber geschaut, was mich so interessiert. Und nun habe ich klettern gelernt! Ich hätte ohne den Verein niemals innerhalb so kurzer Zeit neue Freunde gefunden.

Nikolin

Früher war ich im Verein total aktiv. Ich habe Brände gelöscht, war bei Einsätzen dabei. Jahrzehntelang! Jetzt geht das natürlich nicht mehr. Aber ich helfe, indem ich die Kinder betreue und versorge, solange die Eltern im Einsatz sind. Was mir besonders gefällt, sind natürlich die Feste, die wir regelmäßig feiern! So bin ich immer in Kontakt mit Menschen.

Jürgen

B3 Welche Vereine würden Sie interessieren? Was halten Sie von Vereinen? Sprechen Sie.

Mich würde ein Sportverein interessieren.

Ich spiele lieber im Park Fußball. Dort kann ich Leute treffen, ohne dass es etwas kostet.

C Persönliches Engagement

C1 Überfliegen Sie den Artikel in C2.

Worum geht es? Was meinen Sie?

C2 Lesen Sie nun den Artikel.

a Beantworten Sie die Fragen.

1 Wie viele Deutsche arbeiten ehrenamtlich in wohltätigen Organisationen?
2 Welche Aufgaben übernehmen sie z. B.?
3 Welche Personengruppen engagieren sich besonders häufig?
4 Was macht die Agentur „Tatendrang"?

Engagement macht stark!

„Engagement macht stark!" Unter diesem Motto stand in diesem Jahr die „Woche des bürgerschaftlichen Engagements", die jedes Jahr den Einsatz der vielen freiwillig Engagierten anerkennt. In diesem Jahr wurde besonders auf die Bedeutung des Engagements für die Integration von Migranten/Migrantinnen hingewiesen. Insgesamt engagieren sich mehr als 31 Millionen Menschen in Deutschland freiwillig und ohne Lohn in ihrer Freizeit. Sie organisieren sich in einer Million Vereinen, Bürgerinitiativen oder Selbsthilfegruppen. Sie pumpen Fußbälle auf, rasieren und frisieren Pflegebedürftige, restaurieren alte Häuser, engagieren sich als Babysitter, springen für kranke Lehrer ein, unterstützen Geflüchtete. Allein 60.000 Helfer sind zum Beispiel in den rund 900 Vereinen der „Tafel" tätig. Sie sammeln in Supermärkten Lebensmittel kurz vor dem Verfallsdatum ein und verteilen sie an Bedürftige. „Alle reden von sozialer Kälte. Aber wir erleben jeden Tag das Gegenteil", berichtet ein „Tafel"-Vorstand. „In Deutschland ist das Wir-Gefühl auf dem Vormarsch."

Insgesamt engagieren sich Männer etwas mehr als Frauen. In der Arbeit mit Geflüchteten sind aber vor allem Frauen und junge Leute aktiv. Gerade die Zahl der Jugendlichen steigt beständig. Sie machen ein „freiwilliges soziales Jahr", ein „freiwilliges ökologisches Jahr" oder sie sind im „Bundesfreiwilligendienst" tätig und arbeiten in dieser Zeit in Altenheimen, Sportvereinen oder Naturschutzgruppen.

Inzwischen haben sich in allen größeren Städten Freiwilligenagenturen gebildet. Ein Beispiel ist die Agentur „Tatendrang" in München. Unter dem Motto „Spenden Sie Zeit statt Geld" organisieren sie Einsatzmöglichkeiten. „Wir arbeiten mit mehr als 430 Einrichtungen zusammen. Wir finden immer etwas, was passt – für den Berufstätigen, der ein paar Stunden Zeit im Monat spenden will, wie für die Rentnerin, die regelmäßig einmal pro Woche mit einem Kind sprechen und lesen übt.

Die dunklen Vorhersagen einer egoistischen Spaßgesellschaft von „Ichlingen" haben sich offensichtlich nicht erfüllt. Im Gegenteil: Die Bereitschaft zum Engagement wächst und wächst!

b Was finden Sie besonders interessant/überraschend/...? Markieren Sie zwei Aspekte und vergleichen Sie mit Ihrer Partnerin / Ihrem Partner. Erzählen und kommentieren Sie.

◆ Es überrascht mich, dass sich mehr Männer als Frauen engagieren. Das hätte ich nicht gedacht.
○ Ja, stimmt. Vielleicht ...

SCHON FERTIG? Sammeln Sie Wörter, die für Sie wichtig sind.

C3 Persönliches Engagement: Was tun Sie / würden Sie gern tun? Erzählen Sie.

sich für etwas begeistern | sich für etwas engagieren/einsetzen | bei etwas mitmachen | ...

In meiner Familie engagieren sich alle außer meiner Schwester. Ich bin in einem Umweltschutzverein und ...

außer	alle außer meiner Schwester = alle, nur meine Schwester nicht

D Dieser Mensch war mir ein Vorbild.

D1 Eine Karikatur

Was fällt Ihnen spontan dazu ein? Sprechen Sie.

Albert Schweitzer (1875–1965):
Arzt, Theologe, Musiker und Philosoph; durch sein Engagement für den Frieden wurde er für viele Menschen auf der ganzen Welt zum großen Vorbild.

6 🔊 8–9 **D2 Radio Nordwest „Menschen helfen Menschen"**

a Welche Überschriften passen? Hören Sie und wählen Sie aus.

1 Schülerin rettet Rentnerin das Leben

3 Neues Café für Alleinerziehende

2 Joggerin wird bewusstlos und stürzt

4 Großes Herz für Geflüchtete

Gespräch	A	B
Überschrift		

b Was ist richtig? Hören Sie noch einmal und kreuzen Sie an.

Gespräch A

1 Die Schülerin ruft ○ eine Klinik ○ den Rettungsdienst an.

2 Als die Dame nicht mehr auf Ansprache reagiert, ○ beginnt die Schülerin sofort mit Erste-Hilfe-Maßnahmen. ○ holt sich die Schülerin telefonisch Rat bei den Sanitätern.

3 Die Anruferin meint, dass ihre Mutter nur überlebt hat, weil ○ die Sanitäter so schnell eingetroffen sind. ○ die Schülerin so schnell gehandelt hat.

Gespräch B

4 Frau Melchinger engagiert sich seit ○ einem halben Jahr ○ mindestens einem Jahr für Geflüchtete.

5 Eine syrische Mutter wohnt mit ihrem Kind ○ zusammen mit Frau Melchinger in einer WG. ○ im Haus von Frau Melchinger in einer kleinen Wohnung im Dachgeschoss.

6 Das Zusammenleben in dem Haus von Frau Melchinger ○ klappt gut. ○ führt zu Konflikten.

D3 Wer ist Ihr persönliches Vorbild?

a Machen Sie Notizen.

Wer? | Wie ist/war die Person? | Was macht sie / hat sie gemacht? | Was hat Sie besonders beeindruckt?

b Gruppenarbeit: Erzählen Sie.

Als ich noch zur Schule gegangen bin, war meine Tante mein großes Vorbild. Sie war sehr lebensfroh und tolerant. Bei ihr waren viele Dinge erlaubt, die bei uns zu Hause verboten waren. Sie hat mir immer geraten, meinen eigenen Weg zu gehen. Ich wollte immer werden wie meine Tante.

Als ich ..., war mein Vorbild ...
Sie/Er war sehr ...
Sie/Er hat oft ...
Am meisten hat mich beeindruckt, ...
Ich wollte immer werden wie ...

E Gewissensfrage

E1 Lesen Sie den Forumsbeitrag. Was ist das Problem von Rieke20?

Gewissensfrage

Meine Freundin hat mir vorgestern zum Geburtstag einen selbst gestrickten Wollpullover geschenkt. Sie hat sich viel Mühe gegeben und unglaublich viel Zeit investiert. Trotzdem, der Pullover sieht wirklich schlimm aus. Nun weiß ich gar nicht, wie ich damit umgehen soll. Soll ich ihr sagen, dass mir der Pullover nicht gefällt? Wenn ich das tue, ist sie bestimmt verletzt. Soll ich den Pullover schönreden oder einfach gar nichts sagen? Aber dann müsste ich den Pullover ja auch mal tragen. Was würdet ihr machen? Rieke20

E2 Was meinen Sie?

a Arbeiten Sie zu zweit. Lesen Sie die Argumente. Welche Argumente finden Sie richtig? Markieren Sie.

- Man hat als Freund die Pflicht, die Wahrheit zu sagen.
- Auch wenn man dadurch einen Nachteil hat, sollte man ehrlich sein.
- Das Zusammenleben der Menschen funktioniert besser, wenn man auch mal etwas schönredet.
- Wenn man einem Menschen mit einer kleinen Lüge helfen kann, ist das gut.

b Sammeln Sie weitere Argumente und sprechen Sie.

- Freunden die Wahrheit sagen
- Freundin Mühe gegeben
- Pullover nicht wichtig
- ...

Wir denken zwar, dass man Freunden die Wahrheit sagen sollte, aber deine Freundin hat sich viel Mühe gegeben, deshalb ...

E3 Welche Meinung haben Sie?

a Arbeiten Sie zu zweit. Wählen Sie eine Gewissensfrage aus und schreiben Sie einen Kommentar.

1 Ein Kollege, der mit uns im Auto zur Arbeit fährt, ist oft sehr unpünktlich. Wir müssen dann nicht nur warten, sondern kommen auch häufig zu spät. Wir haben das Problem schon mehrmals angesprochen. Das hilft aber immer nur kurze Zeit. Was sollen wir tun?

2 Mein Freund hat immer seltener Zeit und ich weiß auch oft nicht, was er so macht, wenn wir uns nicht sehen. Ist es okay, heimlich die Nachrichten auf seinem Handy zu lesen?

1 Wir würden nicht einfach losfahren. Stell dir vor, der Kollege wird deshalb entlassen. Dafür möchte man ja nicht verantwortlich sein.

b Tauschen Sie Ihren Kommentar mit einem anderen Paar und kommentieren Sie.

Ja, stimmt. Das wäre schlimm. Aber wir würden uns das Verhalten des Kollegen auch nicht einfach gefallen lassen. Vielleicht solltet ihr ...

Grammatik und Kommunikation

Grammatik

1 Konjunktion: *seit/seitdem* ÜG 10.08

	Konjunktion	Ende
Ich bin Mitglied,	seit/seitdem ich 16	bin.

2 Konjunktion: *bis* ÜG 10.08

	Konjunktion	Ende
Das Programm geht die Ferien über,	bis die Schule wieder	anfängt.

3 Konjunktion: *indem* ÜG 10.12

	Konjunktion	Ende
Auch Sie können helfen,	indem Sie Geld	spenden.

4 Konjunktionen: *ohne dass / ohne ... zu* + Infinitiv ÜG 10.12

	Konjunktion	Ende
In der Nachbarschaftshilfe können Sie sogar mitmachen,	ohne dass Sie Mitglied	sind.
	ohne Mitglied	zu sein.

5 Präposition: *außer* + Dativ ÜG 6.04

außer	alle außer meiner Schwester = alle, nur meine Schwester nicht

Meine letzten zehn Jahre: Schreiben Sie fünf Sätze. Verwenden Sie dabei *seit* und *bis*.

Ich habe bei meinen Eltern gewohnt, bis ich geheiratet habe.
Seit ich in Deutschland lebe, besuche ich einen Deutschkurs.

Soziales Engagement: Schreiben Sie vier weitere Möglichkeiten mit *indem*.

Ich kann mich sozial engagieren, indem ich eine Fußballmannschaft betreue.
Ich kann mich sozial engagieren, indem ...

alle/niemand außer: Wie viele Ausnahmen finden Sie in fünf Minuten?

In meiner Familie sind alle außer mir politisch interessiert.
In unserem Deutschkurs kommt niemand außer unserer Lehrerin aus Deutschland.

Kommunikation

UM HILFE BITTEN: Können Sie mir da vielleicht weiterhelfen?

Ich weiß nicht, ob ich bei Ihnen richtig bin. | Ich habe da ein Problem. Seitdem ich ..., | Ich bin leider gerade in einer blöden Situation. | Ich weiß nicht, was ich machen soll. / wie ich das machen soll. | Können Sie mir da vielleicht weiterhelfen?

NACHFRAGEN: Was ist denn genau Ihr Problem?

Jetzt erzählen/sagen Sie erst mal ... | Was ist denn genau Ihr Problem?

JEMANDEN BERUHIGEN: Ich bin ganz sicher, dass ...

Keine Sorge, wir werden Ihnen (dabei) helfen. | Keine Sorge, wir werden sicher eine Lösung finden. | Ich bin ganz sicher, dass ...

EINE LÖSUNG ANBIETEN: Wie wäre es denn, wenn ...

Bis wir/Sie ..., müssen Sie Geduld haben. | Ich habe da eine Idee. / einen Vorschlag. | Wie wäre es denn, wenn ...

VORBILDER BESCHREIBEN: Ich wollte immer werden wie ...

Als ich ..., war mein Vorbild ... | Sie/Er war sehr ... | Sie/Er hat oft ... Am meisten hat mich beeindruckt, ... | Ich wollte immer werden wie ...

Frau Ott ruft bei der Nachbarschaftshilfe an. Schreiben Sie ein Gespräch.

◇ Nachbarschaftshilfe Neustadt, Klemens hier. Was kann ich für Sie tun?
○ Ach, ich weiß gar nicht, ob ich bei Ihnen richtig bin.
◇ ...

Sie möchten noch mehr üben? 6 | 10–12 AUDIO-TRAINING

Lernziele

Ich kann jetzt ...

A ... Programme einer Nachbarschaftshilfe verstehen: *Wir üben Zirkustechniken, bis wir sie aufführen können.* ______ ☺ 😐 ☹
... um Hilfe bitten: *Ich habe da ein Problem. Seitdem ich ...* ______ ☺ 😐 ☹

B ... einen Text über das Vereinsleben in Deutschland verstehen: *Ich hätte ohne den Verein niemals innerhalb so kurzer Zeit neue Freunde gefunden.* ______ ☺ 😐 ☹
... die eigene Meinung zu Vereinen äußern: *Im Park kann ich Leute treffen, ohne dass es etwas kostet.* ______ ☺ 😐 ☹

C ... einen Artikel über persönliches Engagement verstehen: *Engagement macht stark!* ______ ☺ 😐 ☹
... erzählen, wofür man sich engagiert: *Ich bin in einem Umweltschutzverein.* ______ ☺ 😐 ☹

D ... Hörerbeiträge im Radio verstehen ______ ☺ 😐 ☹
... ein Vorbild beschreiben: *Am meisten hat mich beeindruckt, ...* ______ ☺ 😐 ☹

E ... Gewissensfragen kommentieren: *Wir denken zwar, dass man Freunden die Wahrheit sagen sollte, aber ...* ______ ☺ 😐 ☹

Ich kenne jetzt ...

... 7 Wörter zum Thema *soziales Engagement*:

ehrenamtlich, ...

______

______

______

______

______

Zwischendurch mal ...

PROJEKT

ICH KANN VIEL. – WIR KÖNNEN MEHR! Zusammen sind wir schneller, stärker, schlauer, besser, ...

Alles könnte so einfach sein, ... wenn man es nur könnte! Wenn man eine Ahnung hätte, wie es geht. Oder wenn man wenigstens wüsste, wer einem helfen kann. Na, wo ist das Problem? Schauen wir doch einfach mal, was wir im Kurs so alles können! Wir zeigen hier ein paar Beispiele, was man in verschiedenen Bereichen so alles können könnte. Aber natürlich gibt es noch viel, viel mehr. Was können **WIR**? Finden wir es zusammen heraus!

Lernen und Wissen:
- Sprachunterricht geben
- Mathematik erklären
- Gesundheitstipps geben
...

Sport und Hobbys:
- Gymnastikübungen zeigen
- Krafttraining durchführen
- Gesangsunterricht geben
- als DJ Musik auflegen
...

Handwerkliches:
- Fahrräder reparieren
- Haare schneiden und frisieren
- Schminken
- Schönheitsberatung
- Ordnung schaffen und sauber machen
...

Organisieren:
- ein Fest vorbereiten
- gut und günstig einkaufen
- Spiele oder Wettbewerbe leiten
...

Was können wir?

a Lesen Sie den Text. Schreiben Sie auf einen blauen Zettel: *Dabei kann ich helfen.* Und auf einen grünen Zettel: *Dabei brauche ich Hilfe.*

Dabei kann ich helfen:
– Tischdekoration basteln
– Suppen kochen
Murat

Dabei brauche ich Hilfe:
– Prozentrechnen
– Formulare ausfüllen
Murat

b Hängen Sie die Zettel auf. Wer kann wem helfen? Suchen Sie passende Kursteilnehmer/innen.

Murat, ich kann dir helfen. Ich bin gut in Mathe. ...

SCHREIBEN

Das Leben ist hart!

Du sitzt nachts wach im Bett, obwohl du dringend Schlaf brauchst, weil du morgen eine wichtige Prüfung hast. Du brauchst ein Passwort für dein neues Onlinekonto, nur weißt du nicht, wie man ein wirklich sicheres Passwort macht. Von gestern sind eine Menge gekochte Nudeln übrig, aber du würdest wahnsinnig gern was richtig Leckeres und Frisches essen. Wenn du im Supermarkt einen Einkaufswagen brauchst, hast du natürlich wieder keinen Euro im Geldbeutel. Tja, das Leben ist wirklich hart. Aber wir sind härter. Wir lösen jedes Problem!

1 Lesen Sie den Text. Wählen Sie ein Problem oder finden Sie selbst ein Alltags-Problem. Schreiben Sie Lösungstipps.

Problem: Regenschirm zu Hause vergessen
Lösungen:
- wieder nach Hause gehen und Schirm holen
- im Café einen Kaffee trinken, bis es nicht mehr regnet
- eine Person freundlich bitten, ein Stück gemeinsam unter dem Schirm zu gehen
- nach Hause gehen und dort bleiben
- ein Taxi nehmen

2 Lesen Sie Ihre Lösungstipps vor.
Welchen Tipp finden die anderen besonders gut?

Ich finde die Idee witzig, jemanden zu fragen, ob ich unter den Schirm darf. ...

HÖREN

Reden wir darüber ...

A

Fred

B

C

D

E

F

G

E-Mail senden

Von: Jonas@bmx.de

Hallo Onkel Jonas, wie geht's Dir? Mir geht's nicht so toll. Ich brauche unbedingt 1500 Euro. Kannst Du mir die leihen?
Ich ruf Dich nachher an, okay?
Liebe Grüße
Fred

War schön. Aber jetzt ist es vorbei. Vergiss es einfach! Basti

Stell dir vor Cécile, Basti hat mit Anne Schluss gemacht!

Hi Basti! Lust auf Kino? Cécile

6 🔊 13–16 **1 Sehen Sie die Bilder an und lesen Sie die Nachrichten. Hören Sie dann.**
Wer ist wer? Ergänzen Sie die Namen in den Bildern oben.

Kirsten | Cécile | Jonas | Hermine | ~~Fred~~ | Anne | Sebastian (Basti)

2 Hören Sie noch einmal. Was ist richtig? Kreuzen Sie an.

a Fred bezahlt die Miete für seine Wohnung ○ immer pünktlich. ○ oft zu spät.
b Jonas leiht Fred das Geld, weil Jonas Freds ○ Onkel ○ Bruder ist.
c Sebastian will Kirsten überzeugen, dass er ○ sie ○ Anne am liebsten mag.
d Sebastian hat mit ○ Anne ○ Kirsten ○ persönlich ○ mit einer Nachricht Schluss gemacht.

3 Was raten Sie Fred, Jonas, Anne und Kirsten?

Aus Politik und Geschichte

Folge 13: Nicht aufgeben! Weitermachen!

6 🔊 17–20 🎬 **1 Sehen Sie die Fotos an und hören Sie.**
In welcher Reihenfolge sprechen Ella und Herr Wirth über die Themen? Ordnen Sie.

◯ der Lernhilfeverein 1 Herrn Wirths Beruf ◯ Tipps für junge Migranten
◯ die Kindheit und die Flucht aus Schlesien ◯ Herrn Wirths Familie

6 🔊 17–18 **2 Hören Sie noch einmal Teil 1 (Foto 1 und 2). Was wissen Sie über Herrn Wirth?**
Ergänzen Sie Stichpunkte. Sprechen Sie dann.

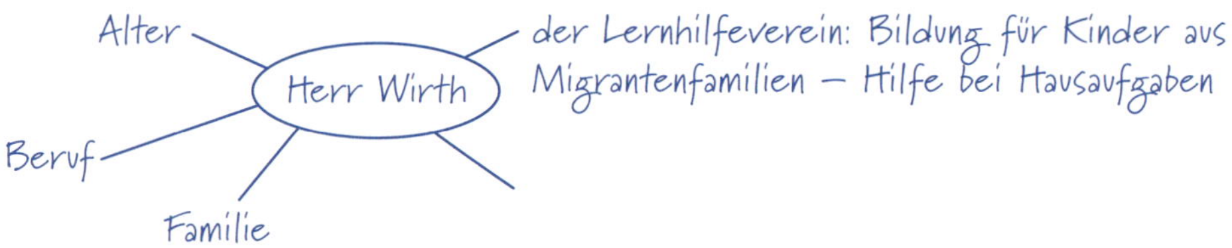

E-Mail senden

Hallo Herr Wirth!
Möchten Sie engagierte junge Leute kennenlernen? Meine Freunde Hubert und Mischa haben für den kommenden Freitagabend ein „Fest der Vielfalt“ organisiert. Menschen aus verschiedenen Ländern bringen selbst zubereitetes Essen nach Rezepten aus ihrer Heimat mit. Haben Sie Lust, mitzukommen? Ich könnte Sie vom Bahnhof abholen.
Liebe Grüße, Ella

Ella Wegmann

Liebe Ella,
„Fest der Vielfalt“ – das klingt sehr gut. Und am Freitagabend habe ich auch noch nichts vor. Mein Zug kommt um 18:43 Uhr an. Passt das?
Herzliche Grüße
August Wirth

Wunderbar!
Ich hole Sie ab.
Bis dann!

6 19–20 **3 Hören Sie noch einmal Teil 2 (Fotos 3 und 4). Welche vier Tipps gibt Herr Wirth jungen Migrantinnen/Migranten? Kreuzen Sie an.**

- Keine Angst vor Fehlern!
- Das Glück kommt von allein!
- Lernt Deutsch!
- Bewegt euch nicht nur in der digitalen Welt!
- Technik ist für den Beruf am wichtigsten!
- Nehmt Rücksicht auf ältere Menschen
- Lernt dazu und bildet euch weiter!

4 Welche Tipps finden Sie richtig und wichtig?
Haben Sie noch mehr Tipps für junge Leute? Sprechen Sie im Kurs.

5 Lesen Sie Ellas E-Mail und die Nachrichten. Beantworten Sie dann die Fragen.

– Wozu wird Herr Wirth eingeladen?
– Wie kommt er dort hin?

Ellas Film

A Das **wurde** von ... Menschen **erkämpft**.

A1 Lesen Sie Ellas Reportage über Herrn Wirth.

a An welche Informationen aus der Foto-Hörgeschichte können Sie sich erinnern? Markieren Sie in der Reportage.

6 🔊 17–20 **b** Hören Sie noch einmal die Foto-Hörgeschichte und vergleichen Sie.

Tun, was man tun kann

Mit seinen 81 Jahren ist August Wirth körperlich und geistig noch topfit und kann sich an die Ereignisse aus seinem langen Leben gut erinnern. Neun Jahre war er alt, als die Welt seiner Kindheit zerstört wurde. Das geschah im Jahr 1945, in den letzten Monaten des Zweiten Weltkriegs. Im Februar wurde sein Vater bei einem Bombenangriff getötet. Im Mai musste August mit seiner Mutter und den beiden Geschwistern die Heimat in Schlesien verlassen und nach Westen fliehen.

Als der alte Mann von dieser Flucht berichtet, werden seine Augen feucht und seine Stimme zittert leicht. „Es ist gar nicht wegen damals“, sagt er. „Nein, ich muss an die Flüchtlinge denken, die heute zu uns kommen. Sie haben alles verloren und müssen ihr Leben neu anfangen. Genau wie wir damals.“ Wie hat seine Familie das geschafft? „Wir haben zusammengehalten“, sagt August Wirth. „Meine Mutter war eine wunderbare Frau. Sie hat wie eine Löwin für unsere Zukunft gekämpft.“

Leicht war das nicht, denn obwohl sie Deutsche waren, wurden die Flüchtlinge aus dem Osten im Westen Deutschlands nicht begeistert empfangen. Die Wirths haben den Neustart in der neuen Heimat trotzdem geschafft. August konnte sogar studieren. Er ist Lehrer geworden. Die schlimme Anfangszeit nach der Flucht hat er nie vergessen. Er hat es immer als wichtige Aufgabe verstanden, Kinder und Jugendliche zu fördern, die es schwerer haben als andere.

Ab Beginn der 1960er-Jahre kamen immer mehr Arbeitsmigranten aus Südeuropa nach Deutschland. Sie hatten meist nur wenig Schulbildung und beherrschten die deutsche Sprache kaum oder gar nicht. Deshalb konnten sie ihren Kindern beim Lernen nicht richtig helfen. August Wirth organisierte Hausaufgabenhilfen und zusätzliche Deutschkurse. 1975 ist dann sogar ein Lernhilfeverein für Kinder aus Migrantenfamilien gegründet worden. Mit öffentlichen Geldern und mit privaten Spenden sorgt dieser Verein bis heute dafür, dass die begabtesten Kinder von Migranten Abitur machen und studieren können. Außerdem kümmerte er sich darum, dass von den örtlichen Betrieben auch für Migrantenkinder Ausbildungsplätze zur Verfügung gestellt wurden.

Die Arbeit des Vereins war und ist sehr erfolgreich. Vor zwei Jahren zum Beispiel wurde in August Wirths Heimatstadt eine junge Frau aus einer Migrantenfamilie zur zweiten Bürgermeisterin gewählt. „Sie ist die Tochter von einem meiner ersten ausländischen Schüler“, sagt der alte Mann nicht ohne Stolz. „Man muss einfach tun, was man tun kann. Mit vielen kleinen Schritten schafft man am Ende auch eine große Strecke.“

A2 Zusammenfassung

Lesen Sie noch einmal. Ordnen Sie zu. Ergänzen Sie dann die Tabelle.

gestellt | getötet | gewählt | gegründet | zerstört | empfangen

a August Wirth war neun Jahre alt, als die Welt seiner Kindheit .... wurde.
b Denn Ende des Zweiten Weltkrieges wurde sein Vater .... und er musste fliehen.
c Die Flüchtlinge wurden im Westen leider nicht herzlich ....
d Herr Wirth hat sich in den 1960er-Jahren für Migranten engagiert und später ist sogar ein Lernhilfeverein .... worden.
e Der Verein kümmerte sich darum, dass Migrantenkindern Ausbildungsplätze zur Verfügung .... wurden.
f In Herrn Wirths Heimatstadt wurde sogar eine junge Frau zur 2. Bürgermeisterin ....

1975	ist	ein Lernhilfeverein	....
Sie	wurde	zur 2. Bürgermeisterin	....

A3 Biografien

a Arbeiten Sie zu dritt. Wählen Sie eine der Personen oder wählen Sie eine Person aus Ihrem Heimatland.

Jérôme Boateng

Sibel Kekilli

Werner von Siemens

b Recherchieren Sie im Internet: Was für eine Biografie hat „Ihre Person"?
Suchen Sie Informationen zu folgenden Themen und notieren Sie Stichpunkte.

- wer?
- wann gelebt/geboren?
- ihre/seine Kindheit und Jugend
- ihre/seine Familie
- ihre/seine Ausbildung
- besondere Ereignisse in ihrem/seinem Leben

c Erarbeiten Sie eine kleine Präsentation über „Ihre Person":
Erstellen Sie Folien oder Plakate mit den wichtigsten Informationen und notieren Sie, was Sie zu den Folien sagen möchten.

Jérôme Boateng:
- sehr bekannter deutscher Fußballspieler
- 1988 in Berlin geboren
- Karriere: beim FC Bayern und in deutscher Nationalmannschaft

...

d Stellen Sie „Ihre Person" im Kurs vor. Verwenden Sie die Redemittel, um die Präsentation zu strukturieren.

Wir erzählen euch etwas über ... | Zuerst möchten wir über ... sprechen. | Nun zu ihrer/seiner Kindheit/Jugend/Familie: ... | Wir möchten euch auch Informationen über ... geben. | Der nächste Punkt unserer Präsentation ist ... | Zum Abschluss beschäftigen wir uns mit ... | Nun habt ihr einen Einblick in das Leben von ... erhalten. | Habt ihr noch Fragen? | Vielen Dank für eure Aufmerksamkeit.

Wir erzählen euch etwas über Jérôme Boateng. Er ist ein sehr bekannter deutscher Fußballspieler. Er ist 1988 in Berlin geboren. Zuerst möchten wir über seine Kindheit und Jugend sprechen ...

B Das war eins der **größten** Probleme.

6 🔊 21 **B1 Ordnen Sie zu. Hören Sie dann und vergleichen Sie.**

älteren | größte | begabtesten

a Meine ______________ Geschwister und ich sind nach dem Krieg mit unserer Mutter von Schlesien nach Westdeutschland geflohen.

b Nach dem Krieg wurde der ______________ Teil Schlesiens dann von Polen beansprucht.

c Ich habe Spenden gesammelt, damit die ______________ jungen Migranten studieren konnten.

WIEDERHOLUNG

groß	● der größere / größte Teil	ein größerer Teil
größer	● das größere / größte Problem	ein größeres Problem
am größten	● die größere / größte Frage	eine größere Frage
	● die größeren / größten Fragen	größere Fragen

6 🔊 22–24 **B2 Umfrage: Wenn Sie in Deutschland etwas ändern könnten …**

a Hören Sie drei Interviews. Was würden die Personen ändern? Notieren Sie.

1
____

2
____

3
____

b Ordnen Sie zu und ergänzen Sie in der richtigen Form. Hören Sie dann noch einmal und vergleichen Sie.

1 groß | schnell | ~~gut~~

Eine Ganztagsbetreuung würde zu einer *besseren* Vereinbarkeit von Familie und Beruf führen. Schüler mit Migrationshintergrund würden viel ______________ Fortschritte bei ihren Deutschkenntnissen machen. Und wenn Schüler unterschiedlicher kultureller Herkunft mehr Zeit gemeinsam verbringen würden, würde das zu einem ______________ gegenseitigen Verständnis führen.

2 groß | arm | bezahlbar

Ich würde ______________ Wohnraum für alle schaffen! Gerade in vielen ______________ Städten ist es für ______________ Menschen unmöglich, eine Wohnung zu finden, die sie sich leisten können.

3 hoch | scharf | streng

Wir bräuchten ______________ Gesetze! Höchstgeschwindigkeit 120 Stundenkilometer, ______________ Verkehrskontrollen und ______________ Strafen für Temposünder!

B3 Wie ist das bei Ihnen?

Arbeiten Sie in Gruppen: Wählen Sie ein Thema aus B2 oder sprechen Sie über ein Thema, das Sie interessiert. Vergleichen Sie auch mit Ihrem Heimatland.

Ein Tempolimit kann ich nur befürworten! Auch bei uns …

Ich bin für/gegen …, weil …
Davon halte ich (nicht) viel, denn … | Das kann ich nur befürworten/ablehnen. | Ganz meine Meinung. | Meiner Meinung/Ansicht nach …
In diesem Zusammenhang finde ich auch wichtig, dass …

Bei uns / In … ist das … genau(so) wie / anders als …
Das ist bei uns nicht so streng wie … / strenger als …
Auch bei … gibt es strengere Gesetze/Vorschriften.
Das ist hier ganz anders. Der Unterschied ist, dass …
Verglichen mit … / Im Gegensatz zu … | Ich finde es besser so, wie es in … ist.

C Politisch aktiv

C1 Waren Sie schon einmal bei einer Demonstration?
Wofür/Wogegen war sie? Erzählen Sie.

Ich war noch nie auf einer Demonstration. Aber wenn es eine Demonstration für/gegen … geben würde, wäre ich sofort dabei.

C2 Zeitungsmeldungen

a Lesen Sie und ordnen Sie die Meldungen den Fotos zu.

○ A

○ B

○ C

1

Bundesweite Menschenketten gegen Rassismus – für Menschenrechte und Vielfalt

Ein breites Bündnis aus verschiedenen Vereinen, Religionsgemeinschaften und Gewerkschaften hat am vergangenen Sonntag – zum internationalen Weltflüchtlingstag – dazu aufgerufen, ein deutliches Zeichen gegen Fremdenhass und Rassismus zu setzen. In ganz Deutschland folgen rund 40.000 Menschen dem Aufruf. In Berlin, München, Leipzig, Hamburg und in anderen Städten bildeten die Teilnehmenden lange Menschenketten und verbanden symbolisch religiöse, soziale, kulturelle und politische Einrichtungen mit Flüchtlingsunterkünften, um für ein offenes Europa zu demonstrieren.

2

Für einen fairen Milchpreis!

Immer mehr Milchbauern in Deutschland müssen ihre Höfe aufgeben, weil es sich für sie nicht mehr lohnt, Milch zu produzieren. Für einen Liter Milch bekommen die Bauern aktuell ca. 20 Cent. „Das ist deutlich zu wenig", so ein Sprecher des Bauernverbandes, „denn allein die Produktionskosten für einen Liter belaufen sich auf ca. 33 Cent". Um auf diesen Missstand hinzuweisen, protestierten am Freitag etwa 50 Milchbauern vor dem Landwirtschaftsministerium. „Wir sind heute hier, weil wir mindestens 40 Cent brauchen, um unsere Familien ernähren zu können", so einer der protestierenden Bauern. „Die Politik kann uns damit nicht allein lassen!"

3

Kinder zu teuer?

Rund 50 Kinder und Jugendliche demonstrierten bei der Hauptversammlung des Sportvereins Hermannsdorf am Freitagabend gegen die Schließung ihres städtischen Schwimmbades. „Kinder zu teuer?" und „Lasst uns das Schwimmbad!" forderten sie auf ihren selbst geschriebenen Plakaten.

b Ergänzen Sie die Informationen aus den Texten.

	Wer protestiert?	Wogegen/Wofür?	Wo?
Text 1	rund 40.000 Menschen		
Text 2			
Text 3			

C3 Kurzbericht

Suchen Sie eine Zeitungsmeldung zu einem Thema, das Sie interessant finden. Notieren Sie die wichtigsten Informationen und berichten Sie darüber im Kurs.

Wer? Was? Wann? Wo?

SCHON FERTIG? Haben Sie in Deutschland schon eine Demonstration oder einen Streik gesehen? Wofür bzw. wogegen? Schreiben Sie.

D Aus der deutschen Geschichte

D1 Die Geschichte Berlins nach 1945

a Sehen Sie die Fotos an. Welche Bauwerke oder historischen Ereignisse kennen Sie? Sprechen Sie im Kurs.

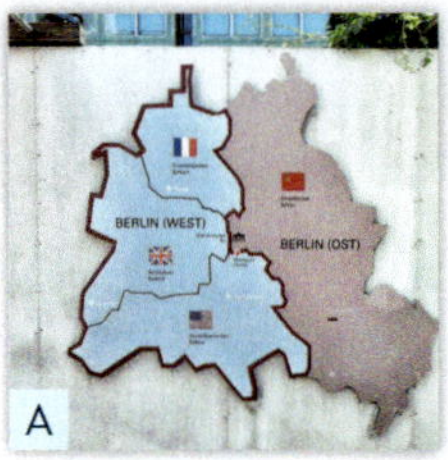

A

B

C

D

E

F

b Ordnen Sie die Fotos aus a den Bildunterschriften zu. Vergleichen Sie im Kurs.

1 (E) Berlin ist nach dem Zweiten Weltkrieg eine zerstörte Stadt.
2 ◯ Deutschland wird 1945 in vier Besatzungszonen geteilt.
3 ◯ 1949 werden zwei deutsche Staaten gegründet.
4 ◯ Die Mauer in Berlin wird 1961 gebaut und teilt Berlin in Ost und West.
5 ◯ Die Grenze zwischen Ost- und Westdeutschland wird 1989 geöffnet.
6 ◯ Im Bundeskanzleramt arbeitet die Regierungschefin / der Regierungschef.

D2 Ein Vortrag

6 ◀)) 25 **a** Hören Sie den Vortrag. Über welche Themen wird gesprochen? Ordnen Sie.

◯ Mauerbau ◯ Besatzungszonen 1 Zerstörung Berlins im Zweiten Weltkrieg
◯ das Bundeskanzleramt ◯ Öffnung der Grenze
◯ Flucht über die Grenze zwischen West- und Ostdeutschland ◯ Gründung von BRD und DDR

6 ◀)) 26–29 **b** Hören Sie den Vortrag noch einmal in Abschnitten. Was ist richtig? Kreuzen Sie an.

Abschnitt 1: a ○ Das Kriegsende war am 8. Mai 1945.
b ○ Die Siegermächte wussten genau, wie es mit Deutschland weitergehen soll.

Abschnitt 2: a ○ Deutschland wurde in vier Zonen geteilt: die amerikanische und die britische Zone im Westen, die französische und die sowjetische im Osten.
b ○ Aus den Westzonen wurde die BRD, aus der Ostzone die DDR.

Abschnitt 3: a ○ Viele Menschen in der DDR waren unzufrieden und gingen in die BRD. Deshalb wurde eine Mauer zu Westdeutschland gebaut.
b ○ Nach dem Mauerbau 1961 flohen nur noch wenige Menschen aus der DDR, weil es zu gefährlich und schwierig war.

Abschnitt 4: a ○ Aufgrund der Unzufriedenheit der DDR-Bürger kam es zu einer friedlichen Revolution. Am 9. November 1989 öffnete die DDR schließlich die Grenzen zu Westdeutschland wieder.
b ○ Der deutsche Nationalfeiertag, der 3. Oktober, feiert die offizielle Wiedervereinigung der beiden deutschen Staaten im Jahr 1990. Zur neuen gemeinsamen Hauptstadt wurde Bonn.

D3 Was wissen Sie über die Nachkrieggeschichte Deutschlands?

a Ordnen Sie die Fakten den Fotos zu.

1 Dezember 1945

2 10.09.1964

Das Lied der Deutschen
(Deutsche Nationalhymne)
…
Einigkeit und Recht und Freiheit
für das deutsche Vaterland!
Danach lasst uns alle streben
brüderlich mit Herz und Hand!
Einigkeit und Recht und Freiheit
sind des Glückes Unterpfand;
blüh' im Glanze dieses Glückes,
blühe, Deutsches Vaterland.

3 26.08.1841

4 1919

a ◯ Begrüßung des millionsten Gastarbeiters
b ◯ Serienproduktion des VW-Käfers
c ◯ Einführung des allgemeinen Frauenwahlrechts
d ◯ die deutsche Nationalhymne

b Arbeiten Sie zu zweit: Sehen Sie sich die Fotos und Fakten in D1 bis D3 noch einmal an. Wann war was? Sprechen Sie und ordnen Sie zu.

8. Mai 1945 | 1961 | 1949 | 9. November 1989 | 3. Oktober 1990 | 10. September 1964 | Dezember 1945 | 1919 | 26. August 1841

Am 8. Mai 1945 war der Zweite Weltkrieg vorbei, oder?

Ich bin nicht sicher …

Doch, das wurde in dem Vortrag gesagt.

c Vergleichen Sie Ihre Lösungen im Kurs.

D4 Kursplakat über Ihr Heimatland/Deutschland

a Bilden Sie Gruppen. Wählen Sie eine oder mehrere Fragen.

- Was waren wichtige Momente in der Geschichte des Landes?
- Wann wird der Nationalfeiertag gefeiert? Warum?
- Wann wurde das Land gegründet?
- Welche berühmten Gebäude sollte man kennen?
- Welche nationalen Symbole verbinden Sie mit dem Land?

b Erstellen Sie ein Plakat mit den wichtigsten Jahreszahlen, Ereignissen und Symbolen und stellen Sie es im Kurs vor.

Unser heutiges Thema ist …
Wir haben uns mit folgenden Fragen beschäftigt: …

Habt ihr zu diesem Punkt noch Fragen? Wenn nicht, dann kommen wir zum nächsten Punkt: …
Und hier seht ihr …
Das bedeutet: …

Nun habt ihr ein paar Informationen über unser Heimatland/Deutschland bekommen.
Wir hoffen, unsere Präsentation hat euch gefallen.

Grammatik und Kommunikation

Grammatik

1 Passiv Perfekt ÜG 5.13

1975	ist	ein Lernhilfeverein	gegründet worden.

2 Passiv Präteritum ÜG 5.13

Sie	wurde	zur 2. Bürgermeisterin	gewählt.

3 Adjektivdeklination mit Komparativ und Superlativ ÜG 4.01 – 4.04

Nominativ	Akkusativ	Dativ
• der größere / größte Teil • ein größerer Teil	• den größeren / größten Teil • einen größeren Teil	• dem größeren / größten Teil • einem größeren Teil
• das größere / größte Problem • ein größeres Problem	• das größere / größte Problem • ein größeres Problem	• dem größeren / größten Problem • einem größeren Problem
• die größere / größte Frage • eine größere Frage	• die größere / größte Frage • eine größere Frage	• der größeren / größten Frage • einer größeren Frage
• die größeren / größten Fragen • größere Fragen	• die größeren / größten Fragen • größere Fragen	• den größeren / größten Fragen • größeren Fragen

Was wurde gemacht / Was ist gemacht worden? Schreiben Sie acht Sätze.

1
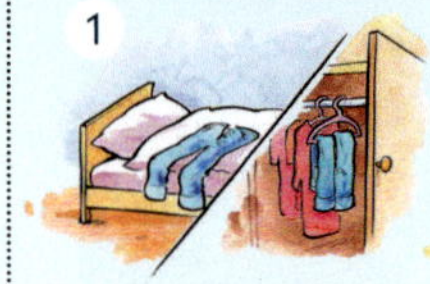
2

3

4

1 Die Hose wurde in den Schrank gehängt. Die Hose ist in den …

Ihre Rekorde! Schreiben Sie vier Sätze.

… ist der/das/die … (groß) …, den/das/die ich je gesehen habe.
… ist der/das/die … (lecker) …, den/das/die ich je getrunken habe.
… ist der/das/die … (interessant) …, den/das/die ich je gehört habe.
… ist der/das/die … (schlecht) …, den/das/die ich je gelesen habe.

Camp Nou ist das größte Fußballstadion, das ich je gesehen habe.

Kommunikation

ETWAS PRÄSENTIEREN – EINLEITUNG: Unser heutiges Thema ist ...

Wir erzählen euch etwas über ... | Zuerst möchten wir über ... sprechen. Unser heutiges Thema ist ... | Wir haben uns mit folgenden Fragen beschäftigt: ...

ETWAS PRÄSENTIEREN – ÜBERLEITUNG: Der nächste Punkt ...

Nun zu ihrer/seiner Kindheit/Jugend/Familie: ... | Wir möchten euch auch Informationen über ... geben. | Der nächste Punkt unserer Präsentation ist ... Habt ihr zu diesem Punkt noch Fragen? Wenn nicht, dann kommen wir zum nächsten Punkt: ... | Und hier seht ihr ... | Das bedeutet: ...

ETWAS PRÄSENTIEREN – SCHLUSS: Habt ihr noch Fragen?

Zum Abschluss beschäftigen wir uns mit ... | Nun habt ihr einen Einblick in ... erhalten. | Nun habt ihr ein paar Informationen über ... bekommen. Habt ihr noch Fragen? | Wir hoffen, unsere Präsentation hat euch gefallen. Vielen Dank für eure Aufmerksamkeit.

ETWAS BEWERTEN: Ganz meine Meinung.

Ich bin für/gegen ..., weil ... | Davon halte ich (nicht) viel, denn ... Das kann ich nur befürworten./ablehnen. | Ganz meine Meinung. Meiner Meinung/Ansicht nach ... | In diesem Zusammenhang finde ich auch wichtig, dass ...

ETWAS VERGLEICHEN: Im Gegensatz zu ...

Bei uns / In ... ist das ... genau(so) wie / anders als ... | Das ist bei uns nicht so streng wie ... / strenger als ... | Auch bei ... gibt es strengere Gesetze/ Vorschriften. | Das ist hier ganz anders. Der Unterschied ist, dass ... Verglichen mit ... | Im Gegensatz zu ... | Ich finde es besser so, wie es in ... ist.

Schreiben Sie eine Mini-Präsentation zu einer der folgenden Fragen. Verwenden Sie die Redemittel.

- Warum ich Präsident/Präsidentin werden sollte!
- Mein letztes Wochenende
- Meine Großmutter
- Ein Abend in ...

TiPP

Zur Vorbereitung einer Präsentation sollten Sie wichtige Sätze zu Einleitung, Übergang und Schluss notieren und auswendig lernen. Das gibt Ihnen Sicherheit.

Sie möchten noch mehr üben?

6 | 30–32 AUDIO-TRAINING

Lernziele

Ich kann jetzt ...

A ... eine Reportage über eine Person verstehen: *Mit seinen 81 Jahren ...* ______ ☺ 😐 ☹

... die Biografie einer Person präsentieren: *Wir erzählen euch etwas über ...* ______ ☺ 😐 ☹

B ... etwas bewerten: *Ein Tempolimit kann ich nur befürworten.* ______ ☺ 😐 ☹

... etwas vergleichen: *Das ist bei uns nicht so streng wie in Deutschland.* ______ ☺ 😐 ☹

C ... Zeitungsmeldungen verstehen: *Rund 50 Kinder und Jugendliche demonstrierten ...* ______ ☺ 😐 ☹

D ... einen Vortrag zur deutschen Nachkriegsgeschichte verstehen: *Aus den Westzonen wurde die BRD, aus der Ostzone die DDR.* ______ ☺ 😐 ☹

... über die Geschichte Deutschlands / des Heimatlandes sprechen: *Unser heutiges Thema ist ...* ______ ☺ 😐 ☹

Ich kenne jetzt ...

... 10 Wörter zum Thema *deutsche Geschichte*:

die Berliner Mauer, ...

______

______

______

... 5 Wörter zum Thema *politisches Engagement*:

protestieren, ...

______

______

Zwischendurch mal ...

LANDESKUNDE

Der anatolische Schwabe

Kurzbiografie

- Cem Özdemir wird 1965 in Baden-Württemberg geboren. Seine Eltern sind kurz davor nach Deutschland gekommen und haben sich hier kennengelernt.
- 1981 wird er Mitglied bei den *Grünen*.
- 1983 nimmt er die deutsche Staatsbürgerschaft an.
- Nach der mittleren Reife und der Ausbildung zum Erzieher macht er das Fachabitur und studiert Sozialpädagogik.
- 1994 ist er der erste Abgeordnete mit türkischer Herkunft im Deutschen Bundestag.
- Von 2004 bis 2009 ist er Mitglied des Europäischen Parlaments.
- 2008 wird er Bundesvorsitzender der Partei *Bündnis 90/Die Grünen*.
- Seit 2013 ist er wieder im Bundestag.
- Cem Özdemir ist verheiratet und hat zwei Kinder.

INTERVIEW

Herr Özdemir, eines Ihrer Bücher hat den Titel: Ich bin Inländer. Das soll heißen: „Ich will hier mitmachen!", oder?

Genau. Für mich war klar: Ich lebe in Deutschland, hier fühle ich mich zu Hause, hier sind meine Freunde, hier bin ich politisch aktiv, hier kenne ich mich am besten aus und hier will ich mitwirken.

Dazu gehört natürlich auch, dass man Deutschland als seine eigene Sache begreift.

Richtig. Ich wünsche mir, dass die Eingewanderten und ihre Nachfahren sagen: „Dieses ist mein Land, meine Gesellschaft, ich habe eine Bindestrich-Identität, ich bin Deutsch-Türke (oder Deutsch-Marokkanerin, oder Deutsch-Ukrainer, etc.), also Inländer."

Sie selbst haben sich sogar mal als „anatolischer Schwabe" bezeichnet. Das ist noch präziser als „Deutsch-Türke".

Jeder definiert sich selbst. Die Liebe zu Anatolien haben mir meine Eltern vermittelt. Das steht bei mir für Vielfalt, für Christen und Juden genauso wie für Aleviten und Sunniten. Es war meine persönliche Absage an die türkischen Nationalisten und gleichzeitig die Ansage: Deutschland, du hast es mir nicht leicht gemacht, dein Staatsbürger zu werden und mich zu dir zu bekennen. Meine schwäbischen Freunde dagegen haben mir von Anfang an vermittelt, dass ich dazugehöre.

Empfehlen Sie Einwanderern, die hier bleiben wollen, dass sie deutsche Staatsbürger werden sollen?

Ja, die *Grünen* fordern Migranten sogar ausdrücklich dazu auf. Jede Einbürgerung ist aus unserer Sicht ein Erfolg, schließlich werden deutsche Pässe nicht verschenkt.

Und wenn dann trotzdem jemand sagt: „Ihr seid keine richtigen Deutschen"?

Dann sollte man nicht aufgeben, sondern sich klarmachen, dass man selbst mitbestimmen kann, was „Deutschsein" bedeutet. Außerdem sollten wir uns weniger mit Fragen wie „Woher kommst du?" oder „Was trennt uns?" beschäftigen, sondern mehr mit Fragen wie „Was verbindet uns?" oder „Wohin wollen wir?" Ich glaube, dass wir mit unserem Grundgesetz einen guten Leitfaden für das Zusammenleben haben.

Herr Özdemir, vielen Dank für dieses Interview!

1 Lesen Sie die Kurzbiografie. Sie haben fünf Minuten Zeit. Schließen Sie die Bücher.
Sammeln Sie: Was wissen Sie noch über Cem Özdemir?

2 Lesen Sie jetzt das Interview. Was wünscht sich Cem Özdemir für die Migrantinnen/Migranten in Deutschland? Sprechen Sie.

3 Welche Fragen würden Sie Herrn Özdemir gern stellen und was würden Sie ihm sagen?
Schreiben Sie ihm eine E-Mail.

SPIEL

Demokratie macht Arbeit … und Spaß!

In einer Demokratie haben alle Staatsbürger die gleichen Rechte. Die Mehrheit darf die Richtung der Politik bestimmen, aber sie muss dabei immer auf die Rechte aller Bürger achten, also auch auf die Rechte der Minderheit. Welche Parteien die Mehrheit haben und regieren können, entscheidet sich in Wahlen. In Deutschland gibt es in regelmäßigen Abständen Wahlen in Städten und Gemeinden, in Bundesländern und auch im Bund, also in ganz Deutschland. Mit diesem Spiel wollen wir ein kleines bisschen demokratischen „Wahlkampf" in unseren Deutschkurs holen.

1 Bilden Sie Gruppen. Jede Gruppe gründet eine Partei und entwickelt ein Parteiprogramm mit einem Ziel.
Geben Sie Ihrer Partei einen Namen, ein Symbol und eine Farbe und machen Sie ein Plakat.

2 Stellen Sie Ihre Partei im Kurs vor.

Unsere Partei ist die Partei „Liebe". Die Partei mit dem Herz. Wir sind für eine freundliche Politik. Wir wollen, dass alle Menschen nett zueinander sind und alle glücklich werden. …

3 Geheime und freie Wahl
Welche Partei gefällt Ihnen am besten? Stimmen Sie nun auf dem Wahlzettel ab. Sie haben insgesamt drei Stimmen. Sammeln Sie dann die Wahlzettel ein. Welche Partei hat die meisten Stimmen bekommen?

Alte und neue Heimat

Folge 14: Heimat ist, wo du Freunde hast.

6 🔊 33–36 **1 Sehen Sie die Fotos an.**
Sprechen Sie. Hören Sie dann und vergleichen Sie.

– Wo sind die Personen und warum feiern sie ein Fest? Was glauben Sie?
– Kennen Sie diese Personen? Was wissen Sie über sie?

Hubert Berner | Tobias | August Wirth | Lara | Leon | Mischa | ...

Also auf Foto 3 links, das ist Tobias. Das ist Ellas Cousin. Er macht Kindertheater und dreht gern Filme. Er ...

Wer ist Hubert Berner?

6 🔊 33–36 **2 Hören Sie noch einmal. Was erfahren Sie (noch) über diese Personen? Ergänzen Sie.**

Mischa: hatte die erste Idee zu dem Fest.

August Wirth

Hubert Berner

Tobias

Lara

Leon

Stadt-Kurier

Ellas Tag

Ein Fest der Vielfalt

von Ella Wegmann

Das war ein richtig schöner Abend in der „Kulturfabrik“. Mischa Kellinghusen und Hubert Berner hatten zum „Fest der Vielfalt“ eingeladen. Ihre Idee war ganz einfach: Menschen treffen sich und wer will, bringt Essen nach Rezepten aus seiner Heimat mit. Zuerst war nicht klar, ob genug Leute mitmachen würden. Doch dann kamen so viele, dass der Platz kaum reichte. Die Besucher konnten sich die buntesten und leckersten Menüs zusammenstellen. Ich habe mich unter anderem für Krabbensalat nach Hamburger Art, polnische Piroggen und libanesische Baklava entschieden. Ich sage nur: Hmmmm! Übrigens: Wer diesmal nicht dabei sein konnte, muss nicht traurig sein. Wegen des großen Erfolgs wird das „Fest der Vielfalt“ in zwei Wochen wiederholt. Vielleicht sehen wir uns ja?

3 Wer hat was mitgebracht?

Aus welchen Ländern oder aus welcher Region stammen diese Spezialitäten? Sprechen Sie.

Baklava | Piroggen | Krabbensalat

4 Warum heißt die Feier „Fest der Vielfalt“? Was meinen Sie?

„Fest der Vielfalt“ bedeutet, das Fest ist sehr bunt. Es gibt dort …

5 Ellas Kolumne

Lesen Sie die Kolumne und beantworten Sie die Fragen.

- Warum haben Hubert und Mischa das Fest veranstaltet?
- Was haben Hubert und Mischa zuerst befürchtet?
- Wie hat das Fest den Gästen gefallen?

6 Wie finden Sie die Idee, so ein „Fest der Vielfalt“ zu organisieren? Sprechen Sie.

Ich finde es toll, Menschen aus verschiedenen Kulturen kennenzulernen.

Ellas Film

A Leckere Vielfalt!

A1 Essen in Deutschland

Wenn Sie an das Essen in Deutschland denken: Was ist für Sie „typisch deutsch“?

Zuerst fällt mir die Currywurst ein. Die gibt es nur hier, oder?

6 🔊 37–42 A2 Regionale Spezialitäten

a Woher kommen die Personen und über welche Spezialitäten sprechen sie? Hören Sie und verbinden Sie.

1	Nürnberg	A
2	München	B
3	Thüringen	C
4	Küste	D
5	Husum	E
6	Frankfurt	F

1

2

3

4

5

6

A Bratheringe

B Lebkuchen

C Nordseekrabben

D Weißwurst

E Grüne Soße

F Rostbratwurst

b Was ist richtig? Hören Sie noch einmal und kreuzen Sie an.
Korrigieren Sie dann die falschen Aussagen.

1 ○ Krabben sind kleine Meerestiere, die man vor dem Essen pulen muss.
2 ○ Für die Frankfurter „Grüne Soße" braucht man besondere Kräuter, die es nur im Sommer gibt.
3 ○ Zur Weißwurst isst man meistens süßen Senf und Brezen.
4 ○ Lebkuchen sind ein traditionelles salziges Gebäck, das besonders gern zur Weihnachtszeit gegessen wird.
5 ○ Die Thüringer Rostbratwurst gibt es nur in speziellen Restaurants.
6 ○ Eingelegte Bratheringe werden mit Essig, Zwiebeln und Gewürzen zubereitet.

A3 Wie bildet man diese Wörter? Ordnen Sie zu und ergänzen Sie die Tabelle.

~~Volksfest~~ ~~Erinnerung~~ Oktoberfest Weißbier ~~Bratwurst~~ Herstellung Mittagspause Brathähnchen Fischbrötchen Krabbensalat Rührei Kräutersoße ~~Weißwurst~~ Apfelwein Zubereitung

Typ „Volksfest"	Typ „Weißwurst"	Typ „Bratwurst"	Typ „Erinnerung"
das Volk + s + das Fest = das Volksfest der Oktober + das Fest =...	weiß + die Wurst = die ...	braten + die Wurst = ...	erinnern > die Erinnerung

SCHON FERTIG? Welche deutschen Speisen kannten Sie nicht, bevor Sie nach Deutschland kamen? Machen Sie Notizen.

A4 Was für Spezialitäten gibt es in Ihrem Heimatland? Sprechen Sie.

Bei uns in Südafrika isst man gern Biltong, das ist getrocknetes Rindfleisch und das schmeckt sehr lecker.

Eine Spezialität aus meinem Heimatland ist ...

A5 Planen Sie ein eigenes „Fest der Vielfalt" in Ihrem Kurs.

a Arbeiten Sie in Gruppen und machen Sie Notizen zu den Fragen.

Wann? Wo? Wen einladen? Was zu essen und zu trinken? Welche Musik? Programm? Wer kümmert sich um was?

Welcher Termin passt euch am besten? Vielleicht ...? Wer kümmert sich um ...?

b Schreiben und machen Sie ein Plakat für Ihr „Fest der Vielfalt". Schauen Sie dann alle Plakate an. Auf welches Fest würden Sie gehen? Warum?

Das Programm hier gefällt mir am besten. Da gibt es Musik ...

B Heimat

B1 Meine Heimat

Gibt es in Ihrer Sprache ein Wort für „Heimat"? Wenn nicht, wie könnte man es übersetzen?

Das ist nicht so leicht, denn wir haben kein Wort dafür. Vielleicht …

B2 Was verbinden Sie persönlich mit „Heimat"?

Woran denken Sie? Woran erinnern Sie sich? Lesen Sie die Wörter und sprechen Sie im Kurs.

Sicherheit Geborgenheit Gefühl Elternhaus Musik Familie Sprache Zuhause Landschaft Gerüche Land Glaube Vertrauen Stadt Fest Geräusch Literatur Erinnerung Essen Kultur Wurzeln Geschmack Wetter Tradition

Mit „Heimat" verbinde ich die Gegend, in der ich aufgewachsen bin. Ich denke an die Landschaft und …

B3 Eine Reportage zum Thema „Heimat"

a Lesen Sie die Reportage. Welche Begriffe aus B2 kommen vor? Was ist Heimat für Amira und Burak?

Wer weiß heute noch genau, wohin er gehört – in Zeiten von Mobilität und Migration? Für jeden von uns hat der Begriff „Heimat" eine andere, persönliche Bedeutung. Ist Heimat das Land, in dem man geboren oder aufgewachsen ist? Oder ist es da, wo man sich wohlfühlt? Lesen Sie die Antworten von Amira und Burak.

Amira El-Helou

Meine Wurzeln sind im Libanon, denn meine Familie stammt ursprünglich aus Beirut. Dort gab es in den 1970er-Jahren Krieg und meine Oma ist mit meinem Vater zu ihrem Bruder nach West-Berlin geflohen. Ich selbst bin in Berlin geboren. Nach dem Ende des Krieges haben wir oft die Ferien bei unseren Verwandten in Beirut verbracht. Vor allem an die vielen Feste erinnere ich mich sehr gut. Libanesen sind ein sehr gastfreundliches Volk. Sie freuen sich immer über Besuch und feiern gern. Sie lieben Musik, Tanz und vor allem gutes Essen! Oft habe ich als Kind in der Küche gesessen und zugesehen, wie meine Oma und meine Tante Baklava zubereitet haben. Ach, diese Gerüche in der Küche, daran denke ich sehr gern! Dieses Lebensgefühl, das gibt es immer noch in meiner Familie, auch hier in Deutschland. Das ist auf jeden Fall ein Stück Heimat für mich. Aber natürlich fühle ich mich trotzdem als Deutsche, ich bin ja hier aufgewachsen. Die Schule, meine Freunde, meine Ausbildung als Erzieherin. Das alles hat mein Denken stark beeinflusst. Hier lebe ich, hier fühle ich mich zu Hause. In der deutschen Sprache kann ich alles ausdrücken, was ich fühle und denke. Ich bewege mich zwischen zwei Kulturen und deshalb kann ich gar nicht so genau sagen, was ich mit dem Begriff „Heimat" verbinde. Heimat, das ist vielleicht da, wo ich mich wohlfühle, wo man mich versteht. Das kann auch alles Mögliche andere sein: meine Familie, ein Ort, eine Sprache, eine Speise oder vielleicht auch Freunde.

Burak Yildirim

Ich wohne in Bad Tölz, das liegt in Oberbayern, da bin ich auch geboren und aufgewachsen, und natürlich spreche ich auch so richtig Bairisch. Meine Eltern kommen aus der Türkei und ich habe die türkische Staatsangehörigkeit. Für uns Migrantenkinder der zweiten Generation ist es nicht so leicht zu sagen, was für uns Heimat bedeutet. In der Türkei nennen sie uns „die Deutschen" und hier in Deutschland sind wir Türken. Wenn man mich fragt: Deutschland und speziell Bayern gehören auf jeden Fall zu mir und meinem Gefühl von Heimat. Das merke ich z. B. auch, wenn *Bayern München* spielt.

Als kleiner Junge habe ich immer von einer Karriere als Profi-Fußballer bei den Bayern geträumt. Zu meinen Freunden und zu unseren Nachbarn haben meine Geschwister und ich guten Kontakt. Ich würde schon sagen, dass wir gut integriert sind. Aber die Türkei ist natürlich genauso unsere Heimat. Unsere Familie dort ist sehr groß und ich habe jedes Jahr die Sommerferien bei meinen Großeltern in der Türkei verbracht. Ich würde sagen, die Türkei ist vielleicht meine erste und Deutschland meine zweite Heimat.

b Lesen Sie die Reportage noch einmal und beantworten Sie die Fragen.

1 Woran erinnert sich Amira sehr gut?
2 Worüber freuen sich Libanesen immer?
3 Woran denkt Amira gern?
4 Welches Lebensgefühl verbindet sie mit dem Begriff „Heimat"?
5 Was gehört zu Buraks Gefühl von Heimat?
6 Wovon hat Burak als kleiner Junge immer geträumt?
7 Bei wem hat Burak früher seine Sommerferien verbracht?

c Ergänzen Sie die Tabelle.

WIEDERHOLUNG

sich erinnern an	daran	woran ...?
denken an	daran	
verbinden mit		
sich freuen ______	darüber	
gehören ______		wozu ...?
träumen von		

SCHON FERTIG? Kennen Sie noch mehr Wörter? Machen Sie eine Tabelle.

B4 Schreibprojekt: „Was ist Heimat für mich?"

a Schreiben Sie jetzt selbst einen kurzen Text über den Begriff „Heimat". Beachten Sie dabei folgende Schritte.

Schritt 1: Planen
Es ist wichtig, dass Sie schon Ideen im Kopf haben, bevor Sie anfangen zu schreiben. Woran denken Sie bei dem Wort „Heimat"? Woran erinnern Sie sich? Wovon träumen Sie? Sammeln Sie Ideen. Ordnen Sie dann.

Schritt 2: Schreiben
Schreiben Sie einfache Sätze. Achten Sie darauf, dass die Sätze nicht immer gleich beginnen. Verbinden Sie die Sätze mit *dann, als, meistens, manchmal, deshalb, aber* usw.

Schritt 3: Überarbeiten
Lesen Sie Ihren Text noch einmal in Ruhe und korrigieren Sie mögliche Fehler. Stellen Sie sich vor, Sie sind die Leserin / der Leser. Ist das, was Sie geschrieben haben, verständlich und klar?

b Fassen Sie alle Texte in einem Dokument zusammen, ergänzen Sie Fotos und machen Sie daraus eine Kursreportage oder einen Kursblog.

Ich komme aus ... und lebe in ... | Mit „Heimat" verbinde ich ... Bei dem Wort „Heimat" denke ich an ... | „Heimat" bedeutet für mich ... | Ich erinnere mich noch gut an ...

C Blick auf Europa

C1 Partner-Interview

Fragen Sie Ihre Partnerin / Ihren Partner, notieren Sie die Antworten und berichten Sie.

– In welchen europäischen Ländern warst du schon mal?
– Wo in Europa hast du Verwandte oder Freunde?
– Welche europäischen Länder würdest du gern kennenlernen?

C2 Europa im Blick

Was wissen Sie über Europa? Arbeiten Sie in Gruppen.
Sammeln Sie Informationen und machen Sie Notizen. Sprechen Sie.

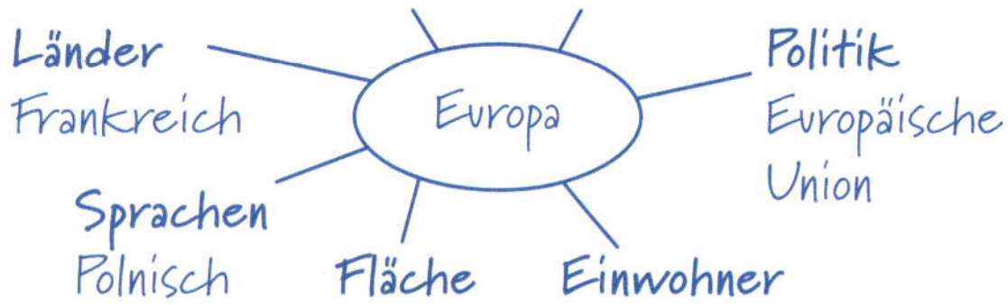

Europa ist ein Kontinent. Die größten Länder ...

6 43–47
C3 Europa und die Europäische Union

a Sehen die Personen die EU (Europäische Union) eher positiv oder negativ? Hören Sie die Umfrage und ergänzen Sie ☺ oder ☹.

1 Lara ☺

2 Julian

3 Elena

4 Kim

5 Manuel

b Worüber sprechen die Personen? Hören Sie noch einmal und kreuzen Sie an.

	Lara	Julian	Elena	Kim	Manuel
a Reisefreiheit	☒	○	○	○	○
b Grenzkontrollen	○	○	○	○	○
c Studium	○	○	○	○	○
d Kosten	○	○	○	○	○
e Gemeinsamkeiten bei Europäern	○	○	○	○	○
f eine gemeinsame Währung	○	○	○	○	○
g Frieden und Demokratie	○	○	○	○	○
h Sprachen	○	○	○	○	○
i Solidarität	○	○	○	○	○

C4 Länder raten

Arbeiten Sie in Gruppen: Beschreiben Sie ein europäisches Land.
Die anderen raten, von welchem Land Sie sprechen.

Das Land grenzt ans Meer. Es liegt im Norden. Die Menschen ...

Herzlichen Glückwunsch!

Sechs Bände lang haben Sie fleißig mit *Schritte plus NEU* gearbeitet und können jetzt schon richtig gut Deutsch verstehen, lesen, sprechen und schreiben. Auch der *Deutsch-Test für Zuwanderer* sollte nun kein Problem mehr für Sie sein. Dafür drücke ich Ihnen die Daumen. Das sagt man, wenn man jemandem viel Glück wünscht. Wir hoffen, dass Ihnen das Deutschlernen mit *Schritte plus NEU* Spaß gemacht hat, sagen Danke und wünschen Ihnen alles Gute für Ihre Zukunft.

D1 Mein persönliches Motto

Lesen Sie den Text und wählen Sie ein Zitat als Ihr persönliches Motto zum Deutschlernen. Vergleichen Sie dann im Kurs.

Sprachen öffnen Türen.
Lernen mit Kopf und Herz
Mit Sprachen überwindet man Grenzen.
Dazulernen heißt gewinnen.
Zum Lernen ist niemand zu alt.
Lebe, um zu lernen, lerne, um zu leben!
Sprachenlernen verbindet!
Wer schwimmen lernen will, muss ins Wasser.

Mir gefällt dieses hier besonders gut: ...

D2 Blick zurück

Wie war das, als Sie angefangen haben, Deutsch zu lernen?
Gab es lustige, peinliche, überraschende Erlebnisse? Erzählen Sie.

Ich erinnere mich an eine Situation beim Bäcker. Das war wirklich peinlich. ...

D3 Blick nach vorn

Wie geht es weiter? Was nehmen Sie sich für das nächste Jahr vor? Sprechen Sie.

Ich möchte auf jeden Fall ...

D4 Zum Abschied

Schreiben Sie Zettel mit den Namen aller Kursteilnehmer. Ziehen Sie einen Zettel, geben Sie der Person die Hand und sagen Sie ihr etwas Nettes zum Abschied.

Grammatik und Kommunikation

Grammatik

1 Wiederholung: Wortbildung Nomen ÜG 11.01

Nomen + Nomen	Adjektiv + Nomen	Verb + Nomen	Verb > Nomen
das Volk + s + das Fest > das Volksfest	weiß + die Wurst > die Weißwurst	braten + die Wurst > die Bratwurst	sich erinnern > die Erinnerung
der Oktober + das Fest > das Oktoberfest			herstellen > die Herstellung

Schreiben Sie sechs weitere Wörter.

die Heimat + das Land
> das Heimatland

2 Wiederholung: Verben mit Präpositionen ÜG 5.23

Präpositionen mit Akkusativ	Präpositionen mit Dativ
denken an	verbinden mit
sich erinnern an	gehören zu
sich freuen über	träumen von

auch so: warten auf, sich beschweren über, sich freuen auf, sich ärgern über, sprechen über, sich kümmern um, Lust haben auf, ...

auch so: erzählen von, sich treffen mit, sprechen mit, telefonieren mit, Angst haben vor ...

Antworten Sie auf die Fragen.
- Wofür interessieren Sie sich in Ihrer Freizeit?
- Womit beschäftigen Sie sich am liebsten?
- Worüber wissen Sie viel?

Ich interessiere mich für ...

3 Wiederholung: Präpositionaladverbien ÜG 5.23

Verb mit Präposition	Präpositionaladverb	Fragewort
denken an	daran	woran ...?
sich freuen über	darüber	worüber ...?
verbinden mit	damit	womit ...?
gehören zu	dazu	wozu ...?
träumen von	davon	wovon ...?

Kommunikation

ÜBER SPEZIALITÄTEN AUS DEM HEIMATLAND SPRECHEN: Bei uns ...

Bei uns isst man gern ..., das ist ...

Das schmeckt ...

Eine Spezialität aus meinem Heimatland ist ...

EIN FEST PLANEN: Ich bringe ... mit.

Welcher Termin passt euch am besten? Vielleicht ...?

Wer kümmert sich um ...? | Ich kümmere mich um ...

Wer bringt ... mit? | Ich bringe ... mit.

Wer kann ... machen? | Ich kann ... machen.

SAGEN, WAS MAN MIT EINEM BEGRIFF VERBINDET: Ich denke an ...

Das ist nicht leicht, denn wir haben kein Wort dafür. | Ich denke an ...

Ich komme aus ... und lebe in ... | Mit „Heimat" verbinde ich ... | Bei dem Wort „Heimat" denke ich an ... | „Heimat" bedeutet für mich ... | Ich erinnere mich noch gut an ...

EIN LAND BESCHREIBEN: Das Land grenzt an ...

Das Land grenzt an ...

Es liegt im ... | Die Menschen ...

Was gibt es in Ihrem Heimatland auf Festen zu essen und zu trinken? Beschreiben Sie ein Gericht und ein Getränk.

Zum Opferfest gibt es bei uns meistens ...

Sie planen mit Ihren Freunden eine Party. Was sagen die Leute? Schreiben Sie ein Gespräch.

Was verbindet die Frau mit dem Begriff „Glück"?

Mit „Glück" verbindet sie ... Sie denkt an ... und träumt von ...

Sie möchten noch mehr üben?

6 | 48–50 AUDIO-TRAINING

Lernziele

Ich kann jetzt ...

A ... über Spezialitäten im Heimatland berichten: *Bei uns in Südafrika isst man gern Biltong.* ☺ 😐 ☹

... ein Fest planen: *Wer kümmert sich um ...?* ☺ 😐 ☹

B ... eine Reportage zum Thema „Heimat" verstehen: *Meine Wurzeln sind im Libanon.* ☺ 😐 ☹

... sagen, was man mit „Heimat" verbindet: *Mit „Heimat" verbinde ich die Gegend, in der ich aufgewachsen bin.* ☺ 😐 ☹

C ... ein Land beschreiben: *Das Land liegt im Norden.* ☺ 😐 ☹

D ... über Vergangenes und Zukünftiges sprechen: *Ich erinnere mich an eine Situation beim Bäcker.* ☺ 😐 ☹

Ich kenne jetzt ...

... 5 Wörter zum Thema *Essen*:

braten, ...

... 8 Wörter zum Thema *Staat/Politik*:

Volk, ...

FILM

Deutschland-Bilder

1 Lesen Sie den Text auf Seite 177. Sehen Sie dann den Film an.

a Was ist für Sie typisch deutsch?
Merken Sie sich drei Bilder. Sprechen Sie.

Ich habe mir das Oktoberfest gemerkt. So ein Fest gibt es bei uns nicht ...

b Gibt es Bilder, die sich mehrere von Ihnen gemerkt haben? Wenn ja, welche?

2 Ergänzen Sie bei den Fotos auf Seite 177: Was ist für Sie noch typisch deutsch?
Schreiben oder zeichnen Sie oder finden Sie ein Foto. Sprechen Sie.

Schnee. Ich liebe Schnee. Bei uns gibt es keinen Winter. Bevor ich nach Deutschland kam, war für mich Schnee typisch deutsch. Deshalb habe ich mich so gefreut, in Deutschland das erste Mal Schnee zu sehen. ...

TYPISCH DEUTSCH?

Tja, was ist das? Gibt es das überhaupt? Hat nicht jeder Mensch seine eigene Meinung, was typisch deutsch sein könnte? Unser Film zeigt 100 Fotos aus Deutschland, von denen man vielleicht sagen könnte: Ja, das ist deutsch! Ein paar davon sehen Sie auf dieser Doppelseite.

Auch Sie haben sicher ganz persönliche Deutschland-Bilder im Kopf. Und für Ihre Bildideen haben wir hier extra zwei Plätze frei gelassen. Vielleicht möchten Sie dort etwas hineinschreiben, -malen, -zeichnen oder -kleben? Etwas, das Sie in Ihrem Herkunftsland zeigen würden, wenn man Sie dort fragt: „Du bist doch ein Deutschland-Spezialist! Sag mal, was ist typisch deutsch?" Das Team von „Schritte plus NEU" möchte sich an dieser Stelle von Ihnen verabschieden. Wie schön, dass wir Sie beim Deutschlernen bis hierher begleiten durften! Uns hat das große Freude gemacht. Für Ihre Zukunft wünschen wir Ihnen von ganzem Herzen alles Gute und viel Erfolg. Auf Wiedersehen!

3 Unser Deutschland

Schreiben Sie mit Ihrer Partnerin / Ihrem Partner eine Seite über Deutschland. Sammeln Sie in Ihrem Kurs-Album.

Arbeitsbuch

A Wir sind jetzt per *Du*, **falls** dich das interessiert.

Wieder-holung

1 Im Büro

Ordnen Sie zu. Achtung: Nicht alles passt.

~~wenn~~ deshalb damit obwohl deswegen als weil dass aber

a Wenn ich hier fertig bin, rufe ich gleich den Kollegen in Wien an.
b Drei Tage konnte ich nicht zur Arbeit gehen, ………… ich krank war.
c Frau Müller, ich wollte Ihnen noch sagen, ………… ich morgen nicht ins Büro komme.
d Mein Kollege hat heute früher Feierabend gemacht, ………… wir so viel Arbeit haben.
e Bitte gib mir die Telefonnummer von Herrn Malz, ………… ich ihn gleich anrufen kann.
f ………… ich zu Hause angekommen bin, habe ich mich daran erinnert, dass ich heute noch einen Kunden anrufen wollte.

A1

2 Ines' Büroalltag. Schreiben Sie Sätze mit *weil – obwohl – falls*.

a Ines geht gern ins Büro.
Die Arbeit ist nicht so anstrengend. (weil)
Ines geht gern ins Büro, weil die Arbeit nicht so anstrengend ist.

b Ines telefoniert mit ihrer Freundin.
Sie hat viel Arbeit. (obwohl)
…………

c Sie schreibt die E-Mail für die Chefin morgen. Der Computer funktioniert dann wieder. (falls)
…………

d Ines erledigt die Rechnungen am nächsten Tag. Sie schafft sie heute nicht mehr. (weil)
…………

A1

3 Der erste Tag im Job. Ordnen Sie zu und schreiben Sie Sätze mit *als – damit – obwohl – falls*.

Es gibt keine Kantine. Ich lerne alle Kollegen kennen. ~~Einige Kollegen sind genauso alt wie ich.~~ Ich verdiene anfangs nicht so viel. Ich bin heute Morgen ins Büro gekommen.

a Ich habe diese Stelle angenommen, …………
b Auf meinem Tisch standen frische Blumen, …………
c Die Chefin geht mit mir gleich durch alle Büros, …………
d Heute sieze ich alle, obwohl einige Kollegen genauso alt sind wie ich.
e Ich habe Kaffee und Brote dabei, …………

A3 **4 Ordnen Sie zu.**

Ich muss heute noch … erledigen | dann könnte ich | Ich spreche gleich mal mit ihm | ~~Tut mir leid, aber ich habe gerade selbst so viel zu tun~~ | Vielleicht könnte … übernehmen

- ◆ Du Mesut? Hast du einen Moment Zeit?
- ○ Ja, was ist denn?
- ◆ Weißt du, ich muss heute noch die morgige Konferenz vorbereiten und den Brief an die Firma *Euro-Transport* schreiben. Jetzt ist es schon 15 Uhr und um 16 Uhr habe ich einen Arzttermin. Könntest du vielleicht …?
- ○ Tut mir leid, aber ich habe gerade selbst so viel zu tun (a).
- ◆ Geht es wirklich nicht?
- ○ ________ die Papierbestellung ________ (b).
- ◆ Oje, was mache ich denn jetzt? Ich habe den Termin schon vor zwei Monaten ausgemacht.
- ○ Warte, warte! Ich habe da noch eine Idee. ________ der Auszubildende die Papierbestellung ________ (c), ________ (d) den Brief an die Firma *Euro-Transport* schreiben. Nadir ist sehr hilfsbereit und sagt bestimmt zu.
- ◆ Ja, gute Idee. ________ (e).

A4 **5 So sagt man es oft und so schreibt man.**
2 1 Phonetik

Hören Sie die Kurzformen und sprechen Sie nach. Ergänzen Sie dann die langen Formen.

a	Du bist 'ne super Kollegin.	Du bist eine super Kollegin.
b	Gib mir bitte mal 'nen Stift rüber.	Gib mir bitte mal ________ Stift rüber.
c	Ich nehme auch so'n kleines Eis.	Ich nehme auch so ________ kleines Eis.
d	Worum geht's denn in dem Film?	Worum geht ________ denn in dem Film?
e	Möchtest du noch was trinken?	Möchtest du noch ________ trinken?
f	Ich hab' heute keine Lust.	Ich ________ heute keine Lust.

A4 **6 Hören Sie und achten Sie auf die Kurzformen. Lesen Sie dann laut.**
2 2 Phonetik

Ich hab 'nen neuen Job, 'nen richtigen Superjob. Ich verdien' auch 'ne Menge Kohle.
Ich hab 'nen tollen Kollegen und 'ne tolle Kollegin.
Wir haben am Wochenende zusammen 'nen Ausflug gemacht.
In 'nem Gourmet-Restaurant haben wir was gegessen. An dem Wochenende ging's uns richtig gut!

A4 **7 Tipps für den Job. Ergänzen Sie.**

Sie w i r k e n (a) zuverlässig, wenn Sie alle Ihre Aufgaben schaffen. Übernehmen Sie also nicht zu viel. Lernen Sie, G _ _ _ z _ n (b) zu setzen und sagen Sie auch im Job mal *Nein*.
F _ _ _ s (c) Sie nicht schaffen, was Sie z _ g _ _ _ _ t (d) haben, suchen Sie Hilfe.
T _ _ sch _ _ (e) Sie z. B. Aufgaben mit einer Kollegin oder einem Kollegen.

B Je länger man wartet, desto schlechter wird ...

B1 **8 *Je ..., desto ...***

a Ergänzen Sie in der richtigen Form.

1 Je schneller (schnell) du nach dem Studium eine gute Arbeit findest, desto früher (früh) kannst du Geld verdienen.
2 Je ______ (erfolgreich) unsere Firma ist, desto ______ (viel) Mitarbeiter brauchen wir.
3 Je ______ (spät) wir mit der Konferenz beginnen, desto ______ (spät) kommen wir nach Hause.
4 Je ______ (lang) du hier arbeitest, desto ______ (gut) lernst du deine Kollegen kennen.

Grammatik entdecken

b Markieren Sie in a wie im Beispiel und ergänzen Sie die Tabelle.

1	Je schneller	du ...	findest,	desto früher	kannst	du Geld	verdienen.
2							
3							
4							

B2 **9 Schreiben Sie Sätze.**

a das Betriebsklima – ist – besser – je / desto – zur Arbeit – gehen – die Mitarbeiter – lieber
Je besser das Betriebsklima ist, desto lieber gehen die Mitarbeiter zur Arbeit.

b je – der Mitarbeiter – größer – der Einfluss – ist / zufriedener – sind – desto – bei der Arbeit – sie

c freundschaftlicher – die Beziehungen – je – sind / besser – desto – funktioniert – die Zusammenarbeit

d zeigt – je – ein Mitarbeiter – Engagement – mehr / macht – Karriere – desto – schneller – er

◇ B2 **10 Ein guter Arbeitsplatz. Schreiben Sie die Sätze mit *je ..., desto ...***

a (Man muss lange arbeiten.) Je mehr Verantwortung man trägt, desto länger muss man arbeiten.
b (Die Kollegen sind nett.) ______, desto lieber gehen die Mitarbeiter zur Arbeit.
c (Mein Arbeitsplatz ist ruhig. Ich bekomme selten Kopfschmerzen.) ______
d (Das Essen in der Kantine ist gut. Die Mitarbeiter essen dort gern.) ______

B2 11 Unsere Kantine

a Verbinden Sie.

1 Die Kantine ist teuer.
2 Die Atmosphäre in der Kantine ist freundlich.
3 Der Koch ist motiviert.
4 Viele Mitarbeiter essen in der Kantine.
5 Das Essen in der Kantine ist gesund.

a Die Mitarbeiter sind nach der Mittagspause fit.
b Die Mitarbeiter müssen lange auf das Essen warten.
c Die Mitarbeiter treffen sich gern dort.
d Der Koch bietet oft neue Gerichte an.
e Die Mitarbeiter gehen selten dort essen.

b Schreiben Sie die Sätze aus a mit *je …, desto / umso*.

1 Je teurer die Kantine ist, desto seltener gehen die Mitarbeiter dort essen.

B2 12 Sie hören Aussagen zu einem Thema.

2 3–6
Prüfung

Welcher der Sätze a – f passt zu den Aussagen 1 – 4? Lesen Sie die Sätze a – f. Dazu haben Sie eine Minute Zeit. Danach hören Sie die Aussagen.

a ◯ Als Chef muss man auf die Atmosphäre im Betrieb achten.
b ◯ Es ist nicht leicht, außerhalb der Arbeit Freunde zu finden.
c ◯ Das Arbeiten wird schwierig, wenn es mit Freunden, die auch Kollegen sind, Probleme gibt.
d (1) Wenn man viel Zeit zusammen verbringt, entstehen einfach Freundschaften.
e ◯ Es ist schwierig, Freunde zu kritisieren.
f ◯ Echte Freundschaft am Arbeitsplatz gibt es nicht.

B3 13 Essen in der Kantine. Arbeiten Sie zu zweit. Sie haben in einer Zeitschrift ein Foto gefunden.

Prüfung

a Wählen Sie jeweils ein Foto und berichten Sie kurz: Was sehen Sie auf dem Foto? Was für eine Situation zeigt das Bild?

1

2

Auf dem Foto sehe ich …
Eine Frau / Ein Mann ist …
Im Hintergrund/Vordergrund sehe ich …
Meiner Meinung nach …

b Was denken Sie? Sprechen Sie auch zu folgenden Fragen:

1
Essen viele Leute in Deutschland in der Kantine oder kochen sie selbst? Ist das gemeinsame Essen wichtig für das Betriebsklima? Wie ist das in Ihrem Heimatland? Erzählen Sie.

2
Worüber sprechen die Leute in der Kantine? Welche Erfahrungen haben Sie mit Kantinen gemacht? Wie ist das in Ihrem Heimatland? Erzählen Sie.

In Deutschland essen/gehen viele Leute …
Es ist wichtig, …
Die Leute sprechen über …
Ich denke/glaube, …
In meinem Heimatland / Bei uns …

C … die Kollegin, **von der** ich dir erzählt habe.

Wieder-holung A2, L5

14 Ergänzen Sie in der richtigen Form.

a Können Sie das Geld von meinem (mein) Konto abbuchen?
b Jeden Monat ärgert sich Samia über .... (ihr) hohe Telefonrechnung.
c Faruk kümmert sich überhaupt nicht .... (sein) Mutter.
d Und du kannst dich wirklich nicht .... (dein) PIN-Nummer erinnern?
e Ghassan ist .... (sein) Arbeit bei Maier & Co. zufrieden.
f Wir kommen gerade aus dem Urlaub. Trotzdem träumen wir schon wieder .... (unser) nächsten Reise.
g Hast du Lust .... (ein) Eis?
h Ich telefoniere mindestens einmal in der Woche .... (mein) Familie in Schweden.
i Ah, ich sehe, Sie interessieren sich .... (das) neue Smartphone von *Sumsum*. Ich zeige es Ihnen gern.

Wieder-holung B1, L2

15 Am Fenster. Was ist richtig? Kreuzen Sie an.

a Hmm, lecker. Ist das der Kaffee, ☒ den ○ der ○ dem du aus Griechenland mitgebracht hast?
b Der Mann von gegenüber, ○ der ○ dem ○ den ich anfangs nicht mochte, ist eigentlich doch ganz nett.
c Da drüben wohnt der Nachbar, ○ der ○ dem ○ den ich letzte Woche beim Umzug geholfen habe.
d Eigentlich sind die Stühle, ○ die ○ denen ○ der du verkaufen wolltest, doch ganz bequem.
e Da im Hof stehen die Leute, ○ die ○ der ○ denen der kleine Hund gehört.
f Siehst du das rote Auto da? Das ist das Modell, ○ dem ○ das ○ den mir so gut gefällt.
g Die Frau da unten, ○ die ○ der ○ denen gerade aus dem Haus kommt, ist meine Freundin Monika.

C1

16 Meine Arbeitskollegen. Markieren Sie wie im Beispiel und schreiben Sie dann.

A

Paola
1 Mit ihr teile ich mir das Büro.
2 Von ihr bekomme ich an jedem Geburtstag eine leckere Torte.
3 Über sie kann ich nur Gutes sagen.

B

Xiang
1 Von ihm habe ich viele Tipps bekommen.
2 Mit ihm gehe ich nach der Arbeit zum Sport.
3 Für ihn war das Deutschlernen sehr schwierig.

C

Paul und Stefan
1 Mit ihnen arbeite ich seit einem Jahr zusammen.
2 Auf sie freue ich mich jeden Morgen.
3 Von ihnen habe ich in meinem ersten Jahr in der Firma viel gelernt.

A1 Das ist Paola, mit der ich mir das Büro teile.

C1 17 Alte Fotos. Ergänzen Sie.

a Sieh mal, das war mein bester Freund, *von dem* ich dir schon so viel erzählt habe.
b Das Mädchen neben ihm war meine beste Freundin, ... ich heute noch oft denke.
c Und hier, das war unser Nachbar, ... ich mich jeden Tag geärgert habe.
d Das große Haus rechts ist das Kunstmuseum, ... ich mich besonders interessiert habe.
e Und schau mal, da ist Schnuffi, der Hund von Oma und Opa, ... ich dich immer gewarnt habe.

◇ C1 18 Ergänzen Sie.

A
Panol,
die Creme, *mit der Sie 10 Jahre jünger aussehen.*
(Sie sehen mit ihr 10 Jahre jünger aus.)
Jetzt auch für Männer!

B
Nie mehr Filme sehen, ...
....
....
(Auf sie hast du keine Lust.)
Bestefilme
macht's möglich.
Jetzt anmelden!

C
Duisblick,
die Zeitung mit den Themen, ...
....
....
(Für sie interessieren Sie sich wirklich.)
Jetzt auch online!

D
Tritte,
das Kursbuch, ...
....
(Mit ihm lernen Sie in drei Monaten perfekt Chinesisch.)
In Wort und Schrift!

E
Wir
haben
das Haus,
....
.... !
(Von ihm träumen Sie!)
Noch heute Prospekt bestellen.
Baufix,
Abrissstr. 14,
78048 Villingen-Schwenningen

❖ C1 19 Welche Fotos haben Sie auf Ihrem Smartphone? Schreiben Sie acht Sätze.

meine Freundin / mein Freund | meine Wohnung | meine Schulkollegen | mein erstes Fahrrad/Auto | meine Familie | ein großes Fest | der Tag | ...

denken an | erzählen von | telefonieren mit | sich ärgern über | träumen von | wohnen in | ...

Hier auf dem Foto ist meine Freundin, mit der ich jeden Tag telefoniere. Da vor dem Haus steht mein erstes Fahrrad, mit dem ...

C2 20 Viele Bekannte

Grammatik entdecken

a Markieren Sie wie im Beispiel.

1 Marko Fitzmann, das ist der nette Bekannte, von dem ich dir erzählt habe.
2 Heiko? Das ist ein alter Bekannter, den ich lange nicht gesehen habe.
3 Miriam? Ja, das ist eine gute Bekannte, die ich schon seit der Ausbildung kenne.
4 Sieh mal, da hinten. Da sitzen die neuen Bekannten, die wir im Urlaub kennengelernt haben.
5 He, da drüben sind alte Bekannte von mir, die ich lange nicht gesehen habe.

b Ordnen Sie aus a zu. Ergänzen Sie dann die Tabelle.

	bekannt	jugendlich	erwachsen
Das ist ...	der/die Bekannte	der/die Jugendliche	der/die Erwachsene
	ein		
	eine		
Das sind ...	die		
	–		

C2 21 Ergänzen Sie in der richtigen Form.

a Ohne ihr Smartphone gehen Jugendlich e nicht aus dem Haus.
b Am Geburtstag meiner Oma mussten ich und meine Geschwister immer früh ins Bett gehen. Nur die Erwachsen___ haben bis spät abends gefeiert.
c Eine Jugendlich___ mit blauen Haaren arbeitet an der Rezeption im Hotel? Das kann ich mir nicht vorstellen.
d Fred und Mia? Ach, das sind alte Bekannt___ von uns.
e Klaus ist fast 20, aber wie ein Erwachsen___ sieht er nicht aus.
f Sieh mal, was macht denn der Jugendlich___ da vorne?

C3 22 Menschen, Kollegen, Nachbarn

Grammatik entdecken

a Markieren Sie wie im Beispiel.

1 Der Nachbar von links unten grüßt nie.
2 Die Kollegen gehen heute Abend zusammen essen.
3 Endlich habe ich keinen Kollegen mehr, mit dem ich das Büro teilen muss.
4 Siehst du da drüben die Menschen, die um das Auto herum stehen?
5 Ich gratuliere meinem Kollegen zum Geburtstag.
6 Ich helfe meinen Nachbarn im Garten.
7 Der Hut des Herrn da vorn ist wirklich hässlich.
8 Das Haus der Nachbarn links ist größer als unseres.

b Ordnen Sie die Formen aus a zu.

• Der/Ein/Kein/ ...	Nachbar
(Ich habe) • den/einen/keinen/ ...	
(Ich gratuliere) • dem/einem/keinem/ ...	
(Der Hut) • des/eines/keines/ ...	

• Die/ – /Keine/ ...	Kollegen
(Ich sehe) • die/ – /keine/ ...	
(Ich helfe) • den/ – /keinen/ ...	
(Das Haus) • der/ – /keiner/ ...	

C3 23 Was ist richtig? Kreuzen Sie an.

A Amazonas sucht noch einen ☒ Praktikanten ○ Praktikant für die Versandabteilung.

B Welcher ○ Kollegen ○ Kollege hat Lust, mit uns nach Feierabend Skat zu spielen?

C Gibt es denn keine ○ Teamkollegen, ○ Teamkollege, die mit uns samstags Fußball spielen wollen?

D Sprachcafé mit einem ○ Franzose, ○ Franzosen, zwei Syrern und einem ○ Tscheche ○ Tschechen sucht noch wenigstens einen ○ Chinese ○ Chinesen für spannende Gespräche.

E Suche Hilfe eines ○ Nachbar ○ Nachbarn in der Sudermannstraße, nur leichte Gartenarbeit, 1 x in der Woche.

F Mit welchem ○ Herr ○ Herrn kann ich einmal im Monat ins Theater gehen? Bitte melden.

G Gibt es einen netten ○ Mensch, ○ Menschen, der mit meinem treuen Hund Hasso spazieren gehen möchte? Bin selbst nicht mehr so fit.

C3 24 Ein Gespräch unter Freunden. Ordnen Sie zu.

Gedichte | ähnlich | ~~beeinflusst~~ | monatelang | Konsequenzen | Beziehung | Distanz

◆ Wer hat dich am meisten beeinflusst (a)?
○ Hm, ich glaube meine Oma. Sie hat mir oft .... (b) vorgelesen. Und du, zu wem hattest du eine enge .... (c)?
◆ Zu meinem Onkel Max. Bei ihm habe ich .... (d) gewohnt, als meine Eltern beruflich im Ausland waren.
○ Oh, das wusste ich gar nicht. War das nicht schwer für dich, wenn deine Eltern so lange weg waren?
◆ Na ja, das hatte schon .... (e). Als sie wieder hier waren, gab es anfangs eine .... (f) zwischen uns. Wir brauchten einfach etwas Zeit.
○ Das kann ich gut verstehen. Mir ist es mit meinem Bruder .... (g) gegangen. Er war als Schüler ein Jahr in Australien.

D Von mir aus können wir uns gern duzen.

D2 25 Das *Du* anbieten

a Überfliegen Sie die Gespräche und ordnen Sie sie den Bildern zu.

○ 
1

○ 
2

○ 
3

a ◆ Mama, Papa, das ist sie! Das ist Silke, meine Freundin.
○ Aha, schön, dass wir uns endlich kennenlernen. Übrigens, ... wir uns gern duzen. Also, ... Heinz und das ist Edeltraut.
▲ Ja, gern. Das ist nett.

b ◆ Entschuldigen Sie, sind Sie nicht die Mutter von Emma?
○ Ja. Und Sie sind der Papa von Leon, stimmt's?
◆ Genau. Das ist schön, dass ich Sie hier mal treffe. Unsere Kinder spielen ja so oft zusammen.
○ Richtig. Ach, ...?
◆ ....! Ich heiße Daniel.

c ◆ Also, Frau Nida, ich zeige Ihnen dann mal die Firma. Ach ja, wir legen sehr viel Wert auf Gemeinschaft. Deshalb .... und ...., dann können wir uns auch gern duzen.
○ Oh, das finde ich sehr gut. Ich heiße Elzbieta.

b Ordnen Sie in a zu.

sagen wir hier alle *Du* zueinander | Alles klar | wollen wir uns nicht lieber duzen | von uns aus können | ich bin | ~~Ja, gern~~ | wenn es Ihnen recht ist

D4 26 Wer darf/könnte das *Du* anbieten? Was meinen Sie? Kreuzen Sie an.

a Frau Kowacz (34 Jahre) ist die neue Kollegin von Frau Summer (53 Jahre).
○ Frau Kowacz darf/könnte das *Du* anbieten.
☒ Frau Summer darf/könnte das *Du* anbieten.

b Der Arabischkurs bekommt einen neuen Kursleiter. Mit der alten Kursleiterin haben die Kursteilnehmer sich geduzt.
○ Die Teilnehmer dürfen/könnten das *Du* anbieten.
○ Der neue Kursleiter darf/könnte das *Du* anbieten.

c Sie ziehen in eine neue Wohnung und treffen Ihre neue Nachbarin auf der Treppe. Sie ist deutlich älter als Sie.
○ Sie dürfen/könnten das *Du* anbieten.
○ Die Nachbarin darf/könnte das *Du* anbieten.

d Sie sind den ersten Tag an Ihrem neuen Arbeitsplatz. Die Kollegen duzen sich alle.
○ Die Kollegen dürfen/könnten das *Du* anbieten.
○ Sie dürfen/könnten das *Du* anbieten.

D5 **27 Lesen Sie den Text und schließen Sie die Lücken.**

Prüfung

Welche Lösung (a, b oder c) passt am besten? Kreuzen Sie an.

Erinnerung __0__ unsere Rechnung vom 25.09.20..
Rechnungsnummer: 5238985

__1__ Frau Ucar,

wie die Buchhaltung festgestellt hat, haben Sie den Betrag von 78,89 € für __2__ Bestellung vom 14.09.20.. noch nicht bezahlt. Beide Bücher, *Du oder Sie? Richtiges Verhalten am Arbeitsplatz* und *Mein Chef – ein Freund?*, __3__ Sie am 25.09.20.. erhalten. Sicherlich haben Sie es nur vergessen, __4__ möchten wir Sie höflich an die Zahlung erinnern. Bitte zahlen Sie den Betrag bis zum 15.11.20.. auf unser unten genanntes Konto ein.

__5__ Sie nicht pünktlich zahlen, entsteht Ihnen zusätzlich eine Mahngebühr von 15 €.

Mit __6__ Grüßen

Daniel Pohl

0 a ○ für
b ○ wegen
c ☒ an

1 a ○ Sehr geehrte
b ○ Hallo
c ○ Sehr geehrter

2 a ○ Ihren
b ○ Ihre
c ○ ihre

3 a ○ haben
b ○ werden
c ○ sind

4 a ○ denn
b ○ trotzdem
c ○ deshalb

5 a ○ Könnten
b ○ Sollten
c ○ Müssten

6 a ○ freundlichen
b ○ lieben
c ○ vielen

D5 **28 Eine E-Mail schreiben**

Schreib-training

a Ordnen Sie zu.

~~Viele Grüße~~ | Liebe Anna | Mit freundlichen Grüßen | Liebe Grüße | Sie | Lieber Herr Maier | Du | Sehr geehrter Herr Schröder | Sie

	private E-Mail	**halbformelle E-Mail**	**formelle E-Mail**
Adressat	Freunde, Familie	Lehrer/in, Nachbarn, Kollegen	Ämter, Firmen
Anrede			
Gruß		Viele Grüße	
Du oder Sie			

b Eine Kollegin, Frau Duran, hatte Geburtstag und macht am Wochenende eine große Feier. Sie sind eingeladen, aber an dem Tag können Sie nicht kommen. Schreiben Sie ihr eine E-Mail.

– Bedanken Sie sich.
– Schreiben Sie, warum Sie nicht kommen können.
– Gratulieren Sie.

Verwenden Sie die passenden Anrede- und Grußformen aus a.

… Frau Duran,
ich möchte mich herzlich für …
Leider …
Ich wünsche Ihnen …

LERNTIPP Lesen Sie Ihren Brief am Ende noch einmal und kontrollieren Sie: Sind Anrede und Gruß passend? Haben Sie nicht vom *Sie* zum *Du* gewechselt? Haben Sie zu jedem Inhaltspunkt etwas gesagt?

Test Lektion 8

1 Was ist richtig? Kreuzen Sie an. 1 ...... / 4 Punkte WÖRTER

a Seien Sie nett zu Kollegen. Eine gute ○ Klima ○ Freundschaft ☒ Beziehung ist sehr wichtig.
b Eine zu große ○ Karriere ○ Distanz ○ Zusammenarbeit unter Kollegen beeinflusst die Teamarbeit negativ.
c Wer mit seiner Arbeitsstelle sehr unzufrieden ist, sollte über ○ Distanz ○ Alternativen ○ Atmosphäre nachdenken.
d Wer ○ duzt, ○ zusagt, ○ warnt, muss die Aufgabe auch erledigen.
e Kannst du mir sagen, ○ warum ○ worum ○ wovon es hier geht?

...... ● 0–2 ● 3 ● 4

2 Schreiben Sie Sätze mit *je …, desto …* 2 ...... / 6 Punkte GRAMMATIK

a Du sitzt lange am Computer. Deine Augen werden müde.
b Die Arbeit macht dir viel Spaß. Der Arbeitstag ist schnell vorbei.
c Du arbeitest viel. Du hast wenig Zeit für deine Familie.
d Du bist ehrlich zu deinen Kollegen. Das Arbeitsklima ist gut.

a Je länger du am Computer sitzt, desto müder werden deine Augen.

3 Schreiben Sie Sätze wie im Beispiel. 3 ...... / 4 Punkte

a Ich habe eine langweilige Kollegin. Man kann über sie eigentlich nichts erzählen.
Ich habe eine langweilige Kollegin, über die man eigentlich nichts erzählen kann.
b Das hier ist mein Freund Michael. Ich fahre mit ihm nächste Woche in den Urlaub.
....
c Hier sind die Kinder meines Bruders. Ich habe mich in den Ferien um sie gekümmert.
....
d Da ist ja der Brief. Ich habe so lange auf ihn gewartet.
....
e *Ben&Bäcker*? Das ist eine große Firma. Ich habe schon einmal für sie gearbeitet.
....

...... ● 0–5 ● 6–7 ● 8–10

4 Ergänzen Sie. 4 ...... / 4 Punkte KOMMUNIKATION

a ◆ Ach, Sie sind bestimmt die neue Nachbarin. Übrigens, v__ __ m__ __ a__ __ k__ __ n__ __ w__ __ gern *Du* sagen. Ich heiße Hülya.
○ S c h ö n! Ich bin Ebru.

b ◆ Herr Hein, wir kennen uns nun so lange. W__ __ __ e__ Ih__ __ __ r__ __ __ __ ist, dann können w__ __ u__ __ gern d__ __ __ n. Mein Name ist Luisa.
○ J__, g__ __ __! Ich heiße Paul.

...... ● 0–2 ● 3 ● 4

Fokus Beruf: Eine Kündigung schreiben

1 Gründe für einen Jobwechsel

a Aus welchen Gründen kündigen Leute ihre Arbeit? Was meinen Sie? Ergänzen Sie die Statistik. Vergleichen Sie dann mit Ihrer Partnerin / Ihrem Partner und sprechen Sie.

schlechtes Arbeitsklima | zu viel Stress | keine Karrieremöglichkeiten | berufliche Neuorientierung | zu niedriger Lohn | Ortswechsel des Partners | Schichtarbeit

1	....	44 %
2	....	21 %
3	....	11 %
4	....	8 %
5	....	5 %
	....	5 %
6	....	3 %

Ich glaube, dass die meisten / wenigsten Leute kündigen, weil ...
Ich glaube, der häufigste Grund für einen Jobwechsel ist ...
Nein, bei mir steht / ist ... an erster / zweiter / ... / letzter Stelle.
Erst dann kommt ...
Ein häufiger Grund ist auch, dass ...
Platz 1 / 2 / ... ist bei mir ...

Ich glaube, dass die meisten Leute den Job kündigen, weil sie zu viel Stress haben.

Das denke ich nicht. Bei mir steht ... an erster Stelle. Erst dann kommt ...

b Vergleichen Sie Ihre Vermutung mit der Lösung auf Seite LT 2.

2 Hören Sie das Gespräch und korrigieren Sie.

2 7

a Irina will schriftlich kündigen, aber das geht leider nicht. ....
b Irina muss die Kündigungsfrist von 15 Tagen beachten. ....
c Irina kann zwei Wochen früher gehen, weil sie noch Urlaub hat. ....
d Irina soll die Kündigung per E-Mail schicken. ....

3 Irinas Kündigung

2 7

a Hören Sie noch einmal und ergänzen Sie die fehlenden Informationen.

Ich bitte Sie, mir möglichst bald mein Arbeitszeugnis zukommen zu lassen.
Kündigung des Arbeitsverhältnisses – Arbeitsvertrag vom 01.06.2005
mein Mann hat zum .... eine neue Arbeitsstelle in ....
Die Arbeit in Ihrem Unternehmen hat mir immer viel Spaß gemacht.
Ich bedanke mich für die Zusammenarbeit.
Ich kündige daher mein Arbeitsverhältnis mit Ihnen fristgerecht zum ....

b Schreiben Sie die Kündigung mit den Sätzen aus a.

Betreff: Kündigung des Arbeitsverhältnisses – Arbeitsvertrag vom 01.06.2005
Sehr geehrter Herr Schulte, ...

A Du suchst weiter, **während** ich ...

A1 **1 Als Erste im Büro. Schreiben Sie Sätze mit *während* und markieren Sie wie im Beispiel.**

a Liana schaltet die Computer und die Monitore ein. Zur gleichen Zeit geht Finn in die Küche.
Während Liana die Computer und die Monitore einschaltet, geht Finn in die Küche.

b Finn macht Kaffee. Zur gleichen Zeit öffnet Liana die Fenster.
Finn macht Kaffee, während ....

c Finn schaltet den Drucker ein. Zur gleichen Zeit setzt sich Liana an den Schreibtisch.
Während Finn ....

d Liana liest ihre E-Mails. Finn legt Papier in den Drucker.
Liana ....

e Finn druckt einige Dokumente aus. Liana beantwortet ihre E-Mails.
Während Finn ....

A1 **2 Eine E-Mail richtig schreiben**

a Lesen Sie und markieren Sie: Was tun Sie zuerst?

E-Mails schreiben – So geht's

1 Öffnen Sie das E-Mail-Programm. Klicken Sie auf „Neue E-Mail".
2 Ergänzen Sie die Adresse des Empfängers und einen Betreff. Schreiben Sie die E-Mail.
3 Klicken Sie auf „E-Mail senden". Lesen Sie Ihre Nachricht noch einmal.
4 Warten Sie, bis die E-Mail verschickt ist. Schließen Sie das E-Mail-Programm.
5 Schalten Sie den Computer aus. Kontrollieren Sie, ob Sie alle Programme geschlossen haben.

b Schreiben Sie die Sätze aus a mit *bevor*.

1 Öffnen Sie das E-Mail-Programm, bevor Sie auf „Neue E-Mail" klicken.
2 Bevor Sie die E-Mail schreiben, ...
3 ...., bevor ....
4 Bevor ...., ...
5 ...., bevor ....

A1 **3 Im Büro**

a Was hat Frau Azadi zuerst gemacht, was dann? Lesen Sie und ergänzen Sie die Tabelle.

Am Morgen hat Frau Azadi die Post sortiert. Danach hat sie ihre E-Mails bearbeitet. Frau Azadi hat mit ihrer Chefin gesprochen. Anschließend hat sie mit dem Reisebüro telefoniert und ein Hotelzimmer für ihre Chefin gebucht. Sie hat die Termine für die kommende Woche geplant und ihrer Chefin dann den Terminplan geschickt. Frau Azadi hat das Lager überprüft und Papier bestellt. Danach ist sie in die Mittagspause gegangen.

	Zuerst	Dann
1	die Post sortieren	ihre E-Mails bearbeiten
2	mit ihrer Chefin sprechen	
3		
4		

b Wie erzählt Frau Azadi von ihrem Arbeitstag? Schreiben Sie Sätze mit *nachdem*.

1 Nachdem ich die Post sortiert hatte, habe ich meine E-Mails bearbeitet.
2 Ich habe mit dem Reisebüro ...

A2 **4 ... und übermorgen ist meine Prüfung!**

Grammatik entdecken

Lesen Sie und schreiben Sie die Sätze mit *nachdem*. Markieren Sie dann wie im Beispiel.

	Gestern wieder nichts gelernt!	**Heute wird alles besser!**
a	Erst habe ich etwas gegessen. Dann habe ich mich kurz an den Schreibtisch gesetzt.	Erst esse ich etwas. Dann setze ich mich an den Schreibtisch.
b	Ich habe zehn Minuten gelernt. Dann hat das Telefon geklingelt.	Ich lerne zwei Stunden. Dann mache ich eine Pause.
c	Ich habe mit meinem Freund telefoniert. Anschließend musste ich einkaufen gehen.	Ich telefoniere kurz mit meinem Freund. Anschließend lerne ich noch eine Stunde.
d	Ich habe die Lebensmittel weggeräumt. Danach habe ich versucht zu lernen. Aber nach fünf Minuten hatte ich keine Lust mehr und bin spazieren gegangen.	Ich gehe eine halbe Stunde spazieren. Danach lerne ich weiter.

Gestern:
a Nachdem ich etwas gegessen hatte, habe ich mich kurz an den Schreibtisch gesetzt.

Heute:
Nachdem ich etwas gegessen habe, setze ich mich an den Schreibtisch.

A2 **5 Hilfe, ein neuer Kollege! Nichts war mehr wie vorher!**

a Was passst zu welchem Bild? Ordnen Sie zu.

1

2

a (1) Man konnte ohne Probleme telefonieren.
b ○ Es war sehr ruhig und ordentlich im Büro.
c ○ Wir mussten die ganze Zeit Musik hören.
d ○ Die Küche und das Büro sahen schrecklich aus.
e ○ Alle Tassen und Gläser standen im Schrank.
f ○ Niemand konnte sich mehr konzentrieren.

b Schreiben Sie Sätze zu Bild 1 mit *bevor*.

Bevor der neue Kollege da war, konnte man ohne Probleme telefonieren.

c Schreiben Sie Sätze zu Bild 2 mit *nachdem*.

Nachdem der neue Kollege zu uns gekommen war, mussten wir die ganze Zeit Musik hören.

A3 **6 Ergänzen Sie: *bevor – nachdem – während*.**

a Meine frühere Chefin hat immer ihre Aufgaben notiert, bevor sie mit der Arbeit begonnen hat.
b Sie hat immer erst eine Aufgabe beendet, ______ sie mit einer neuen Aufgabe angefangen hat.
c ______ sie an ihrem Schreibtisch saß und arbeitete, durfte man sie nicht stören.
d Erst ______ sie alle ihre Aufgaben erledigt hatte, hat sie aufgehört zu arbeiten.

◇ A3 **7 Was ist richtig? Kreuzen Sie an.**

a ○ Bevor ☒ Nachdem ○ Während sein Wecker geklingelt hatte, ist Tarek aufgestanden und ins Bad gegangen.
b ○ Bevor ○ Nachdem ○ Während Tarek geduscht hatte, hat er sich angezogen und Frühstück gemacht.
c ○ Bevor ○ Nachdem ○ Während Tarek am Tisch saß und frühstückte, las er die Zeitung.
d ○ Bevor ○ Nachdem ○ Während Tarek aus dem Haus gegangen ist, hat er seine Familie geweckt.
e ○ Bevor ○ Nachdem ○ Während Tarek U-Bahn gefahren ist, hat er Musik gehört.

A3 8 Mein Tag. Schreiben Sie Sätze mit *bevor – nachdem – während*.

a in den Bus steigen, zuerst: Fahrkarte kaufen
Bevor ich in den Bus gestiegen bin, habe ich eine Fahrkarte gekauft.

b zur gleichen Zeit: unterwegs sein und Musik hören
……
……

c nach Hause gehen, zuerst: einkaufen
……
……

d zu Hause ankommen, dann: kochen
……
……

A5 9 Könntest du …?

a Ordnen Sie zu.

1 jemandem eine Aufgabe geben 2 eine Aufgabe annehmen 3 eine Aufgabe ablehnen

2 Das mache ich gern. ◯ Ich weiß nicht. Ich kann nicht so gut … ◯ Würdest du das tun? ◯ Darum kann ich mich kümmern. ◯ Könntest du dich nicht darum kümmern? ◯ Eher nicht. Aber ich würde … ◯ Das übernehme ich. ◯ Das kommt für mich nicht infrage. ◯ Wie wäre es, wenn du das übernimmst? ◯ Ja, lass mich das machen.

b Sie möchten Ihrer Kursleiterin zum Abschied Pralinen schenken und eine Karte schreiben, um sich bei ihr zu bedanken. Leider sind Sie selbst am letzten Kurstag nicht da. Wählen Sie eine Situation und schreiben Sie ein Gespräch. Hilfe finden Sie in a.

Situation 1:
Sie fragen jemanden aus Ihrem Kurs, ob sie/er die Pralinen kaufen könnte. Die Person, die Sie gefragt haben, übernimmt das gern.

Situation 2:
Sie fragen jemand anderen, ob sie/er die Karte schreiben könnte. Die Person, die Sie gefragt haben, lehnt das ab. Sie bietet Ihnen aber an, die Karte zu besorgen.

Situation 3:
Sie fragen alle im Kurs, wer die Karte schreiben könnte. Eine Person meldet sich und sagt, dass sie das gern übernimmt.

◇ Sag mal, würdest du …

A5 10 Technik. Ergänzen Sie.

a Gegenstand, der Energie speichert und in Handys steckt: ● der A k k u
b Ein Gerät mit einem anderen verbinden: ● ein Gerät an ein anderes a ___
c Kann man öffnen, schließen, speichern und auch ausdrucken: ● die D ___
d Eine Datei aus dem Internet auf dem Computer speichern: h ___
e Eine Datei für immer entfernen: l ___
f Ort, an dem mehrere Dateien gesammelt werden: ● der O ___
g Ein anderes Wort für „Computer“ oder „Laptop“: ● der R ___
h Programm, das die Software eines Computers kaputt macht: ● das / ● der V ___

B Du tust ja so, **als ob** ich keine Ahnung **hätte**.

Wiederholung
B1, L4

11 Was würden Sie tun, wenn ...? Ergänzen Sie in der richtigen Form.

a Wenn ich mehr Zeit hätte (haben), würde ich mich öfter mit meinen Freunden treffen.
b Wenn ich genug Geld .... (haben), würde ich mir ein kleines Auto kaufen.
c Wenn ich nicht so müde .... (sein), würde ich jetzt noch spazieren gehen.
d Wenn ich morgen zu Hause bleiben .... (können), würde ich endlich mal wieder aufräumen.
e Wenn ich mehr .... (lernen), wäre mein Lehrer bestimmt sehr glücklich.

B1
Grammatik entdecken

12 Herr Unehrlich

a Verbinden Sie.

Er tut so, ...
1 als ob er in einem großen Haus wohnen würde.
2 als ob er ein anstrengendes Leben hätte.
3 als ob er ein erfolgreicher Manager wäre.
4 als ob er gut mit Werkzeug umgehen könnte.
5 als ob er ein neues Gerät erfunden hätte.

Aber in Wirklichkeit ...
a kann er nicht mal einen Hammer richtig halten.
b ist das eine Erfindung seines Freundes.
c ist er ein ganz normaler Angestellter.
d tut er nur Dinge, die ihm Spaß machen.
e lebt er in einem Wohnblock am Stadtrand.

b Ergänzen Sie die Tabelle mit den Sätzen 1 – 5 aus a.

1	Er tut so,	als ob	er in einem großen Haus	wohnen würde.
2	Er tut so,	als ob		
3	Er tut so,			
4	Er tut so,			
5	Er tut so,			

B2

13 Ordnen Sie zu und ergänzen Sie in der richtigen Form.

lernen | finden | haben | kennen | ~~kochen können~~ | sein

a Mein Mann tut immer so, als ob er nicht kochen könnte.
Aber sein Essen schmeckt oft viel besser als meins!
b Ich glaube, mein Sohn tut nur so, als ob er den ganzen Nachmittag ....
Er chattet aber sicher auch mit seinen Freunden.
c Meine Kollegin tut so, als ob sie von diesem Thema keine Ahnung .... In Wirklichkeit war sie auch bei der Besprechung dabei.

d Meine Nachbarin tut so, als ob sie nicht zu Hause ....
Aber ich habe gesehen, wie sie in ihre Wohnung gegangen ist.
e Mein Bruder tut so, als ob er deine Schwester gar nicht ....
Aber eigentlich ist er total verliebt in sie!
f Unsere Freunde tun so, als ob sie die Party herrlich ....
Aber das ist Unsinn. In Wirklichkeit langweilen sie sich.

B3 14 Im Deutschkurs. Schreiben Sie.

a so tun – kein Deutsch sprechen
Karim tut so, als ob er kein Deutsch sprechen würde.
Das stimmt aber nicht!

b so tun – nichts verstehen
Nesrin ....
.... Dabei versteht sie fast alles!

c so aussehen – groß sein
Der Kursraum ....
.... Er ist aber eigentlich zu klein.

d sich so anhören – bald nicht mehr gehen
Der CD-Player ....
.... Aber noch funktioniert er.

e so scheinen – der Kursleiter viel Erfahrung haben
Es ....
.... Aber in Wirklichkeit ist das sein erster Kurs.

◇ B3 15 In Wirklichkeit ist alles anders. Ergänzen Sie die Sätze.

a Sie sieht so aus, als ob sie 30 Jahre alt wäre (alt – wäre – sie – 30 Jahre).
Aber in Wirklichkeit ist sie 15 Jahre älter (sie – 15 Jahre – älter – ist).

b Sie sieht so aus, als ob ....
(hätte – eine – sie – eigene Firma). Aber in Wirklichkeit
.... (Angestellte – sie – ist).

c Sie sieht so aus, als ob ....
(ausgeben – viel Geld – würde – sie – für Kleidung). Aber in Wirklichkeit ....
.... (ihre Kleidung – sie – selbst – näht).

d Sie sieht so aus, als ob ....
(jede Woche – würde – zu einem teuren Friseur – gehen – sie). Aber in Wirklichkeit ....
.... (lässt – ihre Haare – von einer Freundin – schneiden – sie).

❖ B3 16 Schreiben Sie zu jedem Bild zwei Sätze.

A

B

C

Geld | Angst | Schmerzen | Liebe | keine Lust | keine Angst | ...

a Der Mann sieht aus, als ob ...
Aber in Wirklichkeit ...

C Laden Sie die App.

C2 17 Wie funktioniert das?

2 🔊 8 **a** Hören Sie und ordnen Sie.

◯ auf „Empfänger übernehmen“ klicken + Betrag eingeben ◯ TAN eingeben + Überweisung bestätigen
◯ Empfänger der Überweisung auswählen 1 ~~Online-Banking-Nummer + die PIN eintippen müssen~~

b Ordnen Sie aus a zu und ergänzen Sie in der richtigen Form.

◆ Kannst du mir vielleicht sagen, wie eine Online-Überweisung funktioniert?
○ Kein Problem, gern. Sieh mal:

1 Zuerst musst du die Online-Banking-Nummer und die PIN eintippen.
2 Dann ______________________________.
3 Danach ______________________________.
4 Zuletzt ______________________________.

C3 18 Lesen Sie die Situationen 1 bis 5 und die Bedienungsanleitungen a bis g.

Prüfung

Finden Sie für jede Situation die passende Anleitung.
Für eine Situation gibt es keine Anleitung. Schreiben Sie in diesem Fall ein X.

1 ◯ Maria T. macht ein Praktikum in einem Friseursalon und möchte die Telefonnummer einer Kollegin in ihrem Handy speichern.
2 ◯ Rahim G. möchte eine App zum Deutschlernen auf sein Smartphone laden.
3 ◯ Jakob W. beschließt, Filme im Internet zu kaufen und auf sein TV-Gerät zu laden.
4 ◯ Nabeel K. will seine Lampen von unterwegs ein- und ausschalten. Dafür muss er sie mit einer App und dem WLAN verbinden.
5 ◯ Despina P. möchte eine virtuelle Visitenkarte erstellen, um einem Bekannten ihren Namen und ihre E-Mail-Adresse per Handy zu schicken.

a Stecken Sie das Ladegerät in eine Steckdose. Verbinden Sie dann das Ladegerät und Ihr Telefon mit dem USB-Kabel. Während Ihr Telefon lädt, sehen Sie auf dem Bildschirm ein Symbol für Akku laden. Wenn Ihr Telefon geladen ist, trennen Sie es vom USB-Kabel.

b Wenn Sie einen neuen Kontakt erstellen möchten, wählen Sie in der Liste Kontakte aus. Tippen Sie dann die Informationen ein. Um den Kontakt zu speichern, tippen Sie auf Speichern.

c Stecken Sie ein LAN-Kabel in den LAN-Anschluss Ihres Geräts. Wählen Sie die Menü-Taste, die Netzwerk-Taste und die Taste Netzwerk einstellen. Drücken Sie jetzt auf Starten. Nach kurzer Zeit ist Ihr Fernseher mit dem Internet verbunden.

d Wenn Ihr Gerät nicht mehr reagiert, schließen Sie die App und öffnen Sie sie noch einmal. Wenn das nicht funktioniert, schalten Sie das Gerät aus. Zum Ausschalten drücken Sie den Ein-/Aus-Knopf. Halten Sie den Knopf so lange gedrückt, bis Ihr Gerät ausgeschaltet ist. Schalten Sie Ihr Gerät dann wieder ein.

e Wählen Sie in der Liste Kontakte aus. Wählen Sie oben in der Kontaktliste Ihren Namen und dann das Symbol mit dem Bleistift aus. Geben Sie Ihre persönlichen Daten ein und tippen Sie anschließend auf Speichern. Nun können Sie Ihre Kontaktdaten versenden oder für andere freigeben.

f Tippen Sie auf das Wecker-Symbol. Wählen Sie aus, zu welcher Uhrzeit und an welchen Tagen Ihr Gerät Sie wecken soll. Wählen Sie auch aus, wie Ihr Gerät klingeln soll. Tippen Sie dann auf Speichern.

g Zuerst öffnen Sie den Shop. Dann tippen Sie bei Suche den Namen der App ein. Wählen Sie die gewünschte App aus. Tippen Sie auf Öffnen und anschließend auf Installieren. Wenn die App etwas kostet, tippen Sie auf den Preis. Machen Sie dann weiter wie beschrieben.

D Internetforum

D1 **19** ***Irgendwann – irgendwelche – irgendwer – irgendwie***

a Ergänzen Sie.

1

2

3

4

1 Irgendwann hört es bestimmt auf zu regnen!
2 .... muss sich das Glas doch öffnen lassen!
3 Habt ihr noch .... Fragen?
4 Könnte jetzt nicht .... kommen und mir helfen?

b Schreiben Sie Sätze wie in a.

1
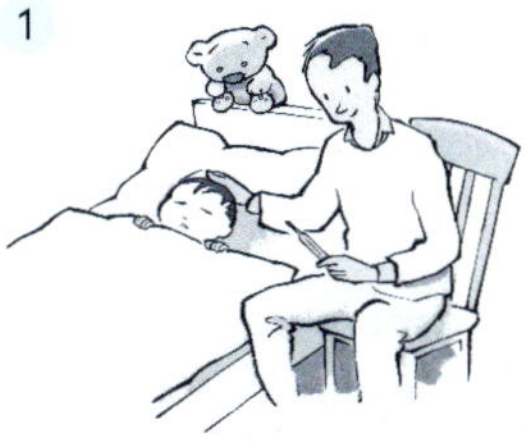

....
....
....

2

....
....
....

D2 **20 Meine Freundin ist arbeitssüchtig. Verbinden Sie.**

a Ich sehe das auch so wie du:
b Ehrlich gesagt, habe ich den Eindruck,
c Es ist doch wirklich übertrieben,
d Deshalb kann ich gut verstehen,
e An deiner Stelle wäre ich öfter mal

1 dass dich ihr Verhalten aufregt.
2 weg, wenn deine Freundin aus der Arbeit kommt. Mal sehen, was dann passiert!
3 Deine Freundin hat ein Problem.
4 so viel Zeit im Büro zu verbringen!
5 dass sie total arbeitssüchtig ist.

D

D2 **21 Lesen Sie die Texte in einem Forum. Überfliegen Sie dann die Kommentare in 22.**
Welcher Kommentar passt zu welchem Text? Ordnen Sie zu.

A	B
.... , ...	1 , ...

A
Tanya

Seit es das Computerspiel „Speed" gibt, ist bei uns alles anders geworden: Tagelang sitzt mein Mann vor der Konsole und spielt. Wenn ich ihn bitte, den Fernseher auszuschalten, antwortet er nicht. Er tut so, als ob ich gar nicht da wäre. Was soll ich bloß tun?

B
Kai

Meine Freundin kauft sich jeden Monat ein Paar neue Schuhe. Nachdem sie die Schuhe einmal getragen hat, kommen sie in den Schrank. Dort stehen inzwischen schon mehr als hundert Paar! Mich macht das wütend! Weiß irgendwer, was man dagegen tun könnte?

D2 **22 Texte in einem Forum kommentieren**

Schreibtraining

a Ordnen Sie zu.

An Deiner Stelle würde | Auch bei uns | fand das übertrieben | ~~Das Gefühl kenne ich gut~~ | Deshalb solltest Du | Ehrlich gesagt, hat man den Eindruck | Ich kann gut verstehen | Ich rate Dir | wieso Dich das so aufregt

1 Das Gefühl kenne ich gut. Meine Freundin hat auch mal Schuhe gesammelt. Seit sie einen Job hat, der ihr Spaß macht, hat sie damit aufgehört. ...., mal mit Deiner Freundin zu reden. Vielleicht findest Du ja heraus, warum sie Dinge kauft, die sie gar nicht braucht.

2 ...., dass Du Deinen Mann überhaupt nicht verstehst. Das Spiel ist ganz neu und echt super! .... ich Deinen Mann einfach mal spielen lassen. Irgendwann hat er wieder mehr Zeit für Dich!

3 ...., dass Du Dich über Deinen Mann ärgerst. .... ist das so. Mein Mann hat sich sogar Urlaub genommen, um mehr Zeit zum Spielen zu haben. Ich .... Ich bin deshalb ein paar Tage zu einer Freundin von mir gezogen.

4 Keine Ahnung, ... Es gibt schlimmere Dinge im Leben! .... nicht so kritisch sein. Solange sie genug Geld für ihr Hobby hat, sehe ich da kein Problem.

b Wählen Sie einen Text aus 21. Schreiben Sie einen Kommentar wie in 22a.

Text B
Ich kann gut verstehen, dass ...

E Radioreportage

E2 **23 Sie hören Aussagen zu einem Thema.**

2 ◀)) 9–12 Welcher der Sätze a–f passt zu den Aussagen 0–3? Lesen Sie jetzt die Sätze a–f.

Prüfung Dazu haben Sie eine Minute Zeit. Danach hören Sie die Aussagen.

Nr.	0	1	2	3
Lösung	b			

a Smartphones sind gut, weil man von überall Hilfe holen kann.
b Durch die Beschäftigung mit dem Smartphone wird man unaufmerksam.
c Auf Smartphones kann man interessante Spiele machen.
d Kinder, die ein Smartphone haben, verlieren alle ihre Freunde.
e Seit es Smartphones gibt, unterhält man sich nicht mehr so viel.
f Das Smartphone ist ein Mittel, mit anderen in Kontakt zu bleiben.

LERNTIPP Streichen Sie den Satz durch, der schon gelöst ist. Jetzt müssen Sie sich nur noch auf fünf Sätze konzentrieren. Lesen Sie die Sätze vor dem Hören genau durch. Finden Sie einen Satz seltsam? Markieren Sie ihn. Wahrscheinlich kommt dieser Satz als Lösung nicht infrage.

E2 **24 Reaktionen**

2 ◀)) 13 **a** Wie reagiert der Gesprächspartner? Hören Sie und ordnen Sie zu.

Phonetik

Ärger | Erstaunen | Kritik | ~~Mitgefühl~~ | Ratschlag | Verständnis

◆ Hallo! Wie geht's denn so?

○ Ach, es geht so. Gestern hatte mein Sohn Geburtstag und da haben wir ihm sein erstes Handy geschenkt. Leider hat er sich überhaupt nicht darüber gefreut. Er meinte, dass seine Freunde Handys haben, die viel toller sind als seins.

1 ◆ Oje! Das ist aber schwierig für euch! Da wolltet ihr ihm eine Freude machen und dann reagiert er so.
Mitgefühl

2 ◆ Na ja, das ist normal. In seinem Alter ist die Meinung der anderen einfach wichtiger als alles andere.
....

3 ◆ Das gibt es doch gar nicht! Da hat sich euer Sohn aber sehr verändert! Er war doch immer so ein netter Junge!
....

4 ◆ An eurer Stelle würde ich ihm erklären, dass sein Verhalten nicht in Ordnung ist!
....

5 ◆ Hm. Wahrscheinlich hat euer Sohn die falschen Freunde. Da habt ihr nicht gut aufgepasst!
....

6 ◆ Wie ärgerlich! Da schenkt man Kindern etwas und dann sind sie auch noch unzufrieden!
....

2 ◀)) 14 **b** Hören Sie und sprechen Sie nach.

Test Lektion 9

1 Markieren Sie noch vier Wörter und ordnen Sie zu.

1 .... / 4 Punkte — WÖRTER

ZTJÖVIRUSPLKMGHETUDATEIZINVXHERUNTERLADENER
TDFWLÖSCHENLKLÖZGORDNERBMLAKRCHLIEBLENXUT

a Kannst du mir helfen? Ich möchte ein Anti- Virus -Programm aus dem Internet ....

b Einen .... mit diesem Namen gibt es schon. Sie müssen ihn umbenennen.

c Irgendwann solltest du vielleicht die E-Mails, die du nicht mehr brauchst, ...!

d Vergessen Sie nicht, die .... regelmäßig zu speichern.

.... 0–2 / 3 / 4

2 Ergänzen Sie: *bevor – nachdem – während*.

2 .... / 4 Punkte — GRAMMATIK

Während (a) ich auf den Bus wartete und fror, beschloss ich, mir im Büro gleich einen Tee zu machen. .... (b) ich in die Küche ging, zog ich meine Jacke aus und begrüßte die Kollegen. .... (c) ich den Tee machte, kam einer von meinen Kollegen in die Küche und wir unterhielten uns. Doch .... (d) ich den Tee trinken konnte, rief mich mein Chef in sein Büro. .... (e) wir das Gespräch beendet hatten, ging ich in die Küche zurück. Da war der Tee natürlich kalt!

3 Schreiben Sie Sätze mit *als ob*.

3 .... / 3 Punkte

a Kiras Augen sind heute ganz klein. Sie sieht aus, als ob sie zu wenig geschlafen hätte (aussehen – zu wenig geschlafen haben).

b Tom wohnt zwar noch nicht lange hier, aber er ...., ... (so tun – alle kennen).

c Klingt deine Kaffeemaschine immer so? Ich finde, ..., ... (sich anhören – kaputt sein).

d Ich soll langsamer fahren? Sie ...., ... (das so sagen – Angst haben).

.... 0–3 / 4–5 / 6–7

4 Ordnen Sie zu.

4 .... / 4 Punkte — KOMMUNIKATION

An deiner Stelle würde ich | Das finde ich übertrieben | Das Gefühl kenne ich | Keine Ahnung, warum euch das so aufregt | ~~Ehrlich gesagt, habe ich den Eindruck~~

a ◆ Ehrlich gesagt, habe ich den Eindruck, dass wir immer mehr arbeiten müssen. Ich bin total gestresst.

b ○ .... leider auch.

c ◆ Mein Chef will, dass wir auch am Abend noch auf seine E-Mails antworten. ....

d ○ Das finde ich aber auch. .... das nicht tun!

e ▲ .... Das wollen doch alle Chefs, oder?

.... 0–2 / 3 / 4

1 Herr Rossi eröffnet am Samstagabend sein Restaurant „Isola verde“.

Die Woche vor der Eröffnung hat er schon geplant.

a Lesen Sie den Notizzettel von Herrn Rossi. Finden Sie die Reihenfolge sinnvoll? Sprechen Sie mit Ihrer Partnerin / Ihrem Partner.

Montag:	Salat und Gemüse im Großmarkt kaufen	....
Dienstag:	Tischdekoration machen und auf Tische stellen,	....
	Tiramisu zubereiten	....
Mittwoch:	Bilder aufhängen	Montag
Donnerstag:	Fleisch und Fisch im Großmarkt holen	....
Freitag:	putzen (auch die Fenster!)	....
	Einladungen verteilen	....
	Sekt in Kühlschrank stellen	....
Samstag:	Sekt eingießen	....
	Wechselgeld holen	....

Ich würde nicht schon am Montag das Gemüse und den Salat kaufen.

Nein, ich würde zuerst ...

2 🔊 15 b Hören Sie nun das Gespräch zwischen Herrn Rossi und seinem Angestellten Alberto. Was schlägt Alberto vor? Was soll wann gemacht werden? Ergänzen Sie in a.

2 Alternativvorschläge machen

a Welche Sätze können Sie zu Ihrem Chef sagen? Lesen Sie und kreuzen Sie an.

1 ○ Den Salat schon am Montag zu kaufen, ist doch Quatsch!
2 ☒ Können wir nicht am Montag zuerst die Bilder aufhängen und danach putzen?
3 ○ Wäre es nicht besser, wenn wir die Einladungen am Dienstag verteilen?
4 ○ Darauf habe ich keine Lust. Können wir das morgen machen?
5 ○ Nein, so geht das nicht. Das ist doch Unsinn.
6 ○ Wie wäre es, am Donnerstag den Salat vom Großmarkt mitzubringen?
7 ○ Vielleicht sollten wir auf dem Rückweg noch bei der Bank vorbeifahren.
8 ○ Ist es nicht besser, wenn wir den Sekt erst eingießen, wenn die Gäste kommen?

2 🔊 15 b Hören Sie noch einmal und vergleichen Sie.

c Markieren Sie die passenden Sätze für ein Gespräch mit dem Chef in a wie im Beispiel.

3 Arbeiten Sie zu zweit. Sie sind Angestellter/Angestellte in einem Kiosk. Ihr Chef hat Ihnen eine Liste mit Aufgaben für die kommenden drei Tage gemacht. Machen Sie Alternativvorschläge.

Freitag:	neue Süßigkeiten in die Regale räumen
Samstag:	Regale putzen
Sonntag:	Würstchen heiß machen Senf und Brötchen kaufen Wechselgeld holen

Können wir nicht zuerst ...?

Ja, das finde ich gut. Aber wäre es nicht besser, ...?

A Der Tee soll **sowohl** lecker ... **als auch** ... sein.

A1 **1 Gegenteile. Finden Sie noch fünf Wörter und ordnen Sie zu.**

I	V	O	R	I	G	E	A	R	R
W	E	D	E	R	N	O	C	H	V
A	R	A	K	P	A	H	Z	K	E
R	B	T	S	Ü	C	J	A	B	R
J	I	G	I	H	H	S	M	X	K
Ä	E	F	E	K	T	A	I	W	E
B	T	P	G	R	E	L	T	Y	H
V	E	Ö	E	D	I	R	U	T	R
Y	N	W	R	O	L	Q	R	P	T

a richtig ≠ ....

b • der Vorteil ≠ • ....

c erlauben ≠ ....

d • der Verlierer ≠ • ....

e nächste (Woche) ≠ .... (Woche)

f sowohl ... als auch ≠ ....

A1 **2 Ergänzen Sie die Sätze mit *sowohl ... als auch – weder ... noch*.**

a Alle Sachen hier sind sowohl alt als auch kaputt. (alt / kaputt)

b Schau mal: Auf dem Sofa kann man .... (nicht liegen / nicht sitzen)

c Und da: Der Roboter funktioniert bestimmt nicht mehr! Ihm fehlen .... (Arme / Beine)

d Und das Fahrrad dort! Damit kann man ja gar nicht fahren. Es hat .... (kein Licht / keine Bremsen)

e Um das Auto benutzen zu können, muss man .... einbauen. (neue Fenster / neue Türen)

◇ A1 **3 Ergänzen Sie: *sowohl ... als auch – weder ... noch*.**

A

Sie haben eine zu trockene Haut oder Hautausschlag? Mit unserer neuen Creme passiert Ihnen weder *das eine* noch *das andere! Im Gegenteil:*

Alavera

bietet Ihnen .... tagsüber .... nachts die perfekte Pflege für Ihr Gesicht!

B

Für unseren Test-Sieger sind natürlich .... Regen .... Stürme ein Problem: Das Zelt, das es .... in verschiedenen Farben .... in unterschiedlichen Größen gibt, schützt Sie bei jedem Wetter.

C

Sie finden .... eine Wohnung .... eine Arbeit oder haben den Eindruck, dass man Sie auf Ämtern und Behörden ungerecht behandelt? Dann hilft Ihnen vielleicht unsere Broschüre, die es .... auf Deutsch .... in vielen anderen Sprachen gibt.

❖ A1 **4 Ordnen Sie zu und ergänzen Sie die Sätze mit *sowohl ... als auch – weder ... noch*.**

der Rechnungsbetrag + das Kaufdatum stehen
praktische + schöne Kleidung bekommen
kein Fleisch + kein Alkohol geben
nicht zu groß + nicht zu schwer sein
~~bequem + günstig sein~~

a Ich hätte gern einen Bürostuhl, der *sowohl bequem als auch günstig ist*.
b Das „Karambula" ist ein Restaurant, in dem es ______________________________ .
c Kennst du hier in der Nähe ein Geschäft, in dem man ______________________________ ?
d Auf einer Rechnung soll ______________________________ .
e Ich suche eine Kamera, die ______________________________ .

A3 **5 Ein unzufriedener Kunde**

a Ordnen Sie zu.

Dann sehe ich leider nur eine Möglichkeit
Es war doch abgemacht
Ich bin wirklich sehr enttäuscht
Dazu möchte ich aber noch anmerken
~~Ich musste heute leider feststellen~~
Ich werde mich ... persönlich um ... kümmern

◆ *Ich musste heute leider feststellen*, dass Ihre Männer die Wände in meiner Praxis in der falschen Farbe gestrichen haben.
○ Ach, wirklich? Das überrascht mich. ______________ (1), dass wir die Wände dort weiß streichen. So steht es ja auch im Angebot.
◆ Ja, aber die Wände sind grau, nicht weiß. ______________ (2) von Ihrer Firma.
○ Das tut mir sehr leid. Ich kann verstehen, dass Sie verärgert sind. Die Wände sind wirklich grau, nicht weiß?
◆ Allerdings.
○ ______________ (3), nämlich die Wände in Ihrer Praxis noch einmal zu streichen.
◆ Das sehe ich genauso. ______________ (4), dass ich weder für die zusätzlichen Arbeitsstunden noch für die neue Farbe etwas bezahle.
○ Selbstverständlich nicht. ______________ diesmal auch ______________ Ihre Praxis ______________ (5). Deshalb würde ich gern zu Ihnen kommen und mir die Wände mal ansehen.

2 🔊 16 b Hören Sie und vergleichen Sie.

B Warum fahre ich **dort**, **wo** der Stau ...

B1 **Grammatik entdecken**

6 Wer sagt was?

a Ordnen Sie zu.

a ② Es gibt nichts, was dich heute zufrieden macht, oder?
b ◯ Sehen Sie, dort, wo jetzt die Post ist, stand früher das Rathaus.
c ◯ Es gibt da etwas, was ich dir sagen möchte: Ich liebe dich!
d ◯ Überall, wo Sie Häuser sehen, waren früher Felder.
e ◯ Du findest sowieso alles, was ich für dich tue, falsch!
f ◯ Ich möchte immer nur da sein, wo du auch bist!
g ◯ Das ist genau das, was mich so ärgert. Hör also auf damit!

b Markieren Sie wie im Beispiel. Ergänzen Sie dann *was* oder *wo*.

etwas/nichts/alles/das	+	....
dort/überall/da	+	....

B2

7 Ordnen Sie zu.

~~alles ... was~~ | da ... wo | das ... was | dort ... wo | etwas ... was | nichts ... was | überall ... wo

a ◆ Welchen Vorteil hätte denn eine Kundenkarte für mich?
○ Nun, mit einer Kundenkarte bekommen Sie Prozente auf alles, was Sie bei uns kaufen.

b ◆ Deine Sachen sind immer ...., ... sie eigentlich nicht sein sollten.
○ Aber ...., ... sie sein sollten, ist leider kein Platz, Papa!

c ◆ Gibt es noch ...., ... ihr nicht verstanden habt?
○ Nein, es gibt ...., ... du uns noch erklären musst.

d ◆ Und? Hast du für dein indisches Rezept jetzt endlich ...., ... du noch gesucht hast?
○ Leider nicht. Obwohl ich .... geschaut habe, ... asiatische Lebensmittel verkauft werden.

◇ B2

8 Was ist richtig? Kreuzen Sie an.

a Gibt es noch etwas, ☒ was ○ wo Ihnen zu diesem Thema einfällt?
b Deine Brille liegt bestimmt dort, ○ was ○ wo du sie auch sonst hinlegst!
c Es gibt wirklich nichts, ○ was ○ wo ich dir nicht erzählen würde.
d Ist das voll! Lass uns da anstellen, ○ was ○ wo die Schlange am kürzesten ist.
e Heute fällt mir alles auf den Boden, ○ was ○ wo ich in die Hand nehme.
f Gute Ideen gibt es überall, ○ was ○ wo Menschen zusammenkommen.
g Entschuldige, aber das, ○ was ○ wo du sagst, glaube ich nicht.

❖ B2 9 Schreiben Sie Sätze mit *wo* – *was*.

a leben – ich – dort – gern – würde / die Sonne – jeden Tag – scheint
b auch da – aber ich – wohl – mich – fühle / jetzt – ich – lebe
c nur – mache – das – ich – in meiner Freizeit / Spaß – mir – macht
d Und bei der Arbeit – ich – nichts – mache / meine Kunden – verärgert – oder Kollegen

a Ich würde gern dort leben, wo jeden Tag die Sonne scheint.

B3 10 Lesen Sie den Text und die Aufgaben 1 bis 6.

Prüfung

Wählen Sie: Sind die Aussagen richtig oder falsch?

Manchmal geht halt etwas schief!

Von Vera Hansen

Vorigen Sonntag fuhren mein Mann Max und ich zu Freunden, die 20 Kilometer von uns entfernt wohnen. Ich fuhr mit dem Auto, Max nahm sein Fahrrad. Als er aus der Tür ging, zeigte er auf eine Tüte und sagte: „Hier ist Kleidung drin. Vergiss nicht, sie mitzunehmen."

Nachdem ich in dem Ort, wo unsere Freunde wohnen, angekommen war, parkte ich das Auto. In der Nähe standen Tonnen, in die man Altglas, Altpapier und Altkleider werfen konnte. „Praktisch", dachte ich, und warf die Tüte in die Kleider-Tonne. Gut gelaunt, weil ich etwas erledigt hatte, kam ich bei unseren Freunden an. Die begrüßten mich herzlich.

Bald darauf kam mein Mann. Sofort wollte er wissen, ob ich an die Tüte gedacht hatte. Ich antwortete ihm, dass ich die Tüte gerade in die Altkleider-Tonne geworfen hatte. Max' Gesicht wurde ernst. Etwas überrascht fragte er: „Du hast die Tüte weggeworfen? Aber warum denn?"

Es dauerte einen Moment, bis ich verstand, dass mein Mann keine alten, sondern saubere Kleider in die Tüte getan hatte. Die hatte er mir mitgegeben, weil er sich nach seiner Radtour bei unseren Freunden umziehen wollte. Auch sein Geld und seine Bankkarte waren in der Tüte. Was jetzt?

Wir versuchten, die Tüte aus der Tonne zu „fischen". Als das nicht klappte, rief ich die Polizei. Die lachte über mein Missgeschick, konnte aber auch nicht helfen. Schließlich kam die Feuerwehr. Mit dem passenden Werkzeug schaffte sie es, das Schloss an der Tonne zu öffnen. Da war die Tüte: mit allem, was mein Mann vor seiner Abfahrt eingepackt hatte.

	richtig	falsch
1 Vera und ihr Mann sind getrennt zu ihren Freunden gefahren.	○	○
2 Kurz nach ihrer Ankunft hat Vera die Tüte weggeworfen.	○	○
3 Als Vera von der Tüte in der Tonne erzählte, wurde Max wütend.	○	○
4 In der Tüte waren sowohl Kleidung als auch Max' Schlüssel.	○	○
5 Die Polizei fand es lustig, was Vera und Max passiert ist.	○	○
6 Max stellte fest, dass in der Tüte ein paar Dinge fehlten.	○	○

B3 11 Ein Missgeschick kommentieren. Verbinden Sie.

a War dein Mann nicht verärgert,
b Oje, wie peinlich,
c Das kenne ich. So etwas
d Da habt ihr später

1 bestimmt noch oft drüber gelacht, oder?
2 dass du die Tüte weggeworfen hast?
3 Ähnliches ist mir auch schon einmal passiert.
4 dass du die Polizei rufen musstest!

C Der **wohltuende** Tee

C1 12 Bei meinem Großvater

Grammatik entdecken

a Markieren Sie die Endungen vor *Junge*, *Radio*, *Uhr* und *Ringe*.

Im Haus meines Großvaters fand ich ein paar Dinge besonders schön: zum Beispiel ein Foto, auf dem ein kleiner, schlafender Junge zu sehen war (das war mein Großvater als Kind), ein schwarzes, allerdings nicht funktionierendes Radio, eine alte, an einer Kette hängende Uhr und goldene, wunderschön leuchtende Ringe.
Irgendwann hat mir mein Großvater diese Dinge geschenkt. Jetzt stehen das Foto, auf dem der kleine, schlafende Junge zu sehen ist, und das schwarze, wieder funktionierende Radio auf meinem Regal. Die alte, an der Kette hängende Uhr wird gerade repariert. Nur die goldenen, leuchtenden Ringe sind bei meinem Großvater geblieben.

b Ergänzen Sie die Tabelle wie im Beispiel.

ein klein___ der klein___	ein schlafend*er* der schlafend___	• Junge
ein schwarz___ das schwarz___	ein funktionierend___ das funktionierend___	• Radio
eine alt___ die alt___	eine hängend___ die hängend___	• Uhr
– golden___ die golden___	– leuchtend___ die leuchtend___	• Ringe

C1 13 Aus unserer Werbung. Ergänzen Sie in der richtigen Form.

A Trinken Sie diesen lecker*en*, wohltuend*en* Tee vor allem dann, wenn Sie sich entspannen wollen.

B Das fein___, gut riechend___ Öl gibt es diese Woche im Sonderangebot.

C Neu in unserem Angebot: frisch___, wild wachsend___ Kräuter aus der Alpenregion.

D Sie suchen eine hübsch___ und für jeden Anlass passend___ Handtasche?

E Unser Museum ist für seine interessant___, regelmäßig wechselnd___ Ausstellungen bekannt.

F Die Schuhe gibt es in zwei verschieden___ und sehr auffallend___ Farben: in Grün und in Gelb.

G Mit diesem klein___, hupend___ Spielzeugauto machen Sie Ihrem Sohn bestimmt viel Freude!

H Ihre Tochter ist sicher von der hübsch___, sprechend___ Puppe begeistert.

C2 14 Produkte, die das Leben leichter machen

Ordnen Sie zu und ergänzen Sie in der richtigen Form.

beruhigen singen sprechen weinen ~~werden~~ mitdenken

A

Digitaler Beifahrer für mehr Sicherheit auf der Straße

Auto-Hersteller sind sich sicher: In den meisten Fahrzeugen gibt es bald einen ______ (1) und ______ (2) Computer: den sogenannten E-Assistenten. Er hilft Autofahrern, im dichter werdenden (3) Verkehr zurechtzukommen.

B

Elektronisch-musikalischer Babysitter: Mehr Freizeit für Eltern?

Viele Eltern können sich keinen Babysitter leisten. Der ______ (1) Babysitter *Babywatch* kann da vielleicht helfen. *Babywatch* singt ______ (2) Kindern nämlich so lange ______ (3) Lieder vor, bis sie wieder friedlich einschlafen.

C2 15 Etwas Besseres gibt es nicht! Ordnen Sie zu.

das Beste kommt noch ist ja nicht zu glauben sowohl kochen als auch ~~Stell dir nur vor~~ Unglaublich, oder Wahnsinn

◆ Hallo, Sofie! Ich wollte dir von unserer neuen Küchenmaschine erzählen. Stell dir nur vor (a): Mit der Maschine kann man ______ (b) backen.

○ Ach, wirklich? Das ______ (c)!

◆ ______ (d)? Und alles, was du mit dieser Maschine machst, schmeckt ausgezeichnet. Aber ______ (e): Die Küchenmaschine kostet nur 99 Euro!

○ 99 Euro? ______ (f)! Und wo kann ich diesen kochenden und backenden Küchenhelfer kaufen?

C2 16 Sei begeistert!

Phonetik

2 17 **a** Hören Sie das Gespräch und markieren Sie die Betonung: ___ .

◆ Meine neue Uhr ist einfach super ↘! Stell dir nur vor ___: Damit weißt du nicht nur ___, wie spät es ist ___, sondern auch, wie viele Schritte du gemacht hast ___!

○ Ach, wirklich ___? Das ist ja nicht zu glauben ___.

◆ Ja, aber das Beste kommt noch ___: Wenn du zu lange gesessen hast ___, erinnert dich die Uhr daran ___, dass du aufstehen und dich bewegen sollst ___.

○ Unglaublich!

2 17 **b** Hören Sie noch einmal und ergänzen Sie die Satzmelodie: ↘, →, ↗. Lesen Sie das Gespräch dann laut.

D Crowdsourcing

D2 **17 Markieren Sie noch sieben Wörter und ordnen Sie zu.**

FCXWSIEGERKÖENTWICKLUNGVJABSTIMMENASF(MARKTFORSCHUNG)
TIPRODUKTCHAPROJEKTHÖÄVERBRAUCHERWLZUSAMMENSTELLENF

Wie Sie von einer Idee zu einem fertigen Produkt kommen

Sie möchten ein neues Produkt entwickeln, zum Beispiel eine Limonade? Dann empfehlen wir Ihnen, zunächst einmal Marktforschung (a) zu machen. Das heißt, dass Sie zuerst mit den ________n (b) sprechen, also mit den Menschen, die regelmäßig Limonade trinken. So finden Sie heraus, was sich diese von dem neuen ________ (c) wünschen.

Wenn Sie genug Wünsche und Meinungen gesammelt haben, sollten Sie ein Team ________ (d) und gemeinsam Ideen für die neue Limonade entwickeln. Ziel ist, die zwei besten Produktideen zu finden. Wenn sich das Team nicht einigen kann, lassen sie es ________ (e). Beginnen Sie dann mit der ________ (f) der beiden Limonaden.

Machen Sie jetzt ein zweites Mal Marktforschung: Lassen Sie die beiden Limonaden von etwa hundert Personen testen. Die Testpersonen wählen dabei die Limonade aus, die ihnen besser schmeckt. Wenn klar ist, welche der beiden Limonaden der ________ (g) ist, können Sie mit der Produktion beginnen. Während Ihr Team sich um die Werbung und den Verkauf des neuen Produkts kümmert, können Sie vielleicht schon über Ihr nächstes ________ (h) nachdenken. Wir wünschen Ihnen viel Erfolg!

D3 **18 Sie hören fünf Ansagen aus dem Radio. Zu jeder Ansage gibt es eine Aufgabe.**
Welche Lösung (a, b oder c) passt am besten?

2 🔊 18–22
Prüfung

1 Was bekommt der Sieger?
- a ○ Einen Gutschein für Teller.
- b ○ Einen Gutschein und Geschirr.
- c ○ Einen Gutschein und Rosen.

2 Wo kommt den Autofahrern ein Fahrzeug entgegen?
- a ○ Auf der A43 Richtung Frausdorf.
- b ○ An der Anschlussstelle Haching.
- c ○ Auf der A91 bei Bad Graudenz.

3 Wo ist es am kältesten?
- a ○ In Berlin.
- b ○ Bei Freiburg.
- c ○ In den Bergen.

4 Worüber haben die Hörerinnen und Hörer abgestimmt?
- a ○ Wer macht die beste Werbung für Kaffee?
- b ○ Welche Firma macht den besten Kaffee?
- c ○ Welche Maschine macht den besten Kaffee?

5 Um was für ein Produkt geht es?
- a ○ Um einen Snack, den man selbst zusammenstellen kann.
- b ○ Um einen Snack mit Nüssen, Früchten und Schokolade.
- c ○ Um einen Snack, für den noch ein Name gesucht wird.

E Die sprechende Zahnbürste – eine Kolumne

E1 19 Verbinden Sie.

a ● der Dieb
b entschlossen
c ● der Griff
d ● das Handtuch
e neulich
f sich ● den Rest der Nacht um die Ohren schlagen
g schütteln
h schweigen
i weitermachen

1 vor einigen Tagen
2 der Teil der Zahnbürste oder Bürste, den man in die Hand nimmt
3 nicht aufhören
4 jemand, der anderen etwas wegnimmt und es nicht zurückgibt
5 entschieden
6 schnell hin und her bewegen
7 etwas, was man nach dem Duschen benutzt
8 bis zum Morgen wach bleiben
9 nichts sagen

E1 20 Weitermachen!

Schreibtraining

a Sehen Sie die Bilder an und ordnen Sie zu.

- erklären: Zahnbürste in ● Kanalbaugrube
- 1 Zahnbürste auf Boden: „Weitermachen"
- sich über Stimme wundern, in ● Kanalbaugrube schauen
- Messer holen, Batterie aus Zahnbürste nehmen
- Zahnbürste aus Fenster werfen
- sich in Finger schneiden
- Handtücher auf Zahnbürste legen, Zahnbürste immer noch hören
- in ● Kanalbaugrube fallen, Zahnbürste immer noch hören

b Schreiben Sie Paolas E-Mail an ihre Freundin Marta zu Ende. Hilfe finden Sie in a.

E-Mail senden

Liebe Marta,
neulich ist etwas passiert, was ich Dir unbedingt erzählen muss. Stell Dir vor: Axel ist gegen Mitternacht aufgewacht, weil er eine Stimme gehört hat. Als er ins Bad schaute, …

LERNTIPP Schreiben Sie die E-Mail nicht allein, sondern mit einer Partnerin / einem Partner. Das macht mehr Spaß und Sie können einander korrigieren.

Test Lektion 10

1 Bilden Sie Wörter und ordnen Sie zu.

an ab be bie deln ~~gie~~ han ~~kor~~ len men ~~ri~~ ~~ren~~ stel ten stim ver

a Der Fehler, den du gemacht hast, lässt sich leicht korrigieren.
b Darf man Verbrauchern ______________, über ihre Erfahrungen mit bestimmten Produkten zu schreiben?
c Auch Sie müssen sich in der Schlange ganz hinten ______________.
d ______________ Firmen ihre Mitarbeiter heute wirklich besser als früher?
e Wenn wir uns nicht einigen können, sollten wir einfach ______________.

1 ...... / 4 Punkte
WÖRTER
0–2
3
4

2 Schreiben Sie die Sätze mit *sowohl … als auch* oder *weder … noch*.

a Die Snacks dort sind … ☺. (lecker + günstig)
b Wir fanden die Vorstellung … ☺. (spannend + lustig)
c Das Zelt ist … ☹. (besonders schön + praktisch)
d Bei diesem Fotoapparat stimmen … ☺. (die Qualität + der Preis)
e Mir gefallen … ☹ der Handtasche. (die Größe + die Farbe)

a Die Snacks dort sind sowohl lecker als auch günstig.

2 ...... / 4 Punkte
GRAMMATIK

3 Ergänzen Sie in der richtigen Form und verbinden Sie.

a Hupende (hupen) Autos sind oft da,
b Ist ein ______________ (sprechen) Teddy alles,
c Diese ______________ (leuchten) Stifte gibt es überall,
d Der ______________ (passen) Schlüssel ist da,

1 was du zum Geburtstag haben möchtest?
2 wo auch die anderen sind: neben der Tür.
3 wo gerade eine Hochzeit gefeiert wird.
4 wo Schreibwaren verkauft werden.

3 ...... / 6 Punkte
0–5
6–7
8–10

4 Ordnen Sie zu.

Das geht doch nicht ~~Das Hauptproblem war, dass~~
Es war doch abgemacht, dass
hat mich heute wirklich sehr enttäuscht
Ich bin wirklich sehr verärgert, dass Ich musste leider feststellen, dass

a ______________ ich heute so lange auf mein Essen warten musste!
b Das Hauptproblem war, dass sich in der Zeit niemand um mich gekümmert hat. ______________!
c ______________ andere Gäste auch so lange warten mussten.
d Also, ich muss sagen, Ihr Service ______________ ______________.
e ______________ ich wegen des Ärgers weniger zahlen muss!

4 ...... / 5 Punkte
KOMMUNIKATION
0–2
3
4–5

1 Lesen Sie die Betriebsvereinbarung und notieren Sie zu jedem Punkt drei Informationen.

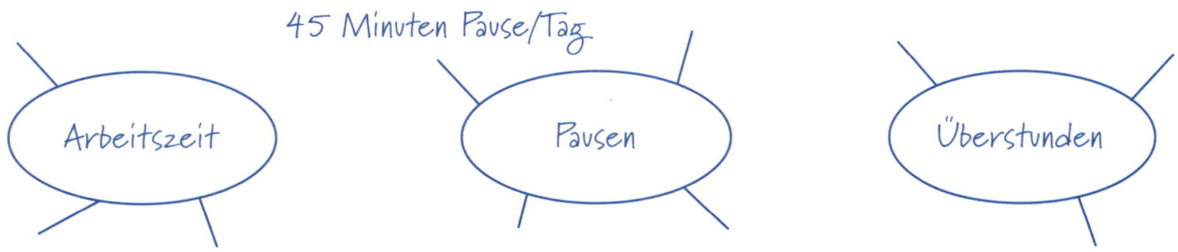

BETRIEBSVEREINBARUNG

1. Arbeitszeit
Die Arbeitszeit liegt für alle Arbeitnehmer/innen von Montag bis Freitag zwischen 7 und 22 Uhr. Sie beträgt zurzeit acht Stunden pro Tag. Das gilt allerdings nur, wenn keine Überstunden erforderlich sind.

2. Pausen
Für Pausen sind täglich 45 Minuten festgelegt. Alle Arbeitnehmer/innen müssen spätestens nach sechs Stunden eine Pause machen. Die Mindestdauer einer Pause liegt bei 15 Minuten. Pausen dürfen weder am Anfang noch am Ende der Arbeitszeit genommen werden.

3. Überstunden
Arbeitnehmer/innen müssen bis zu zwei Überstunden pro Tag machen, wenn der Arbeitgeber sie dazu auffordert. Überstunden werden nicht bezahlt. Arbeitnehmer/innen mit Überstunden erhalten mehr freie Tage als vertraglich vereinbart. Wie viele freie Tage sie/er erhält, entscheiden Arbeitgeber und Betriebsrat gemeinsam.

2 Beim Betriebsrat

a Arbeiten Sie mit Ihrer Partnerin / Ihrem Partner.
Wählen Sie eine Situation und notieren Sie Fragen und Antworten.

Situation 1

Herr Mbaye arbeitet jeden Tag mehr, als in seinem Arbeitsvertrag steht. Er fragt beim Betriebsrat nach, ob das erlaubt ist. Er fragt auch, ob er für seine Überstunden mehr Geld bekommt.

Frau Herpich ist Betriebsrätin. Sie erklärt Herrn Mbaye, was in der Betriebsvereinbarung zum Thema Überstunden und Bezahlung steht.

Situation 2

Frau Aziiba macht nie Pausen. Nach siebeneinhalb Stunden hört sie mit der Arbeit auf und fährt nach Hause. Ihr Chef will ihr das verbieten. Frau Aziiba fragt beim Betriebsrat nach, ob er das darf.

Herr Bakker ist Betriebsrat. Er erklärt Frau Aziiba, was in der Betriebsvereinbarung zum Thema Pausen und Arbeitszeiten steht.

Ich habe ein Problem: ...
Ist es denn erlaubt, dass ...?

Also, in der Betriebsvereinbarung steht, dass ...
Leider steht dort auch, dass ...

b Spielen Sie das Gespräch.

A Sie **werden** jetzt sofort hier **weggehen**!

A1

Grammatik entdecken

1 Was wird morgen sein?

a Welche Wörter drücken die Zukunft aus? Lesen Sie und markieren Sie.

Unsere Freitagsumfrage: Wie sehen Sie Ihre Zukunft?

1

Nächstes Jahr bin ich mit der Schule fertig. Dann werde ich für ein Jahr ins Ausland gehen. *Tanja*

2

Mit 35 Jahren möchte ich mein eigenes Geschäft haben. Dann werde ich endlich mein eigener Chef sein. Darauf freue ich mich jetzt schon. *Kamil*

Unsere Freitagsumfrage: Worauf freuen Sie sich gerade?

3

Ich gehe am Sonntag mit Freunden ins Fußballstadion. Da spielt meine Lieblingsmannschaft gegen den FC Bayern. Hoffentlich werden wir gewinnen. *Sammy*

4

Wir feiern in zwei Monaten noch einmal ein ganz großes Fest – unsere Goldene Hochzeit. Wir werden sicher eine wunderbare Feier haben. *Webers*

b Lesen Sie noch einmal und ergänzen Sie die Tabelle.

1	Tanja	ist	nächstes Jahr	mit der Schule fertig.	/
	Dann	wird	sie	ins Ausland	gehen.
2	Kamil			ein Geschäft	haben.
	Er		dann	sein eigener Chef	
3	Sammy			ins Fußballstadion.	
	Hoffentlich		sie	-	
4	Webers			Goldene Hochzeit.	
	Sie			eine wunderbare Feier	

A2

2 Ordnen Sie zu.

○ Versprechen ○ Vorhersage / Vermutung A Aufforderung ○ Vorsatz/Plan

A

„Ihr werdet jetzt sofort die Musik leiser machen, sonst gibt es Ärger."

B

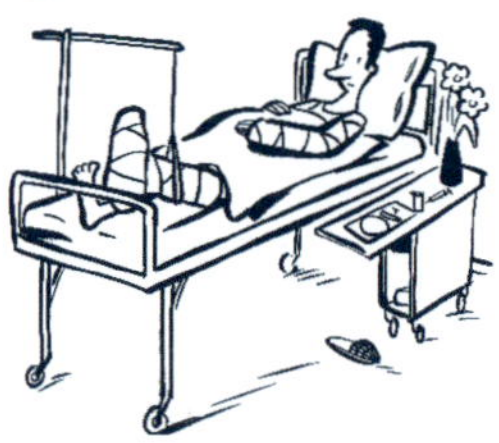

„Ich werde nie mehr ohne Licht Fahrrad fahren."

C

„Ich werde dich immer lieben."

D

„Es wird bestimmt bald ein Gewitter geben."

A2 **3 Pläne für das Leben in Deutschland**

Ordnen Sie zu und ergänzen Sie *werden* in der richtigen Form.

finden | lernen | ~~schaffen~~ | besuchen | suchen | erreichen | bewerben

Mein Bruder Boris und ich sind vor Kurzem aus Russland weggegangen, um hier ein neues Leben zu beginnen. Das ist alles ganz schön aufregend. Aber unser Opa hat immer gesagt: Wenn du nichts riskierst, _____ du nichts _____ (a). Boris _____ hier vermutlich relativ leicht eine Stelle in der IT-Branche _____ (b). Er ist Programmierer und Spezialist auf seinem Gebiet. Ich bin Koch und _____ mich um einen Job in der Gastronomie _____ (c). Wenn wir dann genug Geld haben, _____ wir eine größere Wohnung _____ (d). Zurzeit teilen wir uns noch ein Zimmer. Aber bevor wir das alles machen können, _____ wir erst einmal einen Sprachkurs _____ (e) und richtig gut Deutsch _____ (f). Na ja, sicher ist momentan nichts. Aber ich habe Vertrauen. Wir *werden* es bestimmt *schaffen* (g).

◇ A2 **4 Ach bitte, Mama! Was verspricht der Junge seiner Mutter? Schreiben Sie.**

– eine Woche lang die Geschirrspülmaschine ausräumen
– früher aufstehen und die Schwester zum Kindergarten bringen
– jeden zweiten Tag Gitarre üben

Ach bitte, Mama, ich möchte so gern zu der Party gehen. Ich werde ganz sicher …

❖ A2 **5 Welche Vorhersagen machen die Leute? Schreiben Sie fünf Sätze.**

Wir werden auf den Mond fliegen. Die Autos …

A3 **6 Gute Vorsätze. Verbinden Sie.**

a Ab morgen
b Ich habe mir fest vorgenommen, — 3
c Ich bemühe mich,
d Wie findest du die Idee,
e Ich gebe Ende des Jahres
f Du musst meinetwegen

1 endgültig das Rauchen auf.
2 nicht regelmäßig Sport machen.
3 mich mehr um den Haushalt zu kümmern.
4 werde ich abends kein Brot mehr essen.
5 dass wir beide kein Fleisch mehr essen?
6 nicht später als 22 Uhr ins Bett zu gehen.

B Ich wollte schnell los, **da** ich viel zu spät bin.

B1 **7 Verbinden Sie.**

a Vor fünf Jahren kam ich nach Deutschland,
b Anfangs fühlte ich mich fremd,
c Dann machte ich einen Deutschkurs und es ging mir besser,
d Heute geht es mir richtig gut,

1 da ich endlich Deutsch sprechen konnte.
2 da ich in Berlin arbeiten wollte.
3 da ich viele Freunde habe.
4 da alles neu für mich war.

B1 **8 Was ist richtig? Ordnen Sie zu und kreuzen Sie an.**

ich im Büro noch so viel Arbeit habe | schon einige Gäste abgesagt haben | ~~sind wir hiergeblieben~~ | die Straßen sind immer so furchtbar voll | muss ich dir leider absagen

a ◆ Mensch Nina, du hier? Ich denke, du bist diese Woche im Urlaub?
○ Mein Vater ist krank geworden, ○ denn ☒ aus diesem Grund ○ weil/da *sind wir hiergeblieben*.

b Hallo Ayse, ich rufe an, weil ich heute Nachmittag noch einen wichtigen Termin reinbekommen habe. ○ Denn ○ Weil/Da ○ Daher/Darum/Deswegen
....

c ◆ Du, wir wollen heute Abend Fußball spielen gehen. Kommst du mit?
○ Heute geht's leider nicht, ○ denn ○ weil/da ○ daher/darum/deswegen
.... Ein anderes Mal gern.

d ◆ Fahrt ihr wieder mit dem Auto nach Rumänien?
○ Nein, diesmal nehmen wir den Zug, ○ weil/da ○ denn ○ aus diesem Grund
....

e ◆ Hi, Sabine. Du, kann ich vielleicht einen Freund zu deiner Party mitbringen?
○ Ja klar, gern. Das ist gar kein Problem, ○ weil/da ○ denn ○ daher/darum/deswegen
....

B2 2 23–26 Prüfung

9 Sie hören vier Gespräche. Zu jedem Gespräch gibt es zwei Aufgaben.
Entscheiden Sie bei jedem Gespräch, ob die Aussage dazu richtig oder falsch ist und welche Antwort (a, b oder c) am besten passt.

a Zwei Freundinnen gehen zusammen spazieren. ○ richtig ○ falsch

b Worum geht es?
- ○ Yue braucht ein Geschenk für ihre Vermieterin.
- ○ Yue kauft ihrer Vermieterin Erdbeeren.
- ○ Yue möchte ihrer Vermieterin rote Rosen schenken.

c Ein Hausbewohner und der Hausmeister unterhalten sich. ○ richtig ○ falsch

d Was soll der junge Mann tun?
- ○ Er soll Herrn Bloch helfen, den Kinderwagen in die Wohnung zu tragen.
- ○ Er soll das Fahrrad vor dem Haus abstellen.
- ○ Er soll das Fahrrad auf den Fahrradstellplatz im Hof stellen.

e Die Schulleiterin telefoniert mit Angelos Vater. ○ richtig ○ falsch

f Was ist das Problem?
- ○ Angelos Noten sind nicht in Ordnung.
- ○ Angelo verspätet sich häufig.
- ○ Angelo kann keine Ausbildung machen, weil er immer unpünktlich ist.

g Cara und Melek sind Nachbarinnen. ○ richtig ○ falsch

h Was möchte Melek?
- ○ Mit Cara nach Hamburg fahren.
- ○ Den Wohnungs- und Briefkastenschlüssel finden.
- ○ Dass Cara sich ein paar Tage um die Wohnung kümmert.

B2 10 Lösen Sie das Rätsel.

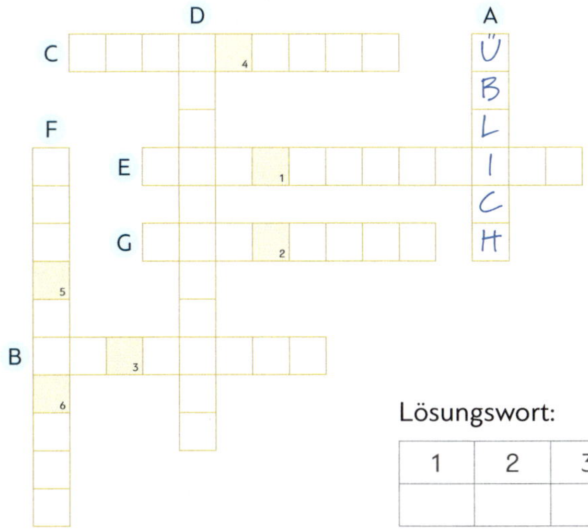

Lösungswort:

1	2	3	4	5		6
					K	

Seit einigen Jahren ist es ü… (a), dass überall in der Öffentlichkeit mit dem Handy telefoniert wird. Ich telefoniere ganz selten in der Bahn oder im Bus. Das ist bei mir eher die A… (b). Aber manchmal ist es wirklich hilfreich, z. B. wenn man sich v… (c). Ich mache das dann aber möglichst kurz und nicht st… (d). Neulich im ICE hat jemand die ganze Zeit über seine Beziehungsprobleme gesprochen. Das fand ich u… (e). Ich weiß nicht, stört mich das nur, weil ich einfach schon zu einer anderen G… (f) gehöre? Oder ist es eindeutig schlechtes B… (g)?

B2 11 Wie spricht man eigentlich *ch*?

2 🔊 27–31 Phonetik

a Der *ich*-Laut. Hören Sie und markieren Sie. (10 x *ch*)

Auch wenn es heute nicht mehr so üblich ist, finde ich es wirklich wichtig, dass Jugendliche richtige Bücher lesen und nicht nur nächtelang vor dem Computer sitzen.

b Der *ach*-Laut. Hören Sie und markieren Sie. (9 x *ch*)

Machst du das auch? Wenn ich nachts unter der Woche wach bin und nicht schlafen kann, dann koche ich mir einen Tee und lese ein gutes Buch, am besten etwas zum Lachen oder zum Nachdenken.

c Der *k*-Laut. Hören Sie und markieren Sie. (4 x *ch*)

Meine Kinder Christof und Christine sind zwar beide kleine Chaoten und furchtbar unordentlich, aber sie haben einen guten Charakter.

d Der *sch*-Laut. Hören Sie und markieren Sie. (5 x *ch*)

Ich arbeite in der IT-Branche. Mein Chef ist sehr sympathisch. Auch wenn wir mal Fehler machen: Er gibt uns immer wieder eine Chance. Und zum Geburtstag bekommt jeder Mitarbeiter eine Flasche Champagner. Charmant, oder?

e Hören Sie. Lesen Sie dann die Sätze so oft laut, bis Sie alle *ch* fehlerfrei aussprechen können.

Meine Tochter Christa ist achtzehn Jahre alt und ein bisschen chaotisch. Sie weiß noch gar nicht, was sie nach der Schule beruflich machen möchte. Manchmal möchte sie Köchin werden, weil sie so gern kocht. An anderen Tagen Psychologin oder vielleicht doch Mechatronikerin? Seit einer Woche macht sie deshalb ein vierwöchiges Praktikum in einer Autowerkstatt. Das ist eine gute Chance, den Beruf besser kennenzulernen.

C Ach, seien Sie doch bitte so nett!

C2 **12 Im Straßenverkehr. Bilden Sie Wörter und ordnen Sie zu.**

Buß Aus Land ~~Ort~~ vor nah stra geld kom ße me ~~schaft~~ men

a Entschuldigen Sie bitte. Ich wollte das nicht. Es wird sicher nicht wieder ______________.
b Mit dem Mobiltelefon am Steuer erwischt? Entschuldigungen helfen nicht. Da macht die Polizei keine ______________.
c Wussten Sie schon? Innerhalb einer geschlossenen Ortschaft darf man nicht schneller als 50 km/h fahren.
d Außerhalb eines Ortes, also auf einer ______________, darf man bis zu 100 km/h fahren.
e Übrigens: Auch Fußgänger müssen sich an die Regeln halten. Wer bei Rot über die Straße geht, muss mit einem ______________ von 5 € rechnen.

C2 **13 Der Ton macht die Musik.**

a Ordnen Sie zu.

1

ja vollkommen recht nicht in Ordnung tut mir leid geht doch nicht bestimmt nie wieder vorkommen ~~Das ist mir wirklich unangenehm~~

◆ Ach, guten Abend, Herr Both.
○ Guten Abend. Können Sie bitte die Musik ausmachen? Das ist ja ein furchtbarer Lärm.
◆ Oh, ______________ (a), dass wir Sie gestört haben. Das ist mir wirklich unangenehm (b), aber ich feiere heute mit Freunden meinen 30. Geburtstag.
○ Alles Gute! Aber müssen Sie denn in dieser Lautstärke feiern, dass wir gleich aus dem Bett fallen? Das ist wirklich ______________ (c).
◆ Ach, wissen Sie, man wird ja nur einmal im Leben 30. Und das muss doch richtig gefeiert werden, finden Sie nicht?
○ Na ja, aber doch nicht so laut. Das ______________ (d). Man muss doch auch ein bisschen Rücksicht nehmen.
◆ Sie haben ______________ (e). Die Musik ist wirklich sehr laut. Aber sonst macht das Tanzen nicht so viel Spaß und es ist doch auch nur heute. Es wird ______________ (f).
○ Also gut, aber machen Sie die Musik bitte wenigstens ein bisschen leiser.
◆ In Ordnung. Und wenn es immer noch zu laut ist, dann sagen Sie Bescheid. Oder Sie kommen einfach und feiern mit.

2

überhaupt nicht infrage | doch nur schnell | war doch keine Absicht | mal ein Auge zudrücken | doch bitte so nett

- ◆ Oh halt, Moment! Ich fahre ja schon weg!
- ○ Ach, ist das Ihr Auto? Sie wissen schon, dass Ihre Parkzeit bereits zehn Minuten abgelaufen ist? Das kostet Sie ein Verwarnungsgeld von zehn Euro. Hier, bitte schön.
- ◆ Ach nein. Zehn Euro wegen der paar Minuten? Jetzt bin ich doch hier und fahre gleich weg. Dass ich zu spät gekommen bin, ______________________ (a).
- ○ Tut mir leid, so einfach ist das nicht, dann müssen Sie eben mehr Geld in die Parkuhr einwerfen.
- ◆ Ach, hören Sie, ich wollte ______________________ (b) in den Laden gehen und ein Brot kaufen, aber dann standen so viele Leute vor mir an der Kasse. Können Sie nicht ______________________ (c)? Seien Sie ______________________ (d).
- ○ Das kommt ______________________ (e). Und wenn Sie jetzt nicht sofort hier wegfahren, dann erhöht sich das Verwarnungsgeld auf 15 Euro.
- ◆ Okay, okay, ich fahre ja schon weg.

2 ◀)) 32–33 **b** Hören Sie und vergleichen Sie.

C2 14 Entschuldigung, aber ich habe es sehr eilig.

a Wer sagt was? Ergänzen Sie: Mann (M), Frau (F).

- (F) Entschuldigen Sie. Ich war zuerst hier. Stellen Sie sich bitte hinten an.
- ◯ Okay, okay, dann stelle ich mich eben hinten an und komme zu spät zum Meeting.
- ◯ Ach, seien Sie doch bitte so nett. Ich wollte nur schnell bezahlen.
- ◯ Das ist nicht in Ordnung. Ich habe es auch eilig.
- ◯ Ich sagte es Ihnen schon. Das kommt überhaupt nicht infrage.
- ◯ Entschuldigung, aber ich habe es sehr eilig.
- ◯ Ach, warten Sie, dann drücke ich mal ein Auge zu. Gehen Sie schon vor.
- ◯ Oh, danke. Das ist wirklich nett.

b Ordnen Sie die Sätze in a und schreiben Sie das Gespräch.

Frau: Entschuldigen Sie. Ich war zuerst hier. Stellen Sie sich bitte hinten an.
Mann: Entschuldigung, aber ich habe es sehr eilig. ...

2 ◀)) 34 **c** Hören Sie und vergleichen Sie.

C2 15 Ein Bußgeldbescheid. Was ist richtig? Lesen Sie und kreuzen Sie an.

Sofie Beck
Nymphenburger Str. 9
80335 München

Bußgeldbescheid – Aktenzeichen 601453627 München, 10.08.20..

Sehr geehrte Frau Beck,

Ihnen wird zur Last gelegt, am 24.7.20.. um 15.23 Uhr in der Landsbergerstr. 134 als Führer/in des Pkw, Fabrikat VW, Kennzeichen M-PS 9211 (D), folgende Verkehrsordnungswidrigkeit(en) begangen zu haben: Sie benutzten als Führer/in des Kraftfahrzeugs verbotswidrig ein Mobiltelefon.

Beweismittel: Foto

Wegen dieser Ordnungswidrigkeit(en) wird gegen Sie, gemäß §17 des Gesetzes über Ordnungswidrigkeiten (OWiG), eine Geldbuße festgesetzt in Höhe von: 100,00 EUR.
Außerdem haben Sie die Kosten des Verfahrens gemäß §§ 105 und 107 OWiG, 464 (1) und 465 Strafprozessordnung (StPO) zu tragen, und zwar:

a) Gebühr:	20,00 EUR
b) Auslagen:	2,51 EUR
Gesamtbetrag:	122,51 EUR

Zahl der Punkte im Verkehrszentralregister: 01

Sie können innerhalb von zwei Wochen schriftlich Einspruch gegen diesen Bescheid einlegen.
Kollmer, Polizeihauptkommissar

Frau Beck soll eine Strafe bezahlen,
a ○ weil sie zu schnell gefahren ist.
b ○ weil sie beim Autofahren ihr Handy benutzt hat.
c ○ weil sie über eine rote Ampel gefahren ist.

C2 16 Frau Beck ist mit dem Bußgeldbescheid nicht einverstanden.

Schreibtraining

a Lesen Sie und ordnen Sie den Brief.

- ○ Das ist aber gar nicht möglich.
- ○ Mir wird zur Last gelegt, dass ich beim Autofahren mit dem Mobiltelefon telefoniert habe.
- ○ Ich hatte nämlich an diesem Tag mein Handy zu Hause vergessen und konnte daher gar nicht im Auto telefonieren.
- ○ hiermit lege ich fristgerecht Einspruch gegen den Bußgeldbescheid (Aktenzeichen 601453627) vom 10.08.20.. ein.
- ① Sehr geehrte Damen und Herren,
- ○ Mit freundlichen Grüßen

b Sie erhalten einen Bußgeldbescheid über 15 €, weil Sie angeblich mit dem Auto im Halteverbot geparkt haben. Sie sind aber der Meinung, dass Sie korrekt geparkt haben. Legen Sie Einspruch ein.

Schreiben Sie etwas zu folgenden Punkten:
– Warum schreiben Sie?
– Warum haben Sie einen Bußgeldbescheid bekommen?
– Warum werden Sie das Bußgeld nicht bezahlen?

Einspruch gegen den Bußgeldbescheid (Aktenzeichen ...)

Sehr geehrte Damen und Herren, ...

D In der Fremde

D2 **17 Interkulturelle Unterschiede**

a Welches Bild passt zu welchem Text? Überfliegen Sie die Texte und ordnen Sie zu.

Bild	A 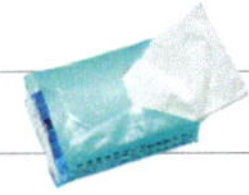	B 	C 
Text			

1
Amadou K., Senegal

In meinem Herkunftsland Senegal ist die linke die unreine Hand. Es ist z. B. tabu, jemandem etwas mit links zu geben. Auf keinen Fall darf man mit der linken Hand essen. Aber in Deutschland hält man die Gabel oft mit links, während man mit der rechten Hand schneidet. Am Anfang hat mich das sehr gestört. Ich bin auch immer noch etwas unsicher, wenn ich mit Messer und Gabel esse, denn bei uns im Dorf essen wir ja nur mit den Fingern. Einmal hat mir meine Schwägerin erklärt, wie man das Besteck auf den Teller legen muss, damit der Gastgeber weiß, ob man mehr möchte oder genug gegessen hat. Das fand ich super, sonst kann es leicht zu Missverständnissen kommen. Woher soll man solche kulturellen Regeln sonst kennen?

2
Naheed A., Afghanistan

Ich bin bereits vor knapp 15 Jahren aus Afghanistan nach Österreich geflohen. Die Flucht war sehr gefährlich und ich war überglücklich, als ich es geschafft hatte. Obwohl ich zuerst bei einem Onkel wohnen konnte, habe ich mich natürlich erst einmal sehr fremd gefühlt und hatte großes Heimweh. Alles war anders und ungewohnt. Eine Sache, die mich am Anfang wirklich gestört hat, war, dass sich die Menschen hier überall und sehr laut die Nase putzen. Sogar während des Essens. Das wäre in Afghanistan undenkbar. Dort geht man irgendwohin, wo man allein ist und niemanden stört.

3
Rita P., Rumänien

In Rumänien besuchen sich die Menschen auf dem Land oft und vor allem ohne Anmeldung. Die Türen sind immer offen und auf dem Herd steht immer ein großer Kochtopf mit Essen bereit. Es ist absolut unkompliziert. In Deutschland verabredet man sich: Man schaut in den Kalender und dann werden Tag und Uhrzeit ausgemacht. Einfach bei jemandem zu klingeln, kommt eher nicht vor. Ich muss allerdings sagen, dass das in meiner Heimat in der Stadt so ähnlich ist. Da arbeiten die Leute einfach mehr.

b Welche Unterschiede gibt es? Lesen Sie noch einmal und ergänzen Sie die Tabelle.
Ergänzen Sie dann Informationen zu Ihrem Land und ein eigenes Beispiel.

		Deutschland/Österreich	anderes Land	mein Land
1	Essen	mit Termin	ohne Anmeldung	
2	Nase putzen			
3	Verabredung			
4	...			

E Andere Länder, andere Sitten

E2 **18 Wo steht das in dem Text „Andere Sitten" im Kursbuch, S. 136? Lesen Sie und ergänzen Sie.**

a Kein Araber würde etwas Selbstgekochtes oder -gebackenes mitbringen, wenn er eingeladen ist. Zeile(n) 2–3

b In Damaskus isst man den ganzen Tag nichts, wenn man am Abend eingeladen ist. Zeile(n) ______

c Ein Gast muss zeigen, dass ihm das Essen schmeckt, d. h. er muss sehr viel davon essen. Zeile(n) ______

d Man kann nicht sagen, wie lange etwas kochen muss. Man kocht einfach so wie vor 500 Jahren. Zeile(n) ______

e Deutsche sind sehr genau mit dem, was sie sagen. Zeile(n) ______

f Wenn Deutsche mal jemanden zu einer Einladung mitbringen, der nicht eingeladen war, loben sie den Gast vorher und erzählen, wie nett und sympathisch er ist. Zeile(n) ______

g Araber verraten nie vorher, mit wie vielen Personen sie zu einer Einladung kommen. Zeile(n) ______

h Ich lebe seit über 22 Jahren in Deutschland und ich weiß, dass auch ich mich verändert habe. Zeile(n) ______

E3 **19 Erfahrungen im Ausland**

Prüfung Lesen Sie den Text und schließen Sie die Lücken 1–10. Welche Lösung (a, b oder c) ist jeweils richtig?

Liebe Catarina, lieber Victor,

vielen Dank für Eure E-Mail. Ich habe mich sehr __0__ gefreut. Ich bin jetzt schon __1__ sechs Wochen in Lima in Peru. Der Aufenthalt hier ist sehr interessant, aber auch ganz schön __2__, weil ich ja die Sprache noch nicht so gut spreche. __3__ ich mit dem Bus unterwegs bin, habe ich immer Angst, __4__ ich an der falschen Haltestelle aussteige. Es gibt ja __5__ ganz wenig richtige Haltestellen wie bei uns. Man muss dem Fahrer genau sagen, wohin man will, damit er hält. Deshalb muss ich mir immer etwas Besonderes in der Umgebung merken, wie z. B. ein besonderes Haus oder ein Plakat, __6__ ich die richtige Straßenecke nicht verpasse. Die Menschen sind hier aber wahnsinnig hilfsbereit. Überall __7__ ich oft einfach so angesprochen. Die Leute möchten dann alles über mich wissen, woher ich komme, wie lange ich in Peru bleibe und wie es mir __8__. Und das alles, __9__ sie mich gar nicht kennen. Aber das ist hier ganz normal.

So, Ihr Lieben, ich muss weitermachen. Beim nächsten Mal erzähle ich __10__ mehr!

Liebe Grüße
Frederick

0 a ○ dafür b ☒ darüber c ○ davon
1 a ○ seit b ○ für c ○ vor
2 a ○ angestrengt b ○ anstrengender c ○ anstrengend
3 a ○ Wann b ○ Wenn c ○ Als
4 a ○ dass b ○ ob c ○ damit
5 a ○ nur b ○ erst c ○ sogar
6 a ○ darum b ○ damit c ○ um
7 a ○ werde b ○ bin c ○ habe
8 a ○ gefällt b ○ gefalle c ○ gefallt
9 a ○ da b ○ trotzdem c ○ obwohl
10 a ○ Euch b ○ Ihnen c ○ Dir

E3 **20 Sie haben von einer Freundin folgenden Brief erhalten.**

Schreibtraining

a Lesen Sie und ordnen Sie die Absätze den Themen zu.

◯ Essen | 1 die ersten Wochen | ◯ ein Erlebnis | ◯ Ziele

Pusan, 20.11.20..,

Liebe/r ...,

danke für Deinen netten Brief. Ich habe mich sehr darüber gefreut.

1 Ich fühle mich jetzt schon etwas heimischer in Süd-Korea. Trotzdem bin ich manchmal traurig. Ich vermisse Deutschland, meine Familie und meine Freunde.

2 Was für mich auch schwierig ist, ist das Essen. Hier werden so viele Dinge gegessen, die ich von zu Hause nicht kenne. Das ist für mich nicht leicht, denn ich möchte mich ja höflich verhalten und niemanden beleidigen. Meistens esse ich trotzdem nur Reis, wenn ich mit Kollegen unterwegs bin. Ich vermisse den Geschmack von deutschem Essen und vor allem vermisse ich das deutsche Brot.

3 Aber ich habe mir für die kommenden Wochen vorgenommen, auch mehr einheimische Spezialitäten auszuprobieren.

4 Neulich ist mir übrigens etwas Lustiges passiert. Ich war bei einem Friseur und da sind plötzlich alle Friseurinnen gekommen und wollten meine Haare berühren. Ich glaube, sie hatten vorher noch nie die Haare von einer Europäerin angefasst und waren einfach neugierig.

Wie geht es denn Dir in Deutschland? Schreib mir mal wieder, wenn Du Zeit hast. Ich freue mich immer, von Dir zu hören.

Herzliche Grüße
Martina

b Antworten Sie auf den Brief und schreiben Sie etwas zu den Themen in a. Überlegen Sie sich eine passende Einleitung und einen passenden Schluss. Vergessen Sie nicht Datum und Anrede.

LERNTIPP Variieren Sie die Satzanfänge und verbinden Sie Sätze mit *Anschließend … / Deshalb … / Normalerweise … / Leider … / Als ich … / Da es … / Obwohl … / …*

E4 **21 Ihre Freundin / Ihr Freund kommt zum ersten Mal nach Deutschland.**
Welche Tipps geben Sie ihr/ihm? Schreiben Sie.

Sie/Er muss wissen, dass … | Ich würde ihr/ihm erklären, dass … | Bei uns in /In … | Es ist üblich/notwendig, … | Ich denke, sie/er darf es nicht falsch verstehen/missverstehen, wenn …

viel regnen | immer pünktlich kommen | im Straßenverkehr bei Rot anhalten | Müll trennen | nicht auf dem Radweg laufen | in Restaurants und öffentlichen Gebäuden nicht rauchen | viele Geschäfte nur bis 20 Uhr geöffnet | nach dem Ausweis gefragt werden

Ich würde ihm erklären, dass er im Straßenverkehr bei Rot anhalten muss.

Test Lektion 11

1 Markieren Sie noch fünf Wörter und ordnen Sie zu.

1 ...... / 5 Punkte

WÖRTER

ADFJLXAUSNAHMEDFBELEIDIGENGSLSLGBUSSGELDDG
FLUCHTDLSKFMISSVERSTÄNDNISDLKGJSVERHALTENLK

a Wenn man im Straßenverkehr etwas falsch macht, dann muss man in der Regel ein Bußgeld bezahlen.
b Wenn sich zwei Personen aus unterschiedlichen Herkunftsländern nicht richtig verstanden haben, spricht man von einem interkulturellen ....
c Viele Menschen kommen aus Krisengebieten zu uns. Sie haben oft eine anstrengende .... hinter sich.
d Ich bin froh, wenn mir jemand sagt, wie ich mich richtig .... muss.
Ich will ja niemanden ....
e Auch wenn man sich bei einem Polizisten entschuldigt, wird er keine .... machen.

...... 0–2 / 3–4 / 5

2 Schreiben Sie die Sätze neu wie im Beispiel.

2 ...... / 3 Punkte

GRAMMATIK

a Ich sage dir jetzt deine Zukunft vorher.
b Du findest bald in einer großen Firma eine bessere Stelle.
c Dein neuer Chef schickt dich in ein paar Monaten ins Ausland.
d Dann lernst du einen netten Kollegen kennen und heiratest ihn.

a Ich werde dir jetzt deine Zukunft vorhersagen.

3 Ergänzen Sie die Sätze mit *da*.

3 ...... / 3 Punkte

a Ich werde heute Abend keinen Alkohol trinken, da ich mit dem Auto unterwegs bin. (ich – mit dem Auto – unterwegs sein)
b Meine Frau und ich gehen zum Elternabend, ...
(wir – wollen – mit dem Klassenlehrer – sprechen – von unserer Tochter)
c Ich telefoniere nicht mit dem Handy im Bus, ...
(ich – wollen – nicht – stören – die anderen Fahrgäste)
d Ich habe einen Strafzettel über 25 Euro bekommen, ...
(ich – geparkt haben – mit dem Auto – im Halteverbot)

...... 0–3 / 4 / 5–6

4 Verbinden Sie.

4 ...... / 4 Punkte

KOMMUNIKATION

a	Es wird bestimmt	1	nicht mal ein Auge zudrücken?
b	Das war doch	2	unangenehm.
c	Sie haben	3	keine Absicht.
d	Das ist mir wirklich	4	ja vollkommen recht.
e	Können Sie	5	nie wieder vorkommen.

...... 0–2 / 3 / 4

1 Ein verpasster Schulausflug

Frau Jordan bringt ihren Sohn Thomas zur Schule.
Dort trifft sie die Lehrerin, Frau Steinbach.

2 ◀)) 35 **a** Warum sind beide Frauen anfangs etwas unfreundlich?
Hören Sie den Anfang des Gesprächs und ergänzen Sie die Sätze.

1 Frau Steinbach ist verärgert, weil ______________________

2 Frau Jordan ist verärgert, weil ______________________

b Vergleichen Sie mit Ihrer Partnerin / Ihrem Partner und im Kurs.

2 ◀)) 36 **2 Hören Sie nun das ganze Gespräch und kreuzen Sie an.**

a Um welches Missverständnis geht es?
○ falscher Zeitpunkt ○ falscher Treffpunkt ○ falsche Person

b Wer hat etwas missverstanden?
○ die Lehrerin ○ Thomas ○ die Mutter

c Was soll Frau Jordan ab jetzt bei Ausflügen tun?
○ andere Eltern fragen ○ im Hausaufgabenheft nachsehen ○ die Lehrerin anrufen

3 Über Missverständnisse sprechen. Welche Sätze haben die gleiche Bedeutung?
Verbinden Sie.

a Ich glaube, das haben wir beide anders gemeint.
b Das habe ich nicht gewusst.
c Jetzt verstehe ich.
d Das haben Sie wohl falsch verstanden.
e Ich bin froh, dass wir die Sache geklärt haben.

1 Es ist schön, dass wir jetzt wissen, wie es wirklich war.
2 Ach, so ist das.
3 Ich glaube, das war ein Missverständnis.
4 Das war mir nicht klar.
5 Ich glaube, das haben Sie missverstanden.

4 Arbeiten Sie zu zweit. Wählen Sie eine Situation und spielen Sie ein Gespräch.

A

B

C

Entschuldigen Sie, aber ich glaube, Sie haben meinen Wagen. ...

Ach so ist das. ...

A Ich bin Mitglied, **seit** ich 16 bin.

Wieder-holung

1 Ergänzen Sie die Sätze in der richtigen Form.

a Als ich noch im Kindergarten war, haben meine Eltern dort oft auf den Kinderfesten geholfen. (Ich war noch im Kindergarten.)

b Nachdem ……………………, wurden meine Noten in der Schule immer besser. (Meine Eltern hatten mich bei der Hausaufgabenhilfe angemeldet.)

c Ich habe keinen Sport gemacht, bevor ……………………. (Ich bin Mitglied beim Lauftreff geworden.)

d Wenn ……………………, helfe ich im Sommer ehrenamtlich bei einer Ferienbetreuung für Kinder mit. (Ich habe Zeit.)

e Typisch, du sitzt faul im Eiscafé, während ……………………. (Ich sammle Geld für die Organisation „Tierschutz jetzt".)

A1

2 Hassans Familienleben

a Verbinden Sie.

1 Hassan hat bei seinen Eltern gewohnt,
2 Hassan ist viermal in der Woche zum Fußballtraining gegangen,
3 Hassan hilft seiner Frau mehr im Haushalt,
4 Hassans Frau arbeitet nicht,
5 Hassan geht zu den Sonntagsspielen,

a bis Achmed in die Schule geht.
b seit Achmed da ist.
c bis sein Sohn Achmed geboren wurde.
d bis er geheiratet hat.
e seit Achmed im Fußballverein spielt.

Grammatik entdecken

b Ordnen Sie die Sätze aus a zu und ergänzen Sie die Tabellen.

Das dauert/e bis zu einem bestimmten Zeitpunkt: ——► ●

1 Hassan hat bei … gewohnt,	bis	er geheiratet	hat.

Das hat in der Vergangenheit begonnen und dauert immer noch an: ● ——►

A3

3 Schreiben Sie Sätze mit *seit/seitdem* – *bis* wie in den Beispielen.

a Vier Freunde

1 Wir sind zusammen zur Grundschule gegangen. Wir sind Freunde. (seit)
2 Wir gehen nicht mehr zur Schule. Wir treffen uns einmal in der Woche in einer Kneipe. (seitdem)
3 Die meisten von uns sind verheiratet. Die Ehefrauen kommen auch mit. (seit)
4 Die Frauen sind dabei. Wir haben noch mehr Spaß. (seitdem)

1 Seit wir zusammen zur Grundschule gegangen sind, sind wir Freunde.

b Ramira im Radklub

1 Ramira ist nach Deutschland gekommen. Sie konnte nicht Rad fahren. (bis)
2 Sie hat Rad fahren gelernt. Sie ist immer zu Fuß gegangen. (bis)
3 Sie hat vom Radklub gehört. Ramira ist immer allein gefahren. (bis)
4 Sie kann sich ein neues Rad kaufen. Sie spart Geld. (bis)

1 Bis Ramira nach Deutschland gekommen ist, konnte sie nicht Rad fahren.

◇ A3 **4 Streit in der Ehe? Ergänzen Sie: *bis – seit*.**

Es wird wirklich Zeit, dass wir umziehen. Wir wohnen jetzt hier, seit (a) wir geheiratet haben. Und ______ (b) wir hier wohnen, ist unser Haus ein einziges Chaos. Wie lange soll ich eigentlich noch warten, ______ (c) du endlich aufräumst? ______ (d) du die fünf Hunde und sieben Katzen hast, kann man auch im Garten nicht mehr sitzen, auf allen Gartenstühlen sitzen Tiere. Und ______ (e) unser Auto kaputt ist, steht es auch im Garten. Aber wie ich dich kenne, wirst du wohl nichts reparieren, ______ (f) wir hier ausziehen. Na, ich hoffe, dass du wenigstens das Dach in Ordnung bringst, ______ (g) der nächste Regen kommt. Hätte ich doch nur auf meine Mutter gehört!

❖ A3 **5 Gestern, heute, morgen**

a Welche Wörter haben etwas mit Zeit zu tun? Markieren Sie.

weil | bevor | während | als | wenn | nachdem | dass | damit | um … zu | seit/seitdem | falls | indem | da | bis

b Schreiben Sie zu jedem markierten Wort aus a einen Satz über sich selbst.

zum Deutschkurs gehen | meine Geschichte aufschreiben | eine Ausbildung machen | weiter Deutsch lernen | meine Kinder in der Schule sein | in meine Heimat fahren | mich an den Augenblick erinnern | …

Bevor ich zum Deutschkurs gegangen bin, habe ich auf der Straße kein Wort verstanden.
…

A4 **6 Finden Sie noch sechs Wörter und ordnen Sie zu.**

N	J	K	I	L	U	B	V	V	E	R	K
G	A	U	F	F	Ü	H	R	E	N	B	A
V	O	R	L	E	S	E	D	R	O	E	Ü
E	D	F	V	Y	W	A	M	M	L	T	H
Ä	P	E	N	S	I	O	N	I	E	R	T
U	N	T	E	R	S	T	Ü	T	Z	E	S
S	W	H	I	U	E	R	E	T	O	U	B
E	T	Z	Z	S	B	S	O	L	N	U	G
W	Ü	G	E	D	U	L	D	U	T	N	Ö
E	S	A	T	E	J	K	P	N	Z	G	M
I	R	T	T	H	U	S	E	G	Ä	G	U

a Meine Mutter ist seit zwei Jahren pensioniert. Seitdem hat sie viel Zeit für ihre Enkel.
b Wir suchen für Montagnachmittag eine ______ für unseren kleinen Sohn.
c Bei dem neuen Arzt musst du lange warten, da braucht man wirklich viel ______.
d Mit 50 Euro im Jahr ______ ich das Projekt „Sportplatz im Stadtteil".
e Für die ______ einer Arbeitsstelle gehst du am besten zum Arbeitsamt.
f Meine kleine Tochter mag es gern, wenn ich ihr eine Geschichte ______.
g Unsere Theatergruppe will nächstes Jahr ein Stück von Schiller ______.

A4 **7 Ein Anruf bei der Nachbarschaftshilfe**

a Ordnen Sie das Gespräch und ordnen Sie zu.

~~Ich weiß nicht, ob ich bei Ihnen richtig bin~~ | Erzählen Sie doch erst mal | ich habe da eine Idee | Können Sie mir da vielleicht weiterhelfen | ich habe da ein Problem | Ich bin ganz sicher, dass

- ○ ◯ Super, da werde ich mal hingehen. Vielen Dank, Frau Kokic.
- ◆ ◯ Ich jetzt leider gar nicht.
  Aber .... (1):
  Es gibt hier in der Stadt das Repair-Café. Da treffen sich einmal im Monat Menschen, die ein technisches Problem haben, und andere, die etwas davon verstehen.
  .... (2)
  Ihnen dort jemand helfen kann.
- ◆ ◯ Jeden ersten Mittwoch im Monat im Café „Crème" in der Königstraße 14 von 17–19 Uhr. Sie haben Glück, das ist gleich morgen.
- ○ ◯ Mein Name ist Al Ahmad, guten Tag. Ich weiß nicht, ob ich bei Ihnen richtig bin (3). Meine Nachbarin hat mir Ihre Telefonnummer gegeben.
- ○ ◯ Also, ... (4)
  mit meinem Laptop. Seitdem ich ein neues Netzteil habe, wird der Akku nicht mehr komplett geladen. Und nächste Woche ist eine wichtige Prüfung, für die ich lernen muss. Ich weiß nicht, was ich machen soll.
  .... (5)?
- ◆ ◯ Gern geschehen. Auf Wiederhören.
- ◆ ◯ .... (6),
  was Ihr Problem ist.
- ○ ◯ Ja, das klingt gut. Wann und wo findet das denn statt?
- ◆ (1) Nachbarschaftshilfe, Kokic. Was kann ich für Sie tun?

2 37 b Hören Sie und vergleichen sie.

A4 **8 Wenn man aufgeregt ist, spricht man schnell.**

Phonetik

2 38 a Hören Sie und markieren Sie die Betonung: ____.

Ich weiß nicht, was ich machen soll! Ich habe da ein Problem.
Seitdem ich mir das Bein gebrochen habe, kann ich nicht mehr einkaufen gehen.
Ich bin leider gerade in einer blöden Situation.

b Sprechen Sie die Sätze so schnell wie möglich.

9 Wenn man eine Person beruhigen will, spricht man langsam.

2 39 a Hören Sie und markieren Sie die Betonung: ____ und die Pausen mit |.

Was ist denn genau Ihr Problem?
Keine Sorge, ich werde Ihnen helfen.
Beruhigen Sie sich doch, Herr Müller.
Ich habe da eine Idee.

Bis wir eine Person gefunden haben, die Ihnen beim Einkaufen hilft, müssen Sie etwas Geduld haben.

b Sprechen Sie die Sätze langsam.

Wieder-holung **10 Was passt nicht? Kreuzen Sie an.**

a in einem Verein ○ sein ☒ gehen ○ mitarbeiten
b Mitglied ○ bekommen ○ werden ○ sein
c Geld an einen Verein ○ spenden ○ betragen ○ überweisen
d als Mitglied ○ sein ○ aufgenommen werden ○ mitarbeiten
e sich in einem Verein ○ anmelden ○ engagieren ○ Mitglied werden

B1 **11 Nachbarschaftshilfe**

a Verbinden Sie.

1 Ich habe mich an die Nachbarschaftshilfe gewendet.	a Sie fährt einmal in der Woche mit ihr zum Supermarkt.
2 Nun hilft Frau Sosic von der Nachbarschaftshilfe meiner Mutter beim Einkaufen.	b Sie kümmert sich um den Rasen und die Blumen.
3 Sie hilft auch meinem Vater bei der Gartenarbeit.	c Ich spende regelmäßig Geld.
4 Außerdem hat sie mich bei der Arbeitssuche unterstützt.	d Ich habe dort angerufen.
5 Jetzt unterstütze ich die Nachbarschaftshilfe finanziell.	e Sie hat mit mir Stellenangebote im Internet gesucht.

b Schreiben Sie die Sätze aus a mit *indem*.

1 Ich habe mich an die Nachbarschaftshilfe gewendet, indem ich dort angerufen habe.
2 ...

B1 **12 Ordnen Sie zu und ergänzen Sie in der richtigen Form.**

100 Euro sparen können | Ihnen alle Schritte langsam zeigen | ~~am Wochenende tanzen~~ | einfach Ihre Kontonummer angeben | uns gleich anrufen

Tanzen am Wochenende –

das Angebot für alle, die fit bleiben wollen

Bleiben Sie fit, indem Sie am Wochenende tanzen (a).
„Aber ich kann gar nicht tanzen!“, sagen Sie? Kein Problem! Unsere Tanzlehrer helfen Ihnen, indem ______________________ (b).
Ihren Mitgliedsbeitrag können Sie bezahlen, indem ______________________ (c).
Indem Sie gleich für das ganze Jahr bezahlen, ______________________ (d).
Na, wer kann denn da noch *Nein* sagen? Melden Sie sich an, indem ______________________ (e) unter: 130 130 133.

B1 13 Maryam ist neu in der Stadt. Ergänzen Sie: *indem – ohne dass*.

a Maryam hat ihre neue Wohnung gefunden, indem sie die Wohnungsanzeigen in der Zeitung gelesen hat.
b Maryams Umzug hat nur vier Stunden gedauert und perfekt geklappt, ………… auch nur ein einziges Glas kaputtgegangen ist.
c Maryam hat die neue Stadt kennengelernt, ………… sie in der ersten Woche eine Stadtführung mitgemacht hat.
d ………… Maryam regelmäßig zum Yoga geht und in den Musikverein eingetreten ist, hat sie schon viele nette Leute kennengelernt.
e Es vergeht fast kein Tag, ………… sie sich mit anderen Leuten trifft.

B1 14 *ohne dass – ohne … zu*

Grammatik entdecken

a Lesen Sie die Sätze und markieren Sie wie im Beispiel. Kreuzen Sie dann an.

	dieselbe Person	*verschiedene Personen*
1 Frau Bitter arbeitet für die Nachbarschaftshilfe, ohne dass sie Geld dafür bekommt.	☒	○
2 Fatma geht für ihre Nachbarin einkaufen, ohne dass die alte Frau sie lange bitten muss.	○	○
3 Mehmet möchte Menschen aus seiner Nachbarschaft kennenlernen, ohne dass er gleich in einen Verein eintritt.	○	○
4 Die Kinder aus der Nachbarschaft bekommen im Kinder- und Jugendtreff eine warme Mahlzeit, ohne dass ihre Familien jeden Tag kochen müssen.	○	○
5 Man kann sich bei der Nachbarschaftshilfe engagieren, ohne dass man Mitglied wird.	○	○
6 Semra hilft zweimal in der Woche bei der Nachbarschaftshilfe, ohne Mitglied zu sein.	☒	○
7 David betreut die Kinder aus der Nachbarschaft bei den Hausaufgaben, ohne Geld dafür zu bekommen.	○	○

b Welche der Sätze 1–5 in a kann man auch mit *ohne … zu* schreiben? Schreiben Sie.

1 Frau Bitter arbeitet für die Nachbarschaftshilfe, ohne Geld dafür zu bekommen.

B1 15 Django möchte Mitglied im Lauftreff werden. Schreiben Sie Sätze mit *ohne dass* oder, wenn möglich, *ohne … zu*.

a ◆ Ich möchte einmal am Training teilnehmen. Ich möchte nicht gleich in den Verein eintreten.
b ◆ Ich gehe nicht regelmäßig laufen. Ich habe keinen festen Termin mit anderen Läufern.
c ○ Sie können zweimal am Training teilnehmen. Der Verein fordert keinen Mitgliedsbeitrag.
d ○ Wir wollen uns verbessern. Der Spaß kommt im Training nicht zu kurz.

a Ich möchte einmal am Training teilnehmen, ohne gleich in den Verein einzutreten.
…

B2 16 Neu im Verein

Prüfung

Sie sind zum ersten Mal im Sportverein und kennen dort niemanden. Stellen Sie sich den anderen Mitgliedern vor. Machen Sie Ihre Sätze interessanter, indem Sie die Informationen ausschmücken. Erzählen Sie auch etwas über Ihre Hobbys.

Name
Geburtsort
Wohnort
Arbeit/Beruf
Familie
Sprachen ...

Hallo, ich bin Gorgio Tratto. Ich komme aus Rapallo, das ist eine kleine Stadt in Italien. Sie liegt am Meer. Jetzt wohne ich in Heidelberg, seit ich hier einen Job gefunden habe. Mein Beruf ist ...

LERNTIPP Schreiben Sie einen Text über sich selbst. Schreiben Sie zu jedem Punkt ein oder zwei Sätze. Üben Sie dann mit einer Partnerin / einem Partner.

B3 17 Was ist richtig? Lesen Sie und kreuzen Sie an.

Mehrfeld bekommt ein neues Begegnungszentrum

Schon jahrzehntelang sind die Bürger des kleinen Städtchens Mehrfeld unzufrieden mit dieser Situation: Es gibt kein Haus, keinen Raum, in dem eine größere Veranstaltung stattfinden kann. Egal, ob Stadtfest, die jährliche Schachklub-Liga, ein Treffen aller Mitglieder des Tennisclubs oder das Sommerfest der Feuerwehr – für mehr als 50 Personen ist kein Platz. Dann muss ein Zelt aufgebaut werden und Toilettenwagen müssen gemietet werden. Das ist viel Arbeit und für die Vereine sehr teuer. Aber jetzt soll sich das ändern. Das Land Nordrhein-Westfalen hat ein Förderprogramm ins Leben gerufen, das der Stadt endlich den Bau eines Begegnungszentrums ermöglicht. 700.000 Euro gibt das Land, die fehlenden 200.000 Euro sind im Vergleich dazu fast eine kleine Summe. „Trotzdem ist das für unsere Stadt viel Geld. Mit viel Mühe schaffen wir es, 150.000 Euro zu finanzieren", sagt Bürgermeister Dr. Wolf Bitter. Doch schon haben einige Bürger den Verein *Ein Haus für Mehrfeld* gegründet. Er soll in den nächsten Monaten über Spenden und Veranstaltungen die restlichen 50.000 Euro sammeln. Auch die Jugend freut sich schon auf das neue Haus: „Dann können wir endlich einmal im Monat einen Disco-Abend machen und haben mal genug Platz zum Tanzen", meint Sabrina, mit 15 Jahren das jüngste Mitglied im Verein. Sie will mit anderen jungen Leuten am Wochenende Autos waschen. Zehn Euro wollen sie dafür nehmen, die sie dann dem Verein spenden.

Wenn alles klappt, wird in sechs bis sieben Monaten mit dem Bau begonnen. Die Mehrfelder freuen sich schon auf die neuen Möglichkeiten, die die Stadt zukünftig mit dem Zentrum haben wird.

a Die Bürger möchten schon lange ein Begegnungszentrum, weil ...
- ○ es keine Toiletten für die Vereine gibt.
- ○ nie größere Veranstaltungen im Ort stattfinden.
- ○ sie bei großen Festen immer ein Zelt aufbauen müssen.

b Die Stadt kann das Begegnungszentrum nur bauen, wenn ...
- ○ das Land Nordrhein-Westfalen auch die restlichen 200.000 Euro bezahlt.
- ○ die Bürger die Stadt zusätzlich mit 50.000 Euro unterstützen.
- ○ alle Bürger in den Verein *Ein Haus für Mehrfeld* eintreten.

c Auch die Jugendlichen helfen mit, indem ...
- ○ sie Autos waschen und das Geld spenden.
- ○ sie einmal im Monat einen Disco-Abend machen.
- ○ sie jeweils 10 Euro spenden.

C Persönliches Engagement

C2 18 Gespräche über Engagement. Ordnen Sie zu.

Kälte | Altenheim | verteilt | Einrichtung | ~~Babysitter~~ | Gesellschaft | hinweisen | Integration | Verfallsdatum

a ◆ Klaus, die Familie Reiter sucht fürs Wochenende einen Babysitter für ihre kleine Tochter. Hast du eine Idee, wer das machen könnte?
○ Ja, ich kann Marlies fragen, aber die .... gerade Lebensmittel bei der *Tafel*.

b ◆ Du, Abdul, ich wollte dich noch auf das Treffen der Umweltschutz-Bürgerinitiative *Saubere Stadt* am Montag ....
○ Montagabend? Da kann ich nicht. Da halte ich einen Vortrag über ökologisches Spielzeug in einer sozialen ....

c ◆ Sei doch nicht so egoistisch. Tu auch mal was für die ....
○ Tue ich doch. Ich rette dich vor dieser Schokolade, indem ich sie vor dem .... esse.
◆ Hach, du bist unmöglich.

d ◆ Wenn man in ein fremdes Land kommt, ist .... sehr wichtig.
○ Stimmt, und auch die, die in dem Land leben, sollten etwas gegen die soziale .... tun, indem sie sich ehrenamtlich engagieren.

e ◆ Wie geht es eigentlich deiner Oma? Ist sie noch immer im Krankenhaus?
○ Nein, sie ist seit einer Woche im .... Sie kann sich nicht mehr allein in ihrer Wohnung versorgen.

C3 19 Der missglückte Geburtstag. Schreiben Sie die Sätze neu mit *außer*.

Was für eine blöde Geburtstagfeier! Ich hatte alle meine Freunde am Sonntag zum Essen in ein Restaurant eingeladen. Aber es war gar nicht so schön!

a Alle Freunde sind gekommen, <u>nur meine beste Freundin Britta nicht</u>.
b Das Restaurant ist eigentlich immer geöffnet, <u>nur nicht am Sonntag</u>.
c Das andere Restaurant, das wir gefunden haben, hatte zwar geöffnet, aber es gab keine vegetarischen Gerichte. Also haben alle etwas gegessen, <u>nur ich nicht</u>!
d Das Essen hat keinem so richtig geschmeckt. <u>Nur Dörte</u> hat gleich zwei Portionen gegessen.
e Am Ende waren wir auch noch alle betrunken, <u>nur Fredi nicht</u>! Das fanden alle lustig, nur er nicht.
f Als ich bezahlen wollte, habe ich festgestellt, dass ich nicht genug Geld hatte. Niemand wollte mir etwas leihen, <u>nur mein Freund Fredi</u>. Der hat mir 50 Euro gegeben.
g Also, zu meinem nächsten Geburtstag lade ich keinen mehr ein, <u>nur vielleicht meinen lieben Fredi und meine Eltern</u>.

a Alle Freunde sind gekommen außer meiner besten Freundin Britta.

D Dieser Mensch war mir ein Vorbild.

D3 **20 Vorbilder aus Politik, Geschichte, Kultur, …**

a Lesen Sie die Kurzbiografie und ergänzen Sie den Steckbrief.

Amelia Earhart, Pilotin

Amelia Earhart wurde am 24. Juli 1897 in Atchison, Kansas, in den USA geboren. Schon als Kind war sie anders als andere kleine Mädchen, sie stieg auf Bäume und interessierte sich für Männerberufe. Mit 18 Jahren schloss sie die High School als eine der Besten ab. Von 1917 an arbeitete sie in verschiedenen sozialen Berufen, bevor sie zwei Jahre später mit dem Medizinstudium begann, mit dem sie aber nach einem Jahr wieder aufhörte. Mit 23 Jahren flog sie zum ersten Mal in einem Flugzeug mit – von da an ließ die Fliegerei sie nicht mehr los. Sie wollte selbst fliegen. Dafür arbeitete sie hart, lieh sich Geld und kaufte 1921 ihr erstes Flugzeug. Ein Jahr später stellte sie ihren ersten Weltrekord auf: Sie flog als erste Frau über 4200 Meter hoch. Mit 31 Jahren war sie dann die erste Frau, die mit dem Flugzeug über den Atlantik flog, aber nur als Passagierin, nicht als Pilotin. Trotzdem wurde sie damit sehr bekannt. Für viele Frauen war Earhart ein Vorbild, weil sie immer wieder sagte, dass Frauen und Männer gleich sind und auch Frauen etwas von Technik verstehen. Über sich und ihren Flug schrieb sie im selben Jahr auch ein Buch, das sehr erfolgreich wurde. Vier Jahre später flog sie als erste Frau allein über den Atlantik, nur fünf Jahre nach Charles Lindbergh. 1937 wollte Amelia Earhart dann als erster Mensch überhaupt mit dem Flugzeug die Welt entlang des Äquators umrunden. Am 2. Juli startete sie, um nach circa 20 Stunden auf einer kleinen Insel zu landen, auf der sie tanken wollte. Dort kam sie aber nie an. Trotz wochenlanger Suche fand man weder sie noch das Flugzeug. Im Januar 1939 wurde sie für tot erklärt. Sie hatte ihren letzten Flug nicht überlebt. 2010 wurde ihr Leben verfilmt und einem größeren Publikum bekannt.

1897	geboren am 24. Juli in Atchison,	1922	
	Kansas, in den USA	1928	
1915			
1917–1919		1932	
1919–1920		1937	
1920		1939	für tot erklärt
1921		2010	

b Schreiben Sie einen Steckbrief oder eine Kurzbiografie über eine große Persönlichkeit Ihres Landes, die für viele Menschen ein Vorbild ist. Recherchieren Sie auch im Internet. Präsentieren Sie Ihren Text im Kurs.

Satō Eisaku
– japanischer Politiker
– hat 1974 als erster Asiate den Friedensnobelpreis bekommen

Als ich etwa 16 oder 17 war, war mein Vorbild Satō Eisaku. Er hat sich sehr für den Frieden eingesetzt. Am meisten hat mich beeindruckt, dass er als erster Asiate den Friedensnobelpreis bekommen hat. …

Mahatma Gandhi
– geboren am 2. Oktober 1869 in Indien
– …

E Gewissensfrage

E3 **21 Ich habe da ein Problem ...**

2 40 **a** Was ist richtig? Hören Sie den Anfang einer Radiosendung und kreuzen Sie an.

1 ○ Auf der Internetseite können Hörer etwas zu dem Problem schreiben.
2 ○ Rafik wohnt in der Nähe von Dortmund.
3 ○ Rafik hat eine neue Freundin.
4 ○ Der Radiosprecher kennt Rafiks Problem noch nicht.

2 41 **b** Hören Sie das Gespräch nun ganz und korrigieren Sie.

1 Rafik ist seit ~~einem Jahr~~ mit seiner Freundin zusammen. eineinhalb Jahren
2 Vor einem Jahr hat sie sich von ihm 500 Euro geliehen. ....
3 Die Freundin hat sich mit dem Geld einen Wagen gekauft, um damit zu Rafik zu fahren. ....
4 Die Freundin sollte alle zwei Monate 100 Euro zurückzahlen. ....
5 Das hat die Freundin auch getan. ....
6 Aber Rafik hat nichts gesagt, weil er seine Freundin nicht mehr liebt. ....
7 Jetzt möchte sie für ein neues Auto wieder Geld von Rafik leihen. ....

c Welcher Forumseintrag passt zu welcher Aussage? Lesen Sie und ordnen Sie zu.

1 (A) Rafik soll mit seiner Freundin über das Problem sprechen, statt ihr sofort das Geld zu geben.
2 ○ Es könnte sein, dass Rafiks Freundin in Schwierigkeiten ist. Darum sollte er ihr helfen.
3 ○ In einer Beziehung ist Ehrlichkeit sehr wichtig.
4 ○ Liebe und Freundschaft sind wichtiger als Geld.

A
Hi Rafik,
das Problem kenne ich gut. Ich wäre an Deiner Stelle auch echt unsicher. Aber sollte man in der Liebe nicht ehrlich und fair sein? An Deiner Stelle würde ich mit Deiner Freundin sprechen und sie daran erinnern, dass Du ihr schon mal Geld geliehen hast. Das wäre für mich vernünftig. Frag sie, warum sie es nicht zurückgezahlt hat. Ich würde sehen, wie sie reagiert und auf alle Fälle erst mal mein Geld zurückhaben wollen. Sonst hast Du das immer im Kopf und ärgerst Dich jahrelang über die Lüge. Glaub mir, Kumpel.
Gerald

B
Hallo Rafik,
ich kann Dich gut verstehen. Das ist wirklich eine schwierige Gewissensfrage, die Du da hast. Ich finde, Geldfragen sind immer eine große Schwierigkeit für Freundschaften – und für die Liebe besonders. Grundsätzlich würde ich Gerald ja zustimmen, aber Du solltest auch die Probleme Deiner Freundin sehen. Ich glaube schon, dass sie Dir das Geld zurückzahlen will, aber manchmal ist das Leben sehr schwierig und man kann nicht so, wie man gern will. Vielleicht ist sie wirklich in einer blöden Situation. Ich würde erst mal tolerant sein und an ihre Liebe glauben.
Viele Grüße, Ella

Schreibtraining **d** Was ist Ihre Meinung zu Rafiks Problem? Schreiben Sie einen Forumseintrag.

Ich finde (nicht), dass ...
Das Problem kenne ich gut.
Ich kann Dich gut verstehen.
An Deiner Stelle würde ich ...
Das ist wirklich ...
Vielleicht ist ...
Grundsätzlich würde ich Dir ja zustimmen, aber ...
Ich bin mir nicht sicher, aber ...
Ich glaube schon, dass ..., aber ...

Test Lektion 12

12

1 Bilden Sie Wörter und ordnen Sie zu.

1 ...... /4 Punkte — WÖRTER

~~pen~~ zu vor ti Ba ~~sio~~ ger sen ini sit ~~niert~~
ve gen by Au le tia blick Bür ter

a Heute hat mein Vater seinen letzten Arbeitstag. Dann ist er endlich pensioniert.
b Einmal in der Woche geht meine Mutter in den Kindergarten, um den Kindern Geschichten ______________.
c Ich brauche morgen einen ______________ für meinen kleinen Sohn.
d Entschuldige, hast du mal einen ______________ Zeit?
e Ich finde es sehr gut, wenn wir uns in einer ______________ organisieren und unsere Meinung gegenüber der Stadt vertreten.

...... ● 0–2 ● 3 ● 4

2 Was passt? Ergänzen Sie die Sätze mit *bis* – *seit*.

2 ...... /4 Punkte — GRAMMATIK

a Martina ist so lange zum Computerkurs gegangen, bis sie ihren Computer wirklich bedienen konnte. (Sie konnte ihren Computer wirklich bedienen.)
b Frau Tanners Kinder gehen in die Mittagsbetreuung, ______________. (Sie arbeitet wieder.)
c ______________ (Seine Eltern kommen wieder aus dem Urlaub zurück.), braucht Herr Ende einen Babysitter für seine kleine Tochter.
d Muna ist im Sportverein, ______________. (Sie ist 13.)
e Carlos hat sich für den Tierschutz engagiert, ______________. (Er hatte keine Zeit mehr dafür.)

3 Eine Nachricht auf der Mailbox. Ergänzen Sie: *ohne dass* – *indem*.

3 ...... /3 Punkte

Hallo Noor, ich bin's, Yasin. Gerade habe ich eine Mail von Walid bekommen. Morgen fällt das Training aus. Wir sollen uns auf den Wettbewerb vorbereiten, indem (a) jeder von uns morgen allein joggt. Du sollst 10 km laufen, ______________ (b) du eine Pause machst und deine Zeit aufschreiben. Beim letzten Rennen waren alle außer Daria unter einer Stunde. Ich glaube, sie wird das nie schaffen, ______________ (c) sie regelmäßig trainiert. Ich mache mich zusätzlich fit, ______________ (d) ich jeden Tag ins Fitness-Studio gehe. Was meinst du, sollen wir zusammen laufen? Ruf doch bitte zurück.

...... ● 0–3 ● 4–5 ● 6–7

4 Was ist richtig? Kreuzen Sie an.

4 ...... /4 Punkte — KOMMUNIKATION

◆ Äh, ich weiß nicht, ☒ ob ○ dass (a) ich bei Ihnen richtig bin. Ich ○ habe ○ löse (b) da ein Problem.
○ Jetzt erzählen Sie ○ schnell mal, ○ erst mal, (c) was genau Ihr Problem ist.
◆ Also, ich habe mir ein Bein gebrochen und kann nicht einkaufen gehen. Können Sie mir da ○ natürlich ○ vielleicht (d) weiterhelfen?
○ Aber ja. Ich habe da ○ eine Idee. ○ keine Sorge. (e) Der Supermarkt *Kaufmann* bietet einen Einkaufsservice an. Rufen Sie dort doch mal an.

...... ● 0–2 ● 3 ● 4

Fokus Beruf: Sich auf einer Infoveranstaltung informieren

1 Diego Araya war medizinischer Bademeister in Chile.
Jetzt lebt er in Deutschland und interessiert sich für einen neuen Beruf.

a Zu welcher Infoveranstaltung des Berufsinformationszentrums (BIZ) geht er? Kreuzen Sie an.

1 ○

Startseite > Veranstaltungen

Berufe in der Therapie

Veranstaltungsart:	Info-Veranstaltung
Thema:	Ausbildung
Zielgruppe:	Schulabgänger, Berufseinsteiger, Ausbildungsplatzsuchende

2 ○

Startseite > Veranstaltungen

Infotag „Wiedereinstieg in den Beruf“

Veranstaltungsart:	Info-Veranstaltung
Thema:	Existenzgründung
Zielgruppe:	Akademiker, die sich selbstständig machen wollen

2 🔊 42 **b** Was macht ein Physiotherapeut? Hören Sie den Infovortrag und kreuzen Sie an.

○ Er hilft nur Kindern und jugendlichen Patienten.
○ Er hilft Menschen, die sich nicht mehr gut bewegen können.
○ Er arbeitet normalerweise im Krankenhaus.
○ Er wird an Universitäten ausgebildet.
○ Er macht eine Ausbildung von zwei Jahren.

2 Diego möchte mehr Informationen zum Beruf des Physiotherapeuten.
Er spricht nach der Infoveranstaltung mit einer Beraterin der Arbeitsagentur. Er hat viele Fragen.

a Welche Rubriken aus der Liste passen zu Diegos Fragen? Lesen Sie und ordnen Sie zu.

1 ○ Was macht ein Physiotherapeut? *Aufgaben/Tätigkeiten*
2 ○ Wie lange dauert die Ausbildung? ....
3 ○ Was lerne ich da genau? ....
4 ○ Kann ich mich auch spezialisieren? ....
5 ○ Ist die Ausbildung denn sehr teuer? ....
6 ○ Wie viel verdient man denn als Physiotherapeut? ....
7 ○ Was brauche ich, um die Ausbildung beginnen zu können? ....
8 ○ Wo finde ich die Ausbildungsadressen? ....

Berufsinformationen

Tätigkeit
~~Aufgaben/Tätigkeiten~~
Arbeitsumgebung
Verdienst/Einkommen
Spezialisierung
Weiterbildung

Ausbildung
Lernorte
Ausbildungsinhalte
Finanzielle Aspekte
Ausbildungsdauer
Zugangsvoraussetzungen

2 🔊 43 **b** Welche Fragen hat Diego an die Beraterin? Hören Sie jetzt das Gespräch und kreuzen Sie in a an.

2 🔊 43 **c** Arbeiten Sie in Gruppen. Konzentrieren Sie sich auf eine Frage.
Hören Sie dann noch einmal und notieren Sie die Antwort zu Ihrer Frage. Sammeln Sie im Kurs.

3 Rollenspiel: Infoveranstaltung im Kurs

Sie finden den Beruf von Ihrer Partnerin / Ihrem Partner interessant und möchten von ihr/ihm Informationen zur Ausbildung und Tätigkeit. Stellen Sie Fragen aus 2a zu ihrem/seinem Beruf.

Sie informieren Ihre Partnerin / Ihren Partner über Ihren Beruf.

A Das **wurde** von ... **erkämpft**.

Wiederholung A2, L10

1 Yun ist neu in Deutschland und hat viele Fragen. Schreiben Sie Sätze.

a Wo *werden Deutschkurse angeboten* ? (Deutschkurse anbieten)

b Welche Fragen ______ ? (im Ausländeramt beantworten)

c Wo ______ ? (asiatische Lebensmittel verkaufen)

d Welcher ______ ? (Müll trennen)

e Wann ______ ? (Mülltonnen leeren)

f Wie ______ ? (Flaschen im Supermarkt zurückgeben)

A2

2 Die Geschichte des Fußballs

Grammatik entdecken

a Lesen Sie und markieren Sie wie im Beispiel.

Vor 140 Jahren wurde in Deutschland noch kein Fußball gespielt. Der Fußball ist erst 1874 von dem deutschen Lehrer Konrad Koch in Braunschweig nach Deutschland gebracht worden. Koch wollte an seiner Jungenschule für mehr Bewegung und Gemeinschaft sorgen. Er ließ einen Ball aus England schicken, dem einzigen Land, in dem Fußball damals bekannt war. Zuerst wurde Kochs Idee von seinen Lehrerkollegen abgelehnt. Er bekam viel Ärger wegen des körperlichen Spiels und der chaotischen und ungeregelten Zustände auf dem Fußballfeld. Nur von wenigen Kollegen wurde er unterstützt. 1875 ist dann das erste Fußball-Regelwerk geschrieben worden. Sein Autor? Konrad Koch. Im selben Jahr gründete Koch an seiner Schule den ersten Fußballverein. Bei den Schülern wurde der Sport immer beliebter. Sie hatten nicht nur Spaß, sondern lernten auch, Verantwortung zu übernehmen und Konflikte zu lösen. Auch in anderen Schulen und bei Erwachsenen wurde der Sport immer populärer. Im Jahr 1900 ist dann von 86 Klubs der Deutsche Fußballbund (DFB) gegründet worden. Das alles verdanken wir auch dem Lehrer Konrad Koch.

b Ergänzen Sie die Tabellen mit Sätzen aus a.

Vor 140 Jahren	*wurde*	*in Deutschland noch kein Fußball*	*gespielt.*

Der Fußball	*ist*	*erst 1874 ... nach Deutschland*	*gebracht worden.*

A

A2 **3 Die Geschichte des Papiertaschentuchs**

a Ergänzen Sie wie im Beispiel.

Im Jahr 1929 *wurde* in Deutschland das erste Papiertaschentuch aus reinem Zellstoff auf den Markt *gebracht* (bringen) (1). Passend zum Zeitgeist der 1920er-Jahre ______ es *Tempo* ______ (nennen) (2). Es ______ von den Menschen schnell begeistert ______ (annehmen) (3). Im Gegensatz zum Stofftaschentuch ______ dieses Taschentuch nicht ______ (waschen) (4), sondern einfach ______ (wegwerfen) (5). In einer Zeit, in der kaum jemand eine elektrische Waschmaschine hatte, bedeutete das eine große Hilfe für die Hausfrauen. Nach einem Produktionsstopp in den Kriegsjahren ______ die Produktion ab 1947 wieder ______ (aufnehmen) (6). 1955 ______ dann bereits mehr als eine Milliarde Papiertaschentücher ______ (produzieren) (7). Heute kennt jeder Deutsche die *Tempos*, und fragt, wenn er Schnupfen oder feuchte Augen hat: „Hast du mal ein *Tempo* für mich?“

b Wie kann man in a auch sagen? Schreiben Sie.

1 wurde … gebracht → ist … gebracht worden

◇ **A2** **4 Deutsche Erfindungen. Was ist richtig? Kreuzen Sie an.**

a 1516 ○ wurde ☒ ist von Herzog Wilhelm IV von Bayern das sogenannte Reinheitsgebot für Bier festgesetzt worden. Es bestimmte, dass nur Gerste, Hopfen und Wasser enthalten sein durften.
b Die erste elektrische Eisenbahn ○ wurde ○ ist 1879 von Werner von Siemens präsentiert.
c Im Jahr 1885 ○ wurde ○ ist von Carl Benz das erste Automobil entwickelt worden.
d 1930 ○ wurde ○ ist von dem Naturwissenschaftler Manfred von Ardenne in Berlin das Fernsehen entwickelt.
e Der erste Computer der Welt mit dem Namen Z3 ○ wurde ○ ist 1941 von dem Bauingenieur Konrad Zuse entwickelt worden. Mit ihm begann das digitale Zeitalter.

❖ **A2** **5 *Wann und von wem?* Hätten Sie's gewusst?**

Lesen Sie die Sätze und schreiben Sie jeweils zwei Fragen wie im Beispiel.

A

Christoph Columbus hat Amerika im Jahr 1492 entdeckt.

B

Gustave Eiffel hat 1889 den Eiffelturm gebaut.

C

Das weltberühmte Ölgemälde Mona Lisa hat Leonardo da Vinci vermutlich in den Jahren zwischen 1502 und 1506 gemalt.

D

Johannes Gutenberg hat um das Jahr 1450 den modernen Buchdruck erfunden.

Wann und von wem …
a – ist Amerika entdeckt worden?
– wurde Amerika entdeckt?

A3 **6 Ordnen Sie zu.**

Der nächste Punkt meiner Präsentation | Vielen Dank für eure Aufmerksamkeit | Nun habt ihr einen Einblick | Zuerst möchte ich über ... sprechen | ~~Ich erzähle euch etwas über~~ | Ich möchte euch auch Informationen über ... geben | noch Fragen

Ich erzähle euch etwas über (a) Lena Gorelik. Sie ist eine erfolgreiche deutsche Autorin und hat viele Romane und wissenschaftliche Texte veröffentlicht.

__________ ihre Herkunft und Kindheit __________ (b): Lena Gorelik wurde am 1. Februar 1981 in St. Petersburg geboren. 1992 wanderte sie zusammen mit ihren Eltern, ihrem Bruder und der Großmutter aus Russland nach Deutschland aus, wo sie die ersten 18 Monate in einer Flüchtlingsunterkunft leben mussten. Lena Gorelik ging in Baden-Württemberg zur Schule.

__________ (c) ist ihre berufliche Karriere. Ihre Ausbildung zur Journalistin machte sie an der Deutschen Journalistenschule in München. Anschließend absolvierte sie den Studiengang „Osteuropastudien" an der Ludwig-Maximilians-Universität München.

__________ ihre Romane und Auszeichnungen __________ (d): Lena Gorelik hat mehrere Romane geschrieben und wichtige Preise für ihre Werke erhalten. Ihr erster Roman *Meine weißen Nächte*, der im Jahr 2004 erschienen ist, wurde mit dem Bayerischen Kunstförderpreis ausgezeichnet. Für ihren Roman *Die Listensammlerin* aus dem Jahr 2013 bekam sie den Buchpreis der *Stiftung Ravensburger Verlag*. Lena Gorelik lebt mit ihrer Familie in München.

__________ (e) in das Leben von Lena Gorelik erhalten.

__________ (f).

Habt ihr __________ (g)?

LERNTIPP Verwenden Sie die Sätze bei Ihrer Präsentation. Sie strukturieren Ihren Vortrag und machen ihn so für die Zuhörer verständlicher.

A3 **Prüfung**

7 Lesen Sie den Text und die Aufgaben 1–5. Welche Lösung (a, b oder c) ist jeweils richtig?

Vom Flüchtling zum vielfach ausgezeichneten Unternehmer

Die Erfolgsgeschichte von Amir Roughani

Amir Roughani wird am 15. Juli 1975 in Isfahan in Iran geboren. Mit elf Jahren schicken ihn seine Eltern wegen des Iran-Irak-Krieges nach Deutschland, weil er sonst als Jugendlicher im Krieg kämpfen müsste. Er landet in Berlin, wo er als Flüchtlingskind politisches Asyl beantragt. Dort wächst er zunächst ohne Deutschkenntnisse in einem Kinderheim auf, in dem auch sein drei Jahre älterer Bruder untergebracht ist. Anfangs besucht er eine Hauptschule und geht dort in eine spezielle Ausländerklasse, wo er aber mehr Türkisch als Deutsch lernt. Die ersten Monate sind sehr hart für ihn. Aber allmählich geschehen immer mehr Ereignisse, die sein Leben positiv verändern. Seine Mathematiklehrerin bemüht sich, dass er in eine gemischte Klasse kommt. Der Deutsch-Nachhilfelehrer im Kinderheim gibt ihm Extraunterricht, wenn andere Schüler nicht zur Nachhilfe kommen. Begeistert nutzt er jede Chance, die sich ihm bietet. Eines Tages entdeckt ein Trainer zufällig Amirs Talent, als das Kinderheim einen Ausflug zum Kegeln macht; der Jugendliche trainiert daraufhin viele Jahre in einem Berliner Kegelklub und wird schließlich sogar Deutscher Meister.

Nach dem Hauptschulabschluss beginnt Amir eine Ausbildung bei einem Pharmaunternehmen. Voll motiviert macht er nebenbei sein Fachabitur und studiert anschließend Wirtschaftsingenieurwesen. Nach einigen Jahren als Angestellter macht er sich 2002 selbstständig mit seiner Technologiefirma VISPIRON in München, die mittlerweile 480 Mitarbeiter beschäftigt und einen Jahresumsatz von rund 50 Millionen Euro macht – eine Erfolgsgeschichte, sicher. Aber Roughani hat bei all dem Erfolg nie vergessen, wie schwer der Anfang war und wie wichtig es war, dass es Menschen gab, die an ihn glaubten. Daher war es für ihn selbstverständlich, ebenfalls Verantwortung zu übernehmen. Heute unterstützt er beispielsweise die Deutsch-Iranische-Krebshilfe, er fördert die KIKUS Deutschkurse für Kinder mit Migrationshintergrund und ist aktiv an einer internationalen Initiative gegen den Klimawandel beteiligt. Auch in seinem Unternehmen ist seine Sicht auf die Welt zu bemerken. Er hat u.a. den Preis „Entrepreneur des Jahres 2014“ für seine unternehmerische Leistung, die Mitarbeiterführung und sein soziales Engagement und gleich mehrmals den Preis „Great Place to Work“ erhalten, eine Auszeichnung für besonders beliebte und ausgezeichnete Arbeitgeber.

Wichtig ist Amir Roughani auch sein Hilfsprojekt „V-4-TALENTS“. Hier fördert er begabte und hochmotivierte Kinder und Jugendliche aus sozial benachteiligten Familien im Sport und begleitet sie darüber hinaus bis in ihr Berufsleben hinein. Er möchte junge Menschen ermutigen, ihr Leben in die Hand zu nehmen, Chancen zu nutzen und sich weiterzubilden. „Die persönliche Unterstützung, die ich als Jugendlicher in Deutschland empfangen habe, möchte ich in derselben Form an Jugendliche zurückgeben.“

1 Amir Roughani hat verschiedene Preise erhalten, weil ...
- a ○ er sich in seiner Firma und in der Gesellschaft für ein besseres Leben stark macht.
- b ○ er im Kegeln sehr erfolgreich war.
- c ○ seine Mitarbeiter finden, dass er ein sehr guter Chef ist.

2 Amir Roughani ist nach Deutschland gekommen, weil ...
- a ○ es dort bessere Bildungschancen für ihn gab.
- b ○ sein Bruder auch schon da war.
- c ○ seine Eltern nicht wollten, dass er im Krieg kämpfen muss.

3 Amir Roughani fördert heute talentierte Jugendliche aus sozial benachteiligten Familien, weil ...
- a ○ ihm als Jugendlicher die Unterstützung von Erwachsenen sehr geholfen hat.
- b ○ er die jungen Menschen weiterbilden möchte.
- c ○ er sie besser auf das Berufsleben vorbereiten möchte.

4 Für Amir Roughani war es sehr positiv, dass er
- a ○ von seiner Lehrerin Extrahilfe in Mathematik bekommen hat.
- b ○ in der gemischten Klasse Türkisch gelernt hat.
- c ○ von einem Lehrer manchmal zusätzlichen Förderunterricht in Deutsch bekommen hat.

5 Nach dem Hauptschulabschluss hat er ...
- a ○ sich sofort selbstständig gemacht.
- b ○ das Fachabitur und eine Ausbildung gemacht, studiert und war danach bei VISPIRON angestellt.
- c ○ das Fachabitur gemacht, studiert und war später auch angestellt, bevor er seine eigene Firma gründete.

LERNTIPP Überlegen Sie und markieren Sie zuerst: In welchem Absatz finden Sie die Antworten zu den Aufgaben?

B Das war eins der **größten** Probleme.

Wieder-holung A2, L9

8 Ergänzen Sie.

a tief	tiefer	am tiefsten	d teuer	………	………
b klein	………	………	e kalt	………	………
c alt	………	………	f hoch	………	………

B1

9 Europa der Superlative

a Ergänzen Sie in der richtigen Form. Lesen Sie dann noch einmal und markieren Sie die Endungen.

1 **Wo liegt der** tiefste **(tief) Eisenbahntunnel?**
Mit einer Länge von rund 57 Kilometern ist der Gotthard-Basistunnel der ……… (lang) Eisenbahntunnel der Welt. Er liegt zudem unter mehr als 2.300 Metern Gestein. Somit ist weltweit kein tieferer Tunnel zu finden.

2 **Wo steht das ……… (kalt) Hotel der Welt?**
In Schweden. 200 km nördlich des Polarkreises entsteht jedes Jahr von Neuem in wochenlanger Arbeit ein Hotel aus Schnee und Eis. Man sitzt und isst auf Eisstühlen an Eistischen und schläft in Eisbetten. Ein kälteres Hotel steht nirgends auf der Welt.

3 **Wie heißt die ……… (klein) Stadt der Welt?**
Die ……… (groß) Städte der Welt heißen Tokio und Mexiko City und liegen außerhalb Europas. Die ……… (klein) Stadt der Welt heißt Hum. Sie liegt in Europa, genauer in Istrien – Kroatien. Hier wohnen nur 20 Personen. Eine kleinere Stadt als Hum findet sich wohl nirgends auf der Welt. Mit ihrem mittelalterlichen Stadtbild ist sie eine Touristenattraktion.

4 **Wo stehen die ……… (hoch) Gebäude Europas?**
In Moskau. In keiner europäischen Stadt stehen höhere Gebäude als dort. Hier steht auch das Mercury City, das mit 332 Metern das ……… (hoch) Gebäude Europas ist.

Grammatik entdecken

b Ergänzen Sie die Tabelle mit den Wörtern aus a und vergleichen Sie die Endungen bei +/++/+++.

Wo/Wie liegt/steht/heißt/stehen …

+	++	+++	
der tiefe ein/kein tiefer	der tiefere ein/kein tieferer	der tiefste	● Tunnel
das kalte ein/kein kaltes	das kältere ein/kein ………	das ………	● Hotel
die kleine eine/keine kleine	die kleinere Stadt eine/keine ………	die ………	● Stadt
die hohen hohe/keine hohen	die höheren ………/keine höheren	die ………	● Gebäude

B2 10 Landflucht

Grammatik entdecken

a Markieren Sie alle ++-Ausdrücke wie im Beispiel.

Immer mehr Menschen ziehen aus ländlichen Regionen in die Städte. Warum? Die hohe Arbeitslosigkeit ist vor allem für junge Leute ein großes Problem. Sie hoffen, in der Stadt bessere Jobchancen, einen höheren Verdienst und ein größeres Angebot an kulturellen Veranstaltungen zu finden. Für die besseren Jobchancen, den höheren Verdienst und das größere kulturelle Angebot akzeptieren sie auch, dass sie sich in Städten wie München und Frankfurt nur eine kleinere Wohnung mit einer höheren Miete leisten können. In dem Zusammenhang bringt die Landflucht in ländlicheren Regionen viele Probleme mit sich: Firmen und Geschäfte müssen schließen, weil sie sich nicht mehr lohnen, oder sie versuchen, mit einem günstigeren Warenangebot neue Kunden zu finden; Wohnungen und Häuser stehen leer, Kindergärten schließen. All das führt zu einem immer schnelleren Wandel der Gesellschaft. Deshalb werden immer mehr Bürger und auch Politiker aktiv und entwickeln neue Ideen gegen die Landflucht.

b Ergänzen Sie die Tabellen mit den Wörtern aus a.

Ich habe … / Für …

+	++	+++	
den / einen hoh**en**	den/einen ...	den höchsten	• Verdienst
das groß**e** ein groß**es**	das ... ein/kein ...	das ...	• Angebot
die/eine klein**e**	die/eine/keine ...	die ...	• Wohnung
die gut**en** gut**e** / keine gut**en**	die ... bessere /keine besser**en**	die ...	• Jobchancen

Mit … / In …

+	++	+++	
dem/einem schnell**en**	dem/einem ...	dem ...	• Wandel
dem/einem günstig**en**	dem/einem ...	dem ...	• Angebot
der/einer hoh**en**	der/einer höheren	der ...	• Miete
den/ – ländlich**en**	den/ – ...	den ...	• Regionen

c Vergleichen Sie die Endungen bei +/++ in den Tabellen in b. Ergänzen Sie dann die Spalte +++.

B2 11 Wussten Sie schon, dass ...? Ergänzen Sie in der richtigen Form.

a ... München und Frankfurt am Main die Städte mit den .... (hoch +++) Mieten in Deutschland sind?

b ... durch die Einführung des Elterngeld-Gesetzes und den verstärkten Bau von Krippen und Kindertagesstätten (Kitas) eine bessere (gut ++) Vereinbarkeit von Familie und Beruf erreicht wurde?

c ... dass Frauen bei gleicher Ausbildung immer noch häufig einen .... (niedrig ++) Verdienst haben als Männer?

d ... Sprachförderung im Kindergartenalter zu einer .... (erfolgreich ++) Schulkarriere führt?

e ... in Deutschland zurzeit die .... (niedrig +++) Arbeitslosigkeit seit der Wiedervereinigung herrscht?

◇ B2 12 Ich habe das bessere Handy. Ergänzen Sie in der richtigen Form.

a ◆ Schau mal. Ich habe ein neu es Smartphone.
○ Aber ich habe ein neueres Smartphone.

b ◆ Aber meins hat einen sehr stark............ Akku.
○ Meins hat aber einen .... Akku.

c ◆ Aber mein Handy hat so ein cool............ ● Design.
○ Ach komm. Mein Handy hat ein viel .... Design.

d ◆ Ja, aber ich habe eins mit einer sehr gut............ Kamera.
○ Na und? Ich habe eins mit einer viel .... Kamera.

e ◆ Aber ich habe jetzt ein Smartphone mit einem richtig groß............ ● Speicher.
○ Aber meins ist das Smartphone mit dem .... Speicher!

❖ B2 13 Schreiben Sie Sätze.

~~gesunde Lebensmittel im Bio-Markt kaufen~~ | in einer großen Wohnung wohnen | im Sommer einen langen Urlaub machen | die schönen Kleider kaufen | das neue Smartphone leisten | eine gute Schule für meine Kinder aussuchen | große Fortschritte in der deutschen Sprache machen | ...

a Wenn ich mehr Geld hätte, würde ich gesündere Lebensmittel im Bio-Markt kaufen.

b Ich würde gern die beste ....

c Ab morgen werde ich ....

d Meiner Meinung nach ist es besser, ...

e Eigentlich würde ich lieber ....

f Wenn ich könnte, würde ich ....

g Es wäre wunderbar, wenn ich ....

h ....

B

B3 **14 Verbinden Sie.**

a Ich bin für ein Verbot von ...
b Das kann ich nur befürworten.
c Ganz meine Meinung.
d Das kann ich nur ablehnen.
e Meiner Ansicht nach ...
f Verglichen mit ...
g Im Gegensatz zu ...

1 Das finde ich auch.
2 Wenn du mich fragst, ...
3 Wenn man das mit ... vergleicht, ...
4 Anders als ...
5 Ich bin absolut dafür.
6 Ich bin absolut dagegen.
7 Man sollte ... verbieten.

B3 **15 Was würden Sie sagen, wenn ...?**

a Ordnen Sie zu.

~~für ein Verbot~~ | kann ich nur ablehnen | Meiner Ansicht nach | Ich finde es besser so, wie es zurzeit ist | halte ich viel

1 Was würden Sie sagen, wenn Alkohol am Steuer komplett verboten wäre?
Ich bin *für ein Verbot* von Alkohol am Steuer.
2 Was würden Sie sagen, wenn Autofahren erst mit 21 Jahren erlaubt wäre?
...., dass man mit 18 Jahren allein fahren darf.
3 Was würden Sie sagen, wenn man als Fußgänger nicht mit Kopfhörern Musik hören dürfte, weil es zu gefährlich ist?
Davon ....
4 Was würden Sie sagen, wenn man schon mit 16 Jahren zur Bundestagswahl gehen dürfte?
.... wäre das eine gute Idee.
5 Was würden Sie sagen, wenn alle Kinder mit 1,5 Jahren in eine Kinderkrippe gehen müssten?
Das ....

b Schreiben Sie nun Ihre eigene Meinung. Hilfe finden Sie in a und 14.

Was würden Sie sagen, wenn ...
1 alle Menschen über 80 Jahre ihren Führerschein abgeben müssten und nicht mehr Auto fahren dürften?
....
....
....

2 alle Frauen mit ihren Babys drei Jahre zu Hause bleiben müssten und nicht arbeiten dürften?
....
....
....

C3 16 Sie hören die Meinungen von fünf Personen.

Prüfung

2 🔊 44–48

Sie hören die Meinungen nur einmal. Entscheiden Sie beim Hören, ob die Aussagen a–e richtig (+) oder falsch (-) sind.

a Die Frau würde es gut finden, wenn es einmal pro Jahr einen Tag geben würde, an dem Autos nicht fahren dürfen. ◯

b Die Person sagt, man soll mehr Fahrrad fahren. ◯

c Der Mann hat sich schon zum zweiten Mal ein Elektroauto gekauft. ◯

d Der Mann findet, Fliegen sollte viel teurer werden als es zurzeit ist. ◯

e Die Person sagt, dass die Regierung alle unterstützen sollte, die alternative Energien wie Sonnenenergie oder Windenergie einsetzen möchten. ◯

C3 17 Eine Zusammenfassung schreiben

Schreib-training

a Lesen Sie den Text und markieren Sie folgende Informationen:

Wer war beteiligt? **Was** wird berichtet? **Wo** ist es passiert? **Wann** hat es stattgefunden?

Döner-Verkäufer mit Herz

Der in Deutschland geborene Imbissbesitzer Adnan Ergün aus Nordrhein-Westfalen hat sich etwas Besonderes einfallen lassen. Bei ihm bekommen alle, die arm sind oder auf der Straße leben, eine Mahlzeit und ein Getränk umsonst. Seit drei Jahren hängt ein Zettel bei ihm an der Tür, auf dem dieses Angebot steht. Eigentlich wollte er damit nur Menschen in seiner Nachbarschaft erreichen. Nun haben Zehntausende über die sozialen Netzwerke von seinem großherzigen Angebot erfahren und er bekommt täglich positive Reaktionen.
Auch im oberbayerischen Landkreis Freising bietet jemand kostenlose Döner für Obdachlose an: Deniz Efe. Auch er hat türkische Wurzeln. Wenn man im Internet sucht, findet man noch weitere Geschichten von warmherzigen Dönerverkäufern. Warum gerade Dönerverkäufer? Efe erklärt es mit der Gastfreundschaft, die in der Türkei sehr wichtig ist. „Dort wirst du überall wenigstens noch zum Tee eingeladen, wenn du irgendwo hingehst. Wir Türken können gar nicht anders. Wir haben das im Blut."

b Ergänzen Sie die Tabelle kurz und in eigenen Worten.

Wer?	Was?	Wo?	Wann?
Zwei Imbissbesitzer			

c Schreiben Sie eine Zusammenfassung.

Zwei Imbissbesitzer
...

LERNTIPP Für eine Zusammenfassung markieren Sie zuerst alle Stellen im Text, die Antworten auf die W-Fragen geben: WER, WAS, WANN, WO und WARUM? Schreiben Sie dann mithilfe der markierten Informationen die Zusammenfassung. Vermeiden Sie Beispiele und zu viele Zahlen.

D Aus der deutschen Geschichte

D2 18 Verbinden Sie.

a Am 8. Mai 1945 wurde — 4
b 1949 wurden
c Berlin wurde im Zweiten Weltkrieg
d 1961 wurde
e Die Mauer wurde
f Deutschland wurde von den Alliierten
g Am 9. November 1989 wurde von der Regierung der DDR
h Am 3. Oktober 1990 wurde zum ersten Mal

1 an der Grenze zu West-Berlin gebaut.
2 durch Bomben zerstört.
3 die Berliner Mauer gebaut.
4 der Zweite Weltkrieg beendet.
5 in vier Besatzungszonen aufgeteilt.
6 zwei deutsche Staaten gegründet.
7 die offizielle Wiedervereinigung der beiden Staaten, der Tag der deutschen Einheit, gefeiert.
8 die Mauer geöffnet.

D3 19 Lösen Sie das Rätsel.

a Deutschland wird von den Alliierten in vier Besatzungs.................. geteilt.
b Die USA, England, Frankreich und Russland sind nach Kriegsende die ....
c Am Abend des 9. November 1989 kletterten viele Menschen auf die Mauer und sangen die deutsche Nationalhymne.
d Im Bundeskanzleramt arbeitet der Chef / die Chefin der .... Man nennt ihn/sie Bundeskanzler/in.
e Ein anderes Wort für gerecht: ....
f Wenn Arbeitnehmer nicht mehr arbeiten, weil sie z. B. mehr Gehalt haben möchten, dann .... sie.
g Wenn Bürger mit der Situation im Land nicht zufrieden sind, können sie eine .... organisieren.
h Sie .... dann auf der Straße gegen die Ungerechtigkeit.

A		O		(6)	N								
B	S			G			M		(5)				
C	N	A	T	I	O	N	A	L	H	Y	M	N	E (3)
	D			G	(4)								
	E	(1)		I									
		F		T	(2)			K					
G			M				(8)			T			N
H		R		T				(7)		R			

Lösungswort:

1	2	3	4	5	6	7	8
		E					

1 Bilden Sie Wörter und ordnen Sie zu.

1 .... /3 Punkte WÖRTER

Zu | för | che | kör | sam | per | dert | ~~feucht~~ | men | li | hang

Manche Menschen haben bei Wetterwechsel Kopfschmerzen und andere ______________ (a) Beschwerden. Im deutschen Winter kann man sich leicht erkälten, wenn das Wetter kalt und *feucht* (b) ist. Ärzte bestätigen das und sehen einen eindeutigen ______________ (c) zwischen dem Wetter und der Gesundheit. Trotzdem wird empfohlen, täglich nach draußen zu gehen. Wenn man richtig angezogen ist, ______________ (d) Bewegung an der frischen Luft bei jedem Wetter die Gesundheit.

.... 0–1 / 2 / 3

2 Schreiben Sie je zwei Sätze wie im Beispiel.

2 .... /4 Punkte GRAMMATIK

a Die Staatsgäste – am Flughafen – abholen
b Sie – zum Essen – in den Präsidentenpalast – einladen
c Stundenlang – politische Themen – diskutieren

a Die Staatsgäste wurden am Flughafen abgeholt.
Die Staatsgäste sind am Flughafen abgeholt worden.

3 Ergänzen Sie in der richtigen Form.

3 .... /5 Punkte

a Die Zugspitze: Der *höchste* (hoch) Berg Deutschlands ist zu jeder Jahreszeit eine Reise wert. Für Bergfreunde gibt es kein ______________ (schön) Ausflugsziel in den bayerischen Alpen.
b Mode: Die ______________ (neu) Trends für Herbst und Winter sind da.
c Titania: Mit diesem Waschmittel haben Flecken keine Chance und Sie haben noch ______________ (frisch) Wäsche als früher.
d Beunruhigend: Deutschland hat die ______________ (niedrig) Geburtenrate in der EU.
e In den Medien wird diskutiert: Gehört die Elbphilharmonie zu den ______________ (gut) Konzerthäusern der Welt?

.... 0–4 / 5–7 / 8–9

4 Ordnen Sie zu.

4 .... /4 Punkte KOMMUNIKATION

~~bin total dafür~~ | Meiner Ansicht nach | meine Meinung | es besser so, wie es in England ist | kann ich nur ablehnen

Schulbeginn um 9 Uhr statt um 8 Uhr. Was halten Sie davon?

a Ich *bin total dafür*. Schulbeginn um 8 Uhr ist doch viel zu früh.
b Ganz ______________.
In anderen Ländern fangen die Kinder ja auch erst um 9 Uhr an.
c Ich finde ______________.
Da beginnt der Schultag immer erst um 9 Uhr.
d ______________ ist 8 Uhr die richtige Uhrzeit für den Schulbeginn. Dann haben die Kinder einfach am Nachmittag mehr Zeit.
e Das ______________. Ich muss ja auch um 8 Uhr im Büro sein.

.... 0–2 / 3 / 4

Fokus Familie: Ein Antrag beim Elternbeirat

1 Überfliegen Sie die Texte aus einem Internetforum.

a Was ist richtig? Kreuzen Sie an.

1 ○ Nicht alle Schüler haben genug Geld, um bei Aktivitäten in der Schule mitzumachen.
2 ○ Alle Schüler müssen an den Klassenfahrten teilnehmen.
3 ○ Es gibt die Möglichkeit, beim Elternbeirat einen Antrag auf finanzielle Unterstützung zu stellen, wenn man wenig Geld hat.

Jan	**Klassenfahrt ohne meinen besten Freund?** Hi Leute, wir fahren im Juni mit der ganzen Klasse nach Griechenland. Mein bester Freund Timo kann wahrscheinlich nicht mit, weil seine Eltern wenig Geld haben. Ich würde ihm gern helfen. Was kann ich tun? Es wäre echt schade, wenn er nicht mitkommt. Verzweifelte Grüße
Felix	**AW: Klassenfahrt ohne meinen besten Freund?** Hallo Jan, nur keine Panik. Die Eltern von Deinem Freund können sich an den Lehrer wenden oder direkt an den Elternbeirat, also an die Vertretung der Eltern in der Schule. In den meisten Fällen haben die eine Kasse, aus der man Zuschüsse bekommen kann. Das muss man aber beantragen. Dafür gibt es meistens ein Formular, das müssen die Eltern von Deinem Freund dann ausfüllen und einen Nachweis über ihr Einkommen mitschicken. Im besten Fall bekommen Sie dann die Genehmigung für einen Zuschuss. Ruf doch einfach mal beim Elternbeirat oder im Sekretariat Deiner Schule an. Die können Dir und Deinem Freund sicher weiterhelfen. Viel Glück!

b Ordnen Sie zu.

○ der Antrag ○ der Nachweis ○ die Genehmigung ○ der Zuschuss ○ streng vertraulich

1 Ein Formular, das man ausfüllt, um etwas zu bekommen, meist finanzielle Unterstützung.
2 Eine Erlaubnis, etwas zu tun oder zu bekommen, das man meist von einer offiziellen Stelle bekommt.
3 Das bedeutet, dass die Informationen nur die Leute bekommen, die mit der Sache etwas zu tun haben.
4 Extra-Geld für einen Ausflug, eine Reise etc.
5 Ein Papier, das z. B. zeigt, wie viel man verdient oder welche Extra-Einnahmen man hat.

2 Lesen Sie die Sätze und hören Sie dann das Gespräch.

2 🔊 49 **a** Einige Sätze sind falsch. Welche? Korrigieren Sie.

1 Die Eltern können sich auch bei finanziellen Problemen an den Elternbeirat wenden. ....
2 Der Elternbeirat kann keine Schüler finanziell unterstützen. ....
3 Man kann einen Zuschuss zu einer Klassenfahrt beantragen. ....
4 Die Eltern können mündlich einen Antrag stellen. ....
5 Man braucht nur in manchen Fällen einen Nachweis. ....
6 Alles wird streng vertraulich behandelt. ....
7 Die Genehmigung des Antrags dauert nur ein paar Tage. ....
8 Wenn der Zuschuss genehmigt wird, bekommt der Schüler das Geld. ....

2 🔊 49 **b** Hören Sie noch einmal und vergleichen Sie.

A Leckere Vielfalt!

A3

1 In der Küche

a Ergänzen Sie wie im Beispiel.

1 

• der Kochtopf =
kochen + • der Topf

2 

• die Gemüsesuppe =
________ + ________

3 

• das Schwarzbrot =
________ + ________

4 

• die Zubereitung =
____

b Bilden Sie Wörter wie in a und ordnen Sie zu.

• ~~der Apfel~~ • das Ei • das Gebäck ~~braten~~ reservieren rot rühren • das Salz • der Wein

1 

• der Bratapfel

2 

____

3 

____

4 

____

5 

____

A3

Phonetik

2 50–52

2 Hören Sie und sprechen Sie nach.

a Fest • zelt – Festzelt | Volks • mu • sik – Volksmusik | Lieb • lings • ge • richt – Lieblingsgericht
Ok • to • ber • fest – Oktoberfest | Brat • wür • ste – Bratwürste
Mit • tag • es • sen – Mittagessen | Kar • tof • fel • sa • lat – Kartoffelsalat

b ◆ Ich möchte gern Volksmusik hören.
○ Dann lass uns doch zum Oktoberfest fahren und dort in ein Festzelt gehen!

c ◆ Was gibt es heute zum Mittagessen?
○ Bratwürste mit Kartoffelsalat.
◆ Hmm, lecker, mein Lieblingsgericht!

A3 **Phonetik**

3 Bilden Sie Wörter. Sprechen Sie zuerst langsam, dann schnell.

Fest | nachts | zeit | ge | tag | bäck | zelt | markt | essen | platz | Weih | Markt | fest

Festtag, Fest...

A4 **Schreibtraining**

4 Bei uns isst man gern ...

a Ordnen Sie zu.

- 2 ... ist eine Spezialität aus Nord... / Süd... / aus der Region ...
- ◯ ... wird gekocht / gebraten / kalt gegessen / ...
- ◯ ... isst man traditionell am Freitag / an Ostern / zu besonderen Anlässen, zum Beispiel ...
- ◯ Zu ... isst man meistens/oft/...
- ◯ Bei uns isst man gern ...
- ◯ Um ... zuzubereiten, braucht man ... / Für die Zubereitung von ... braucht man ...

1 Um welche Spezialität geht es?
2 Aus welcher Region kommt diese Spezialität?
3 Was braucht man für die Zubereitung?
4 Wie wird die Spezialität zubereitet?
5 Was isst man zu dieser Spezialität?
6 Zu welchem Anlass isst man sie?

b Schreiben Sie über eine Spezialität aus Ihrem Heimatland.
Hilfe finden Sie in a. Präsentieren Sie Ihren Text dann im Kurs.

Bei uns isst man gern Bolani. Das ist eine Spezialität aus meinem Heimatland Afghanistan. Für die Zubereitung von Bolani braucht man Mehl, Wasser, Salz, Öl und ...

LERNTIPP Notieren Sie vor dem Schreiben Fragen, die Sie in Ihrem Text beantworten wollen. Ordnen Sie die Fragen dann und sammeln Sie passende Wörter und Ausdrücke dazu.

B3 **5 Schreiben Sie Sätze wie im Beispiel.**

a sich einigen – Kompromiss
b fragen – Weg
c gratulieren – dein Geburtstag
d sich bedanken – Blumen
e helfen – Hausaufgaben
f bewerben – freie Stelle

a *Diesmal haben wir uns schnell auf einen Kompromiss geeinigt.*

B3 Wieder-holung B1, L7 **6 Ergänzen Sie.**

a Er hat überhaupt keine Lust *darauf*, das ganze Wochenende zu lernen.
b Erinnerst du mich bitte ________, dass ich morgen früh zum Arzt muss?
c Wir träumen ________, bald in eine größere Wohnung zu ziehen.
d Morgen ist ja dein erster Arbeitstag. Freust du dich ________?
e Ich habe wirklich große Angst ________, die Prüfung nicht zu bestehen.

B3 Wieder-holung B1, L7 **7 Fragen über Fragen. Ergänzen Sie wie im Beispiel.**

a ◆ *Über wen* sprichst du gern, Mama?
○ Über dich, mein Schatz.
◆ Und *worüber* ärgerst du dich oft?
○ Über die Kleidung, die in deinem Zimmer auf dem Boden liegt.

b ◆ ________ triffst du dich diese Woche noch?
○ Mit Tante Christa. Sie kommt morgen zu uns.
◆ Und ________ unterhaltet ihr euch?
○ Das weiß ich noch nicht. Vielleicht über ihre Arbeit.

c ◆ ________ hast du dich das letzte Mal so richtig gestritten?
○ Weißt du das nicht mehr? Mit deinem Bruder.
◆ Und ________ habt ihr euch gestritten?
○ Darüber, dass er nicht genug für die Schule tut.

◇ B3 Wieder-holung B1, L7 **8 Was ist richtig? Kreuzen Sie an.**

a ◆ ○ An wen ☒ Woran denkst du gerade? ○ An letztes Wochenende.
b ◆ ○ Mit wem ○ Womit hast du telefoniert? ○ Mit einem Kollegen.
c ◆ ○ Von wem ○ Wovon erzählst du gerade? ○ Von meinem Vorstellungsgespräch.
d ◆ ○ Auf wen ○ Worauf warten wir eigentlich? ○ Auf unsere Chefin.
e ◆ ○ Über wen ○ Worüber beschwert ihr euch? ○ Über die vielen Überstunden!

❖ B3 Wieder-holung B1, L7 **9 Schreiben Sie vier Fragen.**
Tauschen Sie Ihre Fragen mit Ihrer Partnerin / Ihrem Partner und antworten Sie.

~~sich gewöhnen an~~ | sich interessieren für | sich kümmern um | lachen über | reden über | sich verabreden mit | sich wenden an | zurechtkommen mit

◇ *Woran musstest du dich hier zuerst gewöhnen?*
○ *An den langen, kalten Winter.*

B3 10 Welche Wörter aus den Übungen 5–9 sind für Sie besonders wichtig?

Ergänzen Sie in der Tabelle mindestens je ein Wort pro Zeile.

erinnern	daran/an ...	→ Woran/An wen ...?
sich verlassen	darauf/auf ...	→ Worauf/Auf wen ...?
	dafür/für ...	→ Wofür/Für wen ...?
	darüber/über ...	→ Worüber/Über wen ...?
	darum/um ...	→ Worum/Um wen ...?
	dabei/bei ...	→ Wobei/Bei wem ...?
	damit/mit ...	→ Womit/Mit wem ...?
	danach/nach ...	→ Wonach/Nach wem ...?
	davon/von ...	→ Wovon/Von wem ...?
	davor/vor ...	→ Wovor/Vor wem ...?
	dazu/zu ...	→ Wozu/Zu wem ...?

B3 11 Das ist in meinem Heimatland anders.

2 53–55 **a** Wer spricht über welches Thema? Hören Sie und ordnen Sie zu. Achtung: Über zwei Themen wird nicht gesprochen.

Kindererziehung | Männer und Frauen | Öffnungszeiten | Pünktlichkeit | Religion

1 Aref

2 Carol

3 Ali

2 53–55 **b** Was ist richtig? Hören Sie noch einmal und kreuzen Sie an.

1 Aref
- a ☒ hat nicht erwartet, dass der Kurs von einer Frau geleitet wird.
- b ○ hat sich gewundert, dass er bei einem Mann Unterricht hat.
- c ○ war überrascht, dass Frauen und Männer nicht zusammen sitzen.
- d ○ findet es mittlerweile normal, dass Frauen neben Männern sitzen.

2 Carol
- a ○ gefällt es jetzt, dass Läden, Banken und Praxen nicht immer geöffnet sind.
- b ○ findet es schade, dass die Öffnungszeiten nicht geändert werden.

3 Ali
- a ○ mag es nicht, dass die Religion für die Menschen hier nicht so wichtig ist.
- b ○ findet es gerade nicht schwierig, seinen Glauben in sein Leben hier zu integrieren.

B3 12 Unterschiede und Gemeinsamkeiten

a Wie kann man noch sagen? Verbinden Sie.

1 Im Vergleich zu meinem Heimatland ...
2 Im Unterschied zu meinem Heimatland ...
3 Mir ist aufgefallen, dass ...
4 Das ist in meinem Heimatland auch so.
5 Das ist in meinem Heimatland anders.

a Ich habe festgestellt, dass ...
b Das ist bei uns nicht so.
c Das ist bei uns genauso.
d Im Gegensatz zu meinem Land ...
e Wenn man ... mit meinem Land vergleicht, dann ...

b Ergänzen Sie die Sätze. Hilfe finden Sie in a. Achtung: Manchmal gibt es mehrere Lösungen.

1 ◆ Ich habe festgestellt, dass es hier gar nicht so leicht ist, neue Leute kennenzulernen. *Das ist in meinem Heimatland anders.* Vielleicht, weil das Leben dort mehr im Freien stattfindet.

2 ○ .... gibt es hier nicht so viele Familien mit vier oder noch mehr Kindern. Das finde ich interessant.

3 ▲ ...., ... Paare sich hier manchmal auf der Straße oder im Park küssen. ....

4 □ .... sind hier viel mehr Fahrradfahrer unterwegs.

5 ✚ Hier gibt es freundliche und nicht so freundliche Menschen. .... : Auch dort gibt es sowohl nette als auch nicht so nette Leute.

c Schreiben Sie fünf Sätze wie in b.

c Im Vergleich zu meinem Heimatland ...

B4 13 Ordnen Sie zu.

Bei dem Wort „Heimat" denke ich an | ~~Heimat bedeutet für mich~~ | Ich erinnere mich noch gut | Mit „Heimat" verbinde ich das Gefühl

a *Heimat bedeutet für mich*, bei meinen Eltern und Geschwistern zu sein.
b .... unser Zuhause am Meer.
c .... an den Geruch von reifen Zitronen.
d .... von Geborgenheit.

B4 14 Bilden Sie Wörter und ordnen Sie zu. Ergänzen Sie ● *der* – ● *das* – ● *die*, wenn nötig.

bi | di | Ge | gra | ~~grie~~ | ~~in~~ | li | lich | Mi | Mo | nen | ord | ~~ren~~ | schmack | spe | ständ | tion | tät | tion | ~~te~~ | Tra | ver | ziell

a die Integration – *integrieren*
b der/die Migrant/-in – ....
c mobil – ....
d der Ordner – ....
e schmecken – ....
f die Spezialität – ....
g traditionell – ....
h verstehen – ....

C Blick auf Europa

C3 15 Wörter aus Politik und Geografie. Verbinden Sie.

a Wenn Menschen zwischen mehreren Möglichkeiten wählen können und nicht tun müssen, was andere sagen, ist das ein Zeichen von ...
b Europa ist kein Land, sondern ein ...
c Der Reisepass ist ein Dokument, das zeigt, welche ... jemand hat.
d Eine Gruppe von vielen Menschen, die in einem Land lebt, nennt man ...
e Wenn ein Volk durch Wahlen entscheiden kann, wer in die Regierung kommt, spricht man von ...

1 • Staatsangehörigkeit
2 • Demokratie.
3 • Kontinent.
4 • Volk.
5 • Freiheit.

C4 16 Rate mal, wo ich gerade bin!

a Was ist richtig? Lesen Sie und kreuzen Sie an.

Luis ...
1 schreibt Leila aus ○ der Schweiz. ○ Deutschland.
2 hat dort vor einiger Zeit angefangen ○ zu arbeiten. ○ zu studieren.
3 denkt, dass Leila ○ den Karneval ○ die Region mögen würde.

E-Mail senden

Liebe Leila,
rate mal, wo ich gerade bin! Also: Das Land liegt in Mitteleuropa und gehört zur Europäischen Union.
Nach Frankreich, Spanien und Schweden ist es das viertgrößte Land der EU. Hier leben 82 Millionen Menschen, von denen über zwanzig Prozent Wurzeln in einem anderen Land haben. Die meisten dieser Menschen „mit Migrationshintergrund“, wie es hier heißt, stammen ursprünglich aus der Türkei, aus Polen, Russland und Kasachstan.
Das Land hat so viele Nachbarländer, wie kein anderes Land der EU: neun, um genau zu sein. Außerdem grenzt es im Norden an die Ost- und an die Nordsee, im Süden an die Alpen. Im Südwesten ist der Rhein, der längste Fluss des Landes, die Grenze zu Frankreich. Weiter nördlich verbindet er die Städte Bonn, Köln und Düsseldorf. In der Stadt, die ich zuletzt genannt habe, habe ich seit einem halben Jahr einen richtig guten Job.
Hast Du nicht Lust, mich besuchen zu kommen? Die Gegend hier würde Dir bestimmt gut gefallen! Außerdem beginnt bald der Karneval und ich dachte, dass wir den mal wieder zusammen feiern könnten. ;-)
Viele Grüße
Dein Luis

b Lesen Sie noch einmal und ergänzen Sie die Mindmap mit den Informationen aus a.

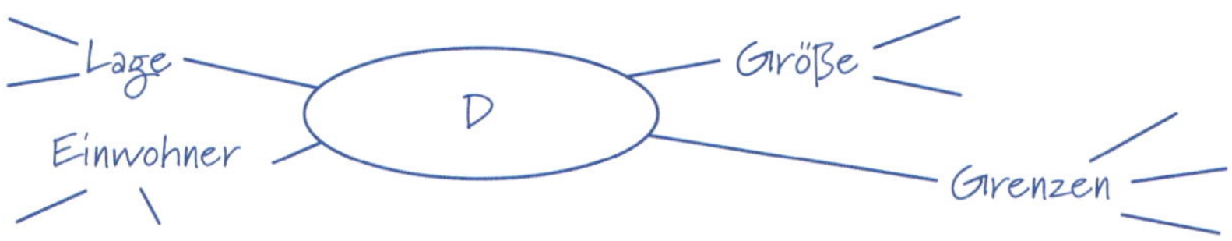

c Ergänzen Sie die Mindmap mit Ihren eigenen Informationen über Deutschland.

LERNTIPP Verwenden Sie Mindmaps, wenn Sie Informationen oder Wörter sammeln und ordnen möchten. Mindmaps helfen Ihnen auch beim (Wörter-)Lernen.

D Blick zurück – Blick nach vorn

D3 **17 Sie suchen auf der Internetseite der Volkshochschule nach Kursen.**

Prüfung

Lesen Sie die Aufgaben 1–5 und das Kursprogramm.
Welcher Link (a, b oder c) passt? Kreuzen Sie an.

1 Sie sind neu in der Stadt und möchten Ihr Wohnviertel besser kennenlernen.
- a ○ Mensch, Gesellschaft, Politik
- b ○ Kultur, Kunst, Kreativität
- c ○ anderer Link

2 Sie interessieren sich dafür, wie Wolken entstehen.
- a ○ Mensch, Gesellschaft, Politik
- b ○ Mathematik, Naturwissenschaften, Naturschutz
- c ○ anderer Link

3 Sie wollen etwas tun, um geistig fit zu bleiben.
- a ○ Gesundheit, Ernährung, Kochkultur
- b ○ Mathematik, Naturwissenschaften, Naturschutz
- c ○ anderer Link

4 Sie möchten lernen, E-Mails mit zehn Fingern zu tippen.
- a ○ Computer und Internet
- b ○ Kultur, Kunst, Kreativität
- c ○ anderer Link

5 Ihr Sohn will sich beraten lassen, welche Ausbildung zu ihm passt.
- a ○ Beruf und Karriere
- b ○ Schulabschlüsse
- c ○ anderer Link

KURS-PROGRAMM

Mensch, Gesellschaft, Politik
Politik und Gesellschaft
Stadtteil-Themen
Religionen
Lernen und Gedächtnis

Kultur, Kunst, Kreativität
Kunst- und Kulturgeschichte
Zeichnen und Malen
Nähen und Schneidern
Handwerken und Basteln
Schmuck herstellen
Schreibwerkstatt
Fotografie
Tanz
Musik

Mathematik, Naturwissenschaften, Naturschutz
Mathematik
Naturwissenschaften (Biologie/Chemie)
Natur entdecken
Naturschutz im Alltag

Gesundheit, Ernährung, Kochkultur
Gesundheit informativ: Vorträge
Gesundheit aktiv: Sportangebote
Sport für Senioren
Kochkultur und Ernährungswissen

Beruf und Karriere
Büro- und Office-Management
Projektmanagement
Marketing und Verkauf
Methoden für den Unterricht mit Erwachsenen

Computer und Internet
Schreiben am PC
Internet und Multimedia
Computer und Internet für Senioren

Fremdsprachen
Arabisch
Französisch
Chinesisch
Hindi
Englisch
Spanisch

Deutsch
Deutsch für Deutschsprachige
Deutsch – Integrationskurse
Deutsch – Intensiv- und Standardkurse

Schulabschlüsse
Lesen, Schreiben, Rechnen
Schulabschlüsse
Von der Schule in die Arbeitswelt

Test Lektion 14

1 Wie heißen die Wörter? Ordnen Sie zu.

1 ...... / 7 Punkte — WÖRTER

TENBRA | BÄCKGE | MODETIEKRA | ~~HEITFREI~~ | GRIETERENIN | GRAMITION | RENRÜH | RIGANHÖSTAATSKEITGE

a Essen/kochen: ______________________________

____

b Staat/Politik: Freiheit, ______________________________

____

...... ● 0–3 ● 4–5 ● 6–7

2 Ergänzen Sie wie im Beispiel.

2 ...... / 4 Punkte — GRAMMATIK

a Kartoffeln, die man in der Pfanne brät, heißen Bratkartoffeln.
b Ein Löffel, den man zum Essen verwendet, ist ein ______________.
c Weißes Brot wird einfach nur ______________ genannt.
d Ein Saft, der aus Orangen hergestellt wird, ist ein ______________.
e Eine Tasse, aus der man Kaffee trinkt, nennt man ______________.

3 Ergänzen Sie.

3 ...... / 7 Punkte

a ◆ Träumst du auch manchmal davon, frei zu sein und einfach nur das zu tun, worauf du Lust hast?
○ Ja, natürlich! Wer tut das nicht?

b ◆ ______________ freust du dich denn so?
○ Ich freue mich gerade ______________, dass heute so schönes Wetter ist und ich nicht mehr lange arbeiten muss.

c ◆ Wenn du ______________ früher denkst: ______________ erinnerst du dich gern?
○ ______________ meine Schulzeit und die vielen Feste, die wir damals gefeiert haben.

d ◆ Was verbindest du ______________ dem Begriff „Familie"?
○ ______________ verbinde ich vor allem das Gefühl von Geborgenheit und Sicherheit.

...... ● 0–5 ● 6–8 ● 9–11

4 Ordnen Sie zu.

4 ...... / 6 Punkte — KOMMUNIKATION

schmecken gut zu | Ich denke an | ~~Bei uns isst man gern~~ | Mit dem Kurs verbinde ich | Das ist eine Spezialität | Ich träume davon | Das ist ein

a Bei uns isst man gern (1) Brezen. ______________ (2) Salzgebäck, das es vor allem in Süddeutschland gibt. Brezen ______________ (3) Weißwürsten: ______________ (4) aus Bayern.

b ______________ (1) viele schöne Erinnerungen. ______________ (2) die Freundschaften, die in den letzten Monaten zwischen uns entstanden sind. ______________ (3), die Sprache irgendwann perfekt zu beherrschen.

...... ● 0–3 ● 4 ● 5–6

Fokus Beruf: (Un-)Zufriedenheit äußern

1 Wann ist ein Chef mit seinen Mitarbeitern zufrieden, wann nicht?
Wann sind Mitarbeiter mit ihrem Chef zufrieden, wann nicht? Sprechen Sie im Kurs.

gute Arbeit leisten | loben | nachfragen, wenn etwas unklar ist | gerecht behandeln | ...

Ein Chef ist zufrieden, wenn seine Mitarbeiter gute Arbeit leisten, das heißt: gute Ergebnisse erzielen.

2 Georgios Cordalis arbeitet in einem Altenheim.
Edina Böhm, die Leiterin, bittet ihn in ihr Büro, um mit ihm über seine Arbeit zu sprechen.

2 56 **a** Wer ist zufrieden, wer ist unzufrieden? Hören Sie das Gespräch und kreuzen Sie an.

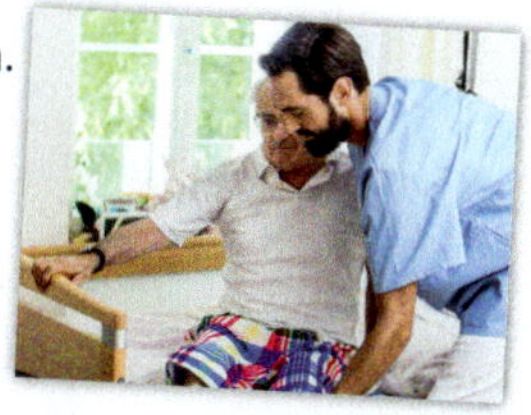

1 Frau Böhm ○ ☺ ○ ☹
2 Herr Cordalis ○ ☺ ○ ☹

2 56 **b** Hören Sie noch einmal und korrigieren Sie die Sätze wie im Beispiel.

1 Frau Böhm wollte mit Herrn Cordalis sprechen, weil ~~ihr sein Verhalten nicht gefällt~~.
er nicht zufrieden wirkt.
2 Herr Cordalis hat keine Zeit, sich lange mit den Bewohnern zu unterhalten.
....
3 Renata, die Kollegin von Herrn Cordalis, ist seit zwei Wochen im Urlaub.
....
4 Die Bewohner, die Renata normalerweise betreut, betreut jetzt die Auszubildende.
....
5 Frau Böhm findet, dass Herr Cordalis noch bessere Arbeit leisten könnte.
....

3 Lesen Sie und ergänzen Sie: zufrieden (+) oder unzufrieden (-).

+ Ich bin mit Ihrer Arbeit sehr zufrieden. | ○ Ich bin nicht zufrieden, weil ... | ○ Mir ist in letzter Zeit aufgefallen, dass ... Das stört mich. | ○ Ich finde es nicht gut, dass ... | ○ Sie haben ausgezeichnete Arbeit geleistet. | ○ Mir gefällt, dass ... | ○ Ich finde es sehr gut, dass ...

4 Arbeiten Sie zu zweit. Wählen Sie jeweils eine Situation.
Notieren Sie, was Sie sagen möchten und wie man reagieren könnte.
Spielen Sie dann ein Gespräch wie im Beispiel.

+
Sie haben schon öfter festgestellt, dass einer Ihrer Mitarbeiter sehr freundlich zu den Kunden ist. Loben Sie ihn dafür.

+
Sie sind sehr zufrieden, wie gut sich Ihre neue Mitarbeiterin in Ihr Team integriert hat.

-
Ihre Kollegin ist in letzter Zeit öfter zu spät zur Arbeit gekommen. Sie finden ihr Verhalten unfair, weil Sie deshalb mehr Arbeit haben.

Mir gefällt, dass Sie zu unseren Kunden so freundlich sind. Das ist wirklich toll!

Vielen Dank! Es freut mich sehr, dass Sie mit meiner Arbeit zufrieden sind.

Anhang

8 Unter Kollegen

ELLAS KOLUMNE

	• der Sportler, - / • die Sportlerin, -nen	....	Wer war das gleich noch mal? Eine Sportlerin?
	falls	....	Wir sind jetzt per *Du*, falls Dich das interessiert.
3	• der Chat, -s	....	Lesen Sie den Chat und beantworten Sie die Fragen.

A

A2	• die Grenze, -n	....	Grenzen setzen: Wie lehne ich Aufgaben im Job ab?
	eventuell	....	Eventuell haben Sie auch Angst vor negativen Konsequenzen, ...
	• die Konsequenz, -en	....	Eventuell haben Sie auch Angst vor negativen Konsequenzen, ...
	wirken (hat gewirkt)	....	Denn Sie wirken unzuverlässig, falls Sie Ihre Aufgaben dann doch nicht schaffen.
	zu·sagen (hat zugesagt)	....	Sprechen Sie das Problem auch an, falls Sie schon zugesagt haben, ...
	nachher	....	..., falls Ihnen erst nachher klar wird, dass Sie das zeitlich nicht schaffen können.
	tauschen (hat getauscht)	....	Vielleicht können Aufgaben getauscht ... werden?
A4	• der Kuli, -s	....	Es muss sich jemand um ... Blöcke und Kulis für die Teilnehmer kümmern.
	morgig-	....	Sie müssen heute die morgige Geschäftsreise für den Chef vorbereiten.
	worum	....	Worum geht's denn?

B

B1	je	....	Je länger man wartet, desto schlechter wird die Stimmung.
	desto	....	Je länger man wartet, desto schlechter wird die Stimmung.
	je ... desto	....	Je länger man wartet, desto schlechter wird die Stimmung.

B2	• der Einfluss, ¨-e	....	Freundschaften im Job haben positiven Einfluss auf das Betriebsklima.
	• das Klima (Sg.) 	....	... positiven Einfluss auf das Betriebsklima.
	• die Karriere, -n 	....	Trotzdem warnt die Karriereexpertin ...
	eng	....	Trotzdem warnt die Karriereexpertin ... vor zu engen Freundschaften ...
	• die Studie, -n	....	Studien zeigen, dass Freundschaften am Arbeitsplatz das Betriebsklima verbessern.
	• die Freundschaft, -en 	....	Studien zeigen, dass Freundschaften am Arbeitsplatz das Betriebsklima verbessern.
	• die Atmosphäre (Sg.)	....	Je angenehmer die Arbeitsatmosphäre ist, desto weniger Stress haben die Mitarbeiter ...
	warnen (hat gewarnt)	....	Warum warnen Sie trotzdem vor Freundschaften im Job?
	• die Distanz, -en	....	Ist es nicht schwierig, immer auf Distanz zu bleiben?
	• die Zusammenarbeit (Sg.) 	....	Zunächst sollte man gute Zusammenarbeit nicht mit Freundschaft verwechseln.
	• die Beziehung, -en	....	Außerdem gibt es am Arbeitsplatz natürlich Tabuthemen, beispielsweise Beziehungsprobleme und Geldsorgen.
	beeinflussen (hat beeinflusst)	....	Freundschaften im Job beeinflussen die Arbeitsleistung negativ.
	sinnvoll	....	Auch sehr private Gesprächsthemen sind am Arbeitsplatz sinnvoll.

C

C2	monatelang	....	Mit ihm bin ich monatelang durch Asien gereist.
	• das Gedicht, -e	....	Von ihm bekomme ich oft so schöne Gedichte.
	treu	....	Das ist mein treuester und romantischster Freund.
C3	• das Orchester, -	....	Jibril ist ein Kollege, mit dem ich donnerstags nach der Arbeit im Orchester spiele.

Lernwortschatz

D

D1	duzen (hat geduzt)	....	In welchen Situationen werden Sie geduzt/gesiezt?
	● der Elternabend, -e	....	Auf dem Elternabend werde ich vom Klassenlehrer gesiezt.
D2	recht	....	Wenn es Ihnen recht ist, dann können wir uns gern duzen.
D4	● die Werbung (Sg.) 	....	Allerdings gibt es zunehmend Branchen, in denen das *Du* üblich ist, wie z. B. in der Computerbranche, in der Werbung, in der Gastronomie und auf dem Bau.
	● der Vergleich, -e	....	Im Arbeitsleben wird im Vergleich zu früher mehr geduzt ...
	● die Gemeinschaft, -en	....	Das *Du* schafft Gemeinschaft ...
	derselbe (dieselbe/ dasselbe)	....	Das *Du* schafft Gemeinschaft, egal, ob man über die Kinder, die Nachbarn, denselben Arbeitsweg oder den Hund spricht.
D5	außer	....	Was muss außer der Anrede noch beachtet werden, wenn man höflich sein möchte?
	● die Form, -en	....	Es gibt zwei höfliche Anredeformen.
	● der Eindruck, ⸚e		Ich habe den Eindruck, bei uns in der Ukraine siezt man öfter als in Deutschland.

Unter Kollegen

● die Zusammenarbeit (Sg.)
● das Betriebsklima (Sg.)
● die Arbeitsatmosphäre (Sg.)
● die Freundschaft, -en
● die Karriere, -n

duzen
siezen
● die Gemeinschaft, -en
● die Distanz, -en
● der Einfluss, ⸚e

TiPP

Aus vielen Wörtern kann man durch Vor- oder Nachsilben neue Wörter machen. Bauen Sie Wortfamilien auf. Arbeiten Sie auch mit dem Wörterbuch.

sagen: zusagen,
absagen,
vorsagen,
vorhersagen, ...

9 Virtuelle Welt

FOTO-HÖRGESCHICHTE

	virtuell		Virtuelle Welt
	• der Ordner, -		Sami findet auf seinem Computer den Ordner „Alex Müller“ nicht.
1	• die Festplatte, -n		Jeder Computer hat eine Festplatte.
	• die Datei, -en		Ella glaubt, dass jemand die Dateien von Samis Computer gelöscht hat.
	• das / • der Virus, Viren		Oder dass ein Virus auf dem Computer ist.
	• der Monitor, -e 		Liana schaltet die Computer und die Monitore ein.
	(he)runter·laden, du lädst herunter, er lädt herunter (hat heruntergeladen)		Er lädt ein teures Programm aus dem Internet herunter.
	an·schließen (hat angeschlossen)		Du musst den Monitor an den Rechner anschließen.
	löschen (hat gelöscht)		Ella glaubt, dass jemand die Dateien von Samis Computer gelöscht hat.
	• die Tastatur, -en 		Mit dieser Tastatur kann ich richtig gut tippen.
	an·klicken (hat angeklickt)		Du musst das Programm mit der Maus anklicken.
2	• der Gott, ¨-er		Gott sei Dank!

ELLAS KOLUMNE

	tagelang		Sie erledigen tagelang die dümmsten Arbeiten, ohne einen einzigen Fehler zu machen.
	bevor		Man sollte lieber mal scharf nachdenken, bevor man solch einen Unsinn glaubt.
	• der Unsinn (Sg.)		Man sollte lieber mal scharf nachdenken, bevor man solch einen Unsinn glaubt.
	• die Erfindung, -en 		... als ob unsere Erfindungen intelligenter und besser wären als wir.
3	• der Akku, -s 		Letzten Monat ist der Akku von meinem Handy kaputtgegangen.

Lernwortschatz

	A		
A1	nachdem		Nachdem du den Ordner „Alex Müller“ ... kopiert hattest, hast du ihn auf deinem Computer gelöscht.
A3	• der Rechner, -		Ab 16 Uhr wird auf Ihrem Rechner ein neues Antivirenprogramm installiert.
	installieren (hat installiert)		Ab 16 Uhr wird auf Ihrem Rechner ein neues Antivirenprogramm installiert.
A5	• der Kursleiter, - / • die Kursleiterin, -nen		Sie möchten eine kleine Überraschungsfeier für Ihre Kursleiterin / Ihren Kursleiter organisieren.
	B		
B1	als ob		Du tust ja so, als ob ich keine Ahnung hätte.
B2	klasse		Alles gut, alles klasse!
	herrlich		Ja, herrlich ist es hier.
B3	• der Manager, - / • die Managerin, -nen		Im Gespräch tut er so, als ob er Topmanager wäre.
	• der Wohnblock, ⸚e		Wo wohnen Sie? – In einem Wohnblock im Zentrum von Hamburg.
	C		
C1	beschreiben (hat beschrieben)		Alles funktioniert wie beschrieben.
	beschließen (hat beschlossen)		Jemand versteht die Bedienungsanleitung nicht und beschließt, das Problem allein zu lösen.
C2	• der Salon, -s		Sie sind im Waschsalon und möchten Ihre Wäsche waschen.
	• der Knopf, ⸚e		Danach drücken Sie den Startknopf.
	Verzeihung		Verzeihung, ich bin zum ersten Mal hier.
C3	erstellen (hat erstellt)		Erklären Sie Ihrer Partnerin / Ihrem Partner, wie Sie mit Ihrem Handy einen neuen Kontakt erstellen, ...
	• das Passwort, ⸚er		Erklären Sie ..., wie Sie das Passwort ändern, ...
	• das Symbol, -e		Zuerst musst du auf das Symbol „Mikrofon“ drücken.
	D		
D1	süchtig		Ich habe Angst, dass mein Sohn (16) spielsüchtig ist.

	vorn	... und dann geht alles wieder von vorn los.
	sämtlich-	..., weil mein Mann sein sämtliches Geld für unwichtige Dinge ausgibt.
	• das Mountainbike, -s 	Den Kredit für die Wohnung muss ich ganz alleine abbezahlen, weil mein Mann sein ganzes Geld für unwichtige Dinge ausgibt: ..., ein Mountainbike, ...
	sowieso	Den Kredit für die Wohnung muss ich ganz alleine abbezahlen, weil mein Mann sein ganzes Geld für unwichtige Dinge ausgibt: ... ein Mountainbike (obwohl er die Berge sowieso nicht mag), ...
	fort	...ein Mountainbike ..., eine Spiel-Konsole ... und so weiter und so fort.
D2	wieso	Keine Ahnung, wieso dich das so aufregt.
	auf·regen (hat aufgeregt)	Keine Ahnung, wieso dich das so aufregt.

E

E1	verändern (sich) (hat verändert)	Wie verändern Smartphones die Kommunikation zwischen den Menschen?
	digital	Welchen Einfluss haben die digitalen Medien auf Kinder und Jugendliche?
E2	• die Diskussion, -en 	Diskussion: Ein Leben ohne Handy, PC und Internet – ist das möglich?
	diskutieren (hat diskutiert)	Diskutieren Sie dann.
	• der Moderator, -en / • die Moderatorin, -nen	Moderator. Er leitet die Diskussion und achtet darauf, dass alle zu Wort kommen und ihren Standpunkt zum Thema sagen können.
	• der Standpunkt, -e	Moderator. Er leitet die Diskussion und achtet darauf, dass alle zu Wort kommen und ihren Standpunkt zum Thema sagen können.
	ändern (sich) (hat geändert)	Sein Leben hat sich dadurch komplett geändert.

Lernwortschatz

Virtuelle Welt

virtuell
- der Computer, -
- die Festplatte, -n
- die Datei, -en
- das / der Virus, Viren
- der Monitor, -e

(he)runter·laden
an·schließen
löschen

- der Ordner, -
- die Tastatur, -en
- der Akku, -s
- der Rechner, -

installieren
erstellen
- das Passwort, ¨-er
- das Symbol, -e

TIPP
Machen Sie sich ein Bild von den Wörtern. Stellen Sie sich zum Beispiel einen Schreibtisch vor. Was gibt es dort alles?

Mein Schreibtisch:
• der Computer, • der Monitor,
• die Tastatur, • die Unterlagen,
• der Stift, ...

10 Werbung und Konsum

FOTO-HÖRGESCHICHTE

1 • die Haut (Sg.) .... Hautausschlag: Punkte, z. B. im Gesicht, auf der Brust oder am Hals

• das Gesicht, -er .... Punkte, z. B. im Gesicht, auf der Brust oder am Hals

• der Nachteil, -e .... Man bekommt Geld, wenn man Nachteile hatte.

ELLAS KOLUMNE

verbieten (hat verboten)  .... Die Teefirma wollte ihm verbieten, von dem Erlebnis öffentlich zu berichten.

live .... Er kam mit dem Tee zum „Stadtkurier" und wir machten einen Live-Allergie-Test in der Redaktion.

• der Sieger, - / • die Siegerin, -nen  .... Die Antwort des strahlenden Siegers: „Wer sich nicht wehrt, lebt verkehrt."

4 gerecht .... Wenn man ungerecht behandelt wird, muss man etwas dagegen tun.

behandeln (hat behandelt) .... Wenn man ungerecht behandelt wird, muss man etwas dagegen tun.

5 vorig- .... Vorige Woche ...

schalten (hat geschaltet) .... Wenn ich im Fernsehen Werbung sehe, schalte ich sofort um.

A

A1	sowohl ... als auch	Der Tee soll sowohl lecker schmecken als auch gute Laune machen.
	weder ... noch	Ella meint, dass der Tee weder lecker ist noch gute Laune macht.
	• die Limonade, -n 	Limonade – schmeckt fruchtig und erfrischend
A2	• die Lieferung, -en	Das ist nun schon die zweite falsche Lieferung.
	• das Zelt, -e 	Sie können einfach mit dem Zelt und Ihrer Rechnung an die Kasse gehen.
	weg·werfen, du wirfst weg, er wirft weg (hat weggeworfen)	Wir haben sowohl die Verpackung als auch die Rechnung weggeworfen.
	• die Bedingung, -en	Die Hersteller haben da leider unterschiedliche Garantiebedingungen.
	streichen (hat gestrichen)	Es war abgemacht, dass Sie sowohl das Bad renovieren als auch die Wände streichen.
A4	• der Fotoapparat, -e	Ihr Fotoapparat ist nicht so gut wie in der Werbung versprochen.
	• der Beleg, -e	Sie sind mit dem Vorschlag einverstanden, aber Sie haben keinen Beleg.
	• der Umtausch, ¨-e 	Vorschlag: Umtausch.
	benötigen (hat benötigt)	Es wird die Rechnung benötigt.
	gratis	Sie wollen keine Gratisstunden, sondern das Geld zurück.

B

B1	schauen (hat geschaut)	Das, was du suchst, findest du immer dort, wo du zuletzt nachschaust.
	• die Schlange, -n	Die andere Schlange kommt stets schneller voran.
B2	• die Handtasche, -n 	Oder vielleicht in deiner Handtasche.
	an·stellen (sich) (hat sich angestellt)	Dass wir uns ausgerechnet dort anstellen, wo es am langsamsten geht.
	ein·fallen, dir fällt ein, ihm fällt ein (ist eingefallen)	Ist das alles, was dir dazu einfällt?

Lernwortschatz

	schief	....	Es gibt so Tage, an denen geht alles schief, was schiefgehen kann.
B3	• das Missgeschick, -e	....	Peinliche und lustige Pannen und Missgeschicke

C

C1	• das Fahrzeug, -e 	....	Ein hupendes Fahrzeug ist ein Fahrzeug, das hupt.
C2	ausgezeichnet	....	Das Essen gelingt immer und schmeckt ausgezeichnet.
	korrigieren (hat korrigiert)	....	der korrigierende Bleistift
	reinigen (hat gereinigt) 	....	Er reinigt sich selbstständig.
	wachsen, du wächst, er wächst (ist gewachsen)	....	das schrumpfende und wachsende Auto
	drehen (sich) (hat sich gedreht)	....	das sich drehende Auto

D

D1	• die Entwicklung, -en	....	Fred hat bei der Entwicklung eines neuen Produktes mitgeholfen.
	hinterher	....	Hinterher konnte telefonisch über die 50 am häufigsten genannten Ideen abgestimmt werden.
	ab·stimmen (hat abgestimmt)	....	Hinterher konnte telefonisch über die 50 am häufigsten genannten Ideen abgestimmt werden.
	• der Snack, -s	....	Eine Jury probierte die drei besten Snacks und wählte die Nussmischung, die produziert werden sollte.
	einerseits	....	Sie sparen einerseits Kosten für die Marktforschung, andererseits auch Kosten für Verbrauchertests und Werbung.
	• die Forschung, -en	....	Sie sparen einerseits Kosten für die Marktforschung, andererseits auch Kosten für Verbrauchertests und Werbung.

	• der Verbraucher, - / • die Verbraucherin, -nen		Die Verbraucher, die freiwillig bei der Entwicklung von neuen Produkten mithelfen, werden in der Regel gut bezahlt.
D2	• das Projekt, -e		Würden Sie bei so einem Projekt mitmachen?
D3	• die Pflaume, -n		Weiße Schokolade mit Pflaume und Aprikose
	• die Aprikose, -n		Weiße Schokolade mit Pflaume und Aprikose

E

E1	• der Kampf, ¨-e		Tag für Tag die gleichen Kämpfe mit Luis: ...
	neulich		Paola hat dann neulich eine sprechende Zahnbürste gekauft, ...
	• der Griff, -e		Paola hat dann neulich eine sprechende Zahnbürste gekauft, sehr schön, mit neongelber Bürste und einer kleinen sommersprossigen Figur am Griff.
	weiter·machen (hat weitergemacht)		... sagte die Zahnbürste mit roboterhafter Stimme: „Weitermachen!"
	• der Dieb, -e / • die Diebin, -nen		Ist ein Dieb im Bad, ...?
	entschlossen (sein)		Entschlossen öffnete ich die Tür und machte Licht.
	schütteln (hat geschüttelt)		Ich schüttelte sie, aber sie sprach weiter.
	• das Handtuch, ¨-er 		Ich bedeckte sie mit drei Handtüchern, schloss die Tür und ging wieder ins Bett.
	auf·halten, du hältst auf, er hält auf (hat aufgehalten)		Das Metallstimmchen war durch kein Handtuch aufzuhalten.
	• der Rest, -e		Ich konnte mir nicht den Rest der Nacht mit der Zahnbürste um die Ohren schlagen.
	schlagen, du schlägst, er schlägt (hat geschlagen)		Ich konnte mir nicht den Rest der Nacht mit der Zahnbürste um die Ohren schlagen.
	schweigen (hat geschwiegen)		Er schwieg und starrte in die Grube.

Lernwortschatz

Einkaufen und Umtauschen

bestellen
• die Lieferung, -en

• die Beratung, -en
• der Fachmann, ¨-er /
  • die Fachfrau, -en /
  • die Fachleute
• der Verbraucher, - /
  • die Verbraucherin, -nen

• die Bedingung, -en
• der Umtausch, ¨-e
• der Beleg, -e
• der Mangel, ¨-

TIPP
Suchen und notieren Sie jeden Tag Ihr persönliches Wort des Tages.

Datum	Wort des Tages	Wo gefunden?	Beispiel
28.6.	das Missgeschick, -e	in der Zeitung	Das Missgeschick passierte, als ...

11 Miteinander

FOTO-HÖRGESCHICHTE

3 betrügen (hat betrogen)		Der Bauer muss damit rechnen, dass es immer Leute gibt, die betrügen und nicht bezahlen.
illegal		Das ist doch illegal!
an·zeigen (hat angezeigt)		Ich finde, das muss angezeigt und bestraft werden.
bestrafen (hat bestraft)		Ich finde, das muss angezeigt und bestraft werden.

ELLAS KOLUMNE

• der Kasten, ¨-		Also „vergessen" sie schon mal, die Zeitung zu bezahlen, die sie aus dem Zeitungskasten nehmen.
zerstören (hat zerstört)		Ihr zerstört Vertrauen!
• das Vertrauen (Sg.)		Ihr zerstört Vertrauen!
stehlen, du stiehlst, er stiehlt (hat gestohlen)		Dann hört auf zu stehlen!

A

A1	weg·gehen (ist weggegangen)	Sie werden jetzt sofort hier weggehen, damit ich losfahren kann.
A2	• das Gebiet, -e	Auch im benachbarten Ausland wird es in den Skigebieten vorraussichtlich lange Staus geben.
	• der Tropfen, - 	Ich werde keinen einzigen Tropfen Alkohol trinken.
	behindern (hat behindert)	Sie behindern die Fußgänger.
	• die Aufforderung, -en	Drückt Aufforderungen aus.
A3	endgültig	endgültig das Rauchen aufgeben
	auf·geben, du gibst auf, er gibt auf (hat aufgegeben)	endgültig das Rauchen aufgeben
	bemühen (sich) (hat sich bemüht) 	mich bemühen, regelmäßig Sport zu machen
	• die Erkältung, -en	jede Erkältung ernst nehmen
	• die Flöte, -n 	ein Instrument, z. B. Flöte, lernen
	• das Instrument, -e	ein Instrument, z. B. Flöte, lernen
	fest	Das habe ich mir fest vorgenommen, ...
	vornehmen (sich), du nimmst dir vor, er nimmt sich vor (hat sich vorgenommen)	Das habe ich mir fest vorgenommen, ...
	realistisch	Das ist doch nicht realistisch!

B

B2	bereit	Das Smartphone allzeit bereit
	• die Generation, -en	Was für manche als unhöflich gilt, ist für Menschen aus einer anderen Generation oder einer anderen Kultur vielleicht durchaus üblich.
	• der Hauptbahnhof, ⸚e	Sie haben sich mit einem Freund am Hauptbahnhof verabredet.
	verspäten (sich) (hat sich verspätet)	Er verspätet sich um 20 Minuten, ohne Sie vorher informiert zu haben.
	• die Runde, -n	Einer in der Runde nimmt plötzlich sein Handy und schreibt eine Nachricht.
	• der ICE, -s 	Sie sitzen im ICE im Speisewagen und möchten in Ruhe lesen.

Lernwortschatz

	• der Speisewagen, -	....	Sie sitzen im ICE im Speisewagen und möchten in Ruhe lesen.
	minutenlang	....	Neben Ihnen führt ein junger Mann minutenlang mit lauter Stimme Geschäftstelefonate.
	weigern (sich) (hat sich geweigert)	....	Sie weigert sich, „Danke" zu sagen, nimmt das Geschenk und verschwindet in ihr Zimmer.
	zu·schauen (hat zugeschaut)	....	Die Eltern schauen zu, ohne etwas zu sagen, und lächeln.
	unerträglich	....	Sie finden den Geruch unerträglich.
	• die Ausnahme, -n	....	in Ausnahmen möglich
	absolut	....	absolut unmöglich
	eindeutig	....	In meiner Heimat wäre es eindeutig unhöflich, wenn man in öffentlichen Verkehrsmitteln isst.

C

C1	• die Geschwindigkeitsbeschränkung, -en	....	Er hat sich nicht an die Geschwindigkeitsbeschränkung gehalten.
	eilig	....	Er hatte es eilig und hat vom Handy aus nur schnell die Bank angerufen.
C2	überqueren (hat überquert)	....	Sie haben mit dem Fahrrad bei Rot die Straße überquert.
	vor·kommen (ist vorgekommen)	....	Es wird bestimmt nie wieder vorkommen.

D

D2	• das Missverständnis, -se	....	Das Thema ist: Interkulturelle Missverständnisse
	kulturell	....	Das Gefühl von Fremdheit hat mit der kulturellen und geografischen Distanz zum Herkunftsland zu tun.
	• das Herkunftsland, ¨-er	....	Das Gefühl von Fremdheit hat mit der kulturellen und geografischen Distanz zum Herkunftsland zu tun.
	• die Flucht (Sg.)	....	Wenn man auf der Flucht ist und sein Heimatland verlassen musste, fühlt man sich zuerst überall fremd und hat Heimweh.

E

E1	• der Autor, -en / • die Autorin, -nen	Woher kommt der Autor?
E2	verhalten (sich), du verhältst dich, er verhält sich (hat sich verhalten)	Wie verhalten sich Deutsche und Araber bei privaten Einladungen?
	beleidigen (hat beleidigt)	In Damaskus fühlt sich jeder Gastgeber beleidigt, wenn seine Gäste etwas zu essen mitbringen.
	behaupten (hat behauptet)	Er kann nicht bloß einfach behaupten, dass er das Essen gut findet, er muss es beweisen, ...
	beweisen (hat bewiesen)	Er kann nicht bloß einfach behaupten, dass er das Essen gut findet, er muss es beweisen, ...
	neugierig	Sie kommen pünktlich, essen wenig und fragen neugierig nach dem Rezept.
	verständlich	Ein guter arabischer Koch kann aber gar nicht die Entstehung eines Gerichts, das er gezaubert hat, knapp und verständlich beschreiben.
	loben (hat gelobt)	Und sollten sie wirklich einmal einen sechsten Gast mitbringen wollen, telefonieren sie vorher stundenlang mit dem Gastgeber, ..., entschuldigen sich dafür und loben dabei die zusätzliche Person als einen Engel der guten Laune und des gediegenen Geschmacks.
	• der Geschmack, ¨-er 	Und sollten sie wirklich einmal einen sechsten Gast mitbringen wollen, telefonieren sie vorher stundenlang mit dem Gastgeber, ..., entschuldigen sich dafür und loben dabei die zusätzliche Person als einen Engel der guten Laune und des gediegenen Geschmacks.
	zählen (hat gezählt)	Einmal zählten wir in Damaskus eine Prozession von 29 Menschen vor unserer Tür, als meine Mutter ihre Schwester eingeladen hatte, um mit ihr nach dem Essen in Ruhe zu reden.
	• die Anzahl (Sg.)	Anzahl der Gäste

Lernwortschatz

E4 • das Plakat, -e — Schreiben Sie ein Plakat mit Tipps.

notwendig — Es ist notwendig, dass ...

missverstehen (hat missverstanden) — Ich denke, er darf es nicht missverstehen, wenn ...

Kriminalität

betrügen

zerstören

stehlen

behindern

beleidigen

lügen

beschädigen

verletzen

TIPP Erklären Sie Wörter.

• die Flöte = Das ist ein Instrument. Es ist aus Holz oder Metall. ...

12 Soziales Engagement

FOTO-HÖRGESCHICHTE

2 • die Biene, -n — Welches Tier ist das? – Eine Biene.

4 verantwortlich — Tobias ist allein für das Kinder-Ferienprogramm verantwortlich.

ELLAS KOLUMNE

• die Organisation, -en — Zum Glück gibt es Organisationen, die Hilfe anbieten.

5 • die Schwierigkeit, -en — Welche Schwierigkeiten haben Eltern im Sommer häufig?

unterstützen (hat unterstützt) — Wie kann man die Nachbarschaftshilfe unterstützen?

A

A2 • der Zirkus, -se — Wir lernen und üben Zirkustechniken, bis wir sie auf dem Sommerfest aufführen können.

• das Publikum (Sg.) — Wir lernen und üben Zirkustechniken, bis wir sie auf dem Sommerfest vor Publikum aufführen können.

	auf·führen (hat aufgeführt)		Wir lernen und üben Zirkustechniken, bis wir sie auf dem Sommerfest aufführen können.
	sonstig-		sonstige Angebote: Tagesmutter-vermittlung, ...
	• die Tagesmutter, ¨		sonstige Angebote: Tagesmutter-vermittlung, ...
	• die Vermittlung, -en		sonstige Angebote: Tagesmutter-vermittlung, ...
	pensioniert sein		Seit Sie pensioniert sind, sind Sie auf der Suche nach einem neuen Hobby?
	• der Augenblick, -e		Schreibend suchen wir nach kleinen und vielleicht vergessenen Augen-blicken, die das Leben liebenswert machen.
	• der Kreis, -e		Singkreis: Für alle Musikfreunde, die gern singen oder ein Instrument spielen
	• der Dienst, -e		Begleit- und Fahrdienste
	vor·lesen, du liest vor, er liest vor (hat vorgelesen)		Besuchsdienste: Zuhören oder Vorlesen, Gespräche
	zukünftig		Sie arbeiten zukünftig montags am Vor-mittag und suchen eine Betreuung für Ihre dreijährige Tochter.
	• die Betreuung, -en		Sie ... suchen eine Betreuung für Ihre dreijährige Tochter.
	wöchentlich		Ihre Mutter hat sich einen Arm gebro-chen und muss zweimal wöchentlich zum Arzt gefahren werden.
A3	• die Geduld (Sg.)		Bis wir wieder einen freien Platz haben, müssen Sie allerdings etwas Geduld haben.
	vernünftig		Seitdem ich den Unfall hatte, fehlen mir vernünftige Mahlzeiten.

B

B2	• die Jugend (Sg.)		Neben Sportvereinen gibt es Musikver-eine, soziale Vereine, Jugendklubs, ...
	• die Feuerwehr, -en		Neben Sportvereinen gibt es Musikver-eine, ... die freiwillige Feuerwehr und vieles mehr.

Lernwortschatz

	Wort	Beispiel
	beinahe	Beinahe jeder dritte Deutsche verbringt dort seine Freizeit.
	ein·treten, du trittst ein, er tritt ein (ist eingetreten)	Ein Freund gab mir den Tipp: Tritt in einen Verein ein!
	klettern (ist geklettert) 	Und nun habe ich klettern gelernt!
	jahrzehntelang	Ich habe Brände gelöscht, war bei Einsätzen dabei. Jahrzehntelang!
	solange	Aber ich helfe, indem ich die Kinder betreue und versorge, solange die Eltern im Einsatz sind.
	versorgen (hat versorgt)	Aber ich helfe, indem ich die Kinder betreue und versorge, solange die Eltern im Einsatz sind.

C

	Wort	Beispiel
C2	• die Integration (Sg.)	In diesem Jahr wurde besonders auf die Bedeutung des Engagements für die Integration von Migrant/innen hingewiesen.
	hin·weisen (hat hingewiesen)	In diesem Jahr wurde besonders auf die Bedeutung des Engagements für die Integration von Migrant/innen hingewiesen.
	• die Bürgerinitiative, -n	Sie organisieren sich in einer Million Vereinen, Bürgerinitiativen oder Selbsthilfegruppen.
	• der Babysitter, - / • die Babysitterin, -nen	Sie pumpen Fußbälle auf, rasieren und frisieren Pflegebedürftige, restaurieren alte Häuser, engagieren sich als Babysitter, springen für kranke Lehrer ein, unterstützen Geflüchtete.
	• das Verfallsdatum, -daten	Sie sammeln in Supermärkten Lebensmittel kurz vor dem Verfallsdatum ein und verteilen sie an Bedürftige.
	verteilen (hat verteilt)	Sie sammeln in Supermärkten Lebensmittel kurz vor dem Verfallsdatum ein und verteilen sie an Bedürftige.
	• die Kälte (Sg.) 	Alle reden von sozialer Kälte.
	öko(logisch)	Sie machen ein „freiwilliges ökologisches Jahr".
	• das Altenheim, -e	Sie arbeiten in dieser Zeit in Altenheimen, Sportvereinen oder Naturschutzgruppen.

	• die Einrichtung, -en	....	Wir arbeiten mit mehr als 430 sozialen Einrichtungen zusammen.
	egoistisch	....	Die dunklen Vorhersagen einer egoistischen Spaßgesellschaft von „Ichlingen“ haben sich offensichtlich nicht erfüllt.
	• die Gesellschaft, -en	....	Die dunklen Vorhersagen einer egoistischen Spaßgesellschaft von „Ichlingen“ haben sich offensichtlich nicht erfüllt.
C3	ein·setzen (sich) (hat sich eingesetzt)	....	sich für etwas einsetzen
	• der Umweltschutz (Sg.)	....	Ich bin in einem Umweltschutzverein.

D

D1	• die Philosophie, -n	....	Albert Schweitzer – Philosoph
D2	• die Klinik, -en	....	Die Schülerin ruft eine Klinik an.
	• die Maßnahme, -n	....	Als die alte Dame nicht mehr auf Ansprache reagiert, beginnt die Schülerin sofort mit Erste-Hilfe-Maßnahmen.
	über-	....	Die Anruferin meint, dass ihre Mutter nur überlebt hat, weil die Sanitäter so schnell eingetroffen sind.
D3	tolerant	....	Sie war sehr lebensfroh und tolerant.

E

E1	• das Gewissen, -	....	Gewissensfrage
	vorgestern	....	Meine Freundin hat mir vorgestern zum Geburtstag einen selbstgestrickten Wollpullover geschenkt.
	• die Wolle (Sg.)	....	Meine Freundin hat mir vorgestern zum Geburtstag einen selbstgestrickten Wollpullover geschenkt.
E2	• die Lüge, -n	....	Wenn man einem Menschen mit einer kleinen Lüge helfen kann, ist das gut.
E3	heimlich	....	Ist es okay, heimlich die Nachrichten auf seinem Handy zu lesen?

Lernwortschatz

Soziales Engagement

- • die Einrichtung, -en
- unterstützen
- sich einsetzen

- verantwortlich sein
- • die Bürgerinitiative, -n
- • die Betreuung, -en
- • der Verein, -e

- • die Organisation, -en
- • die Gesellschaft, -en
- • das Mitglied, -er

TIPP Notieren Sie Gegensätze.

die Lüge – die Wahrheit
die Kälte – die Hitze

13 Aus Politik und Geschichte

FOTO-HÖRGESCHICHTE

3	weiter·bilden (sich) (hat sich weitergebildet)	Lernt dazu und bildet euch weiter!

ELLAS KOLUMNE

zu·bereiten (hat zubereitet)	Menschen aus verschiedenen Ländern bringen selbst zubereitetes Essen nach Rezepten aus ihrer Heimat mit.
passen, es passt (hat gepasst)	Passt das?

A

A1	• die Reportage, -n	Lesen Sie die Reportage über Herrn Wirth.
	körperlich	Mit seinen 81 Jahren ist August Wirth körperlich und geistig noch topfit …
	• das Ereignis, -se	Mit seinen 81 Jahren ist August Wirth körperlich und geistig noch topfit und kann sich an die Ereignisse aus seinem langen Leben gut erinnern.
	geschehen (ist geschehen)	Das geschah im Jahr 1945, in den letzten Monaten des Zweiten Weltkriegs.
	• der Krieg, -e	Das geschah im Jahr 1945, in den letzten Monaten des Zweiten Weltkriegs.

	• die Bombe, -n	Im Februar wurde sein Vater bei einem Bombenangriff getötet.
	töten (hat getötet)	Im Februar wurde sein Vater bei einem Bombenangriff getötet.
	feucht 	Als der alte Mann von dieser Flucht berichtet, werden seine Augen feucht und seine Stimme zittert leicht.
	kämpfen (hat gekämpft)	Sie hat wie eine Löwin für unsere Zukunft gekämpft.
	empfangen, du empfängst, er empfängt (hat empfangen)	Leicht war das nicht, denn obwohl sie Deutsche waren, wurden die Flüchtlinge aus dem Osten im Westen Deutschlands nicht begeistert empfangen.
	fördern (hat gefördert)	Er hat es immer als wichtige Aufgabe verstanden, Kinder und Jugendliche zu fördern, die es schwerer haben als andere.
	örtlich	Außerdem kümmerte er sich darum, dass von den örtlichen Betrieben auch für Migrantenkinder Ausbildungsplätze zur Verfügung gestellt wurden.
	• der Bürgermeister, - / • die Bürgermeisterin, -nen	Vor zwei Jahren wurde in August Wirths Heimatstadt eine junge Frau aus einer Migrantenfamilie zur zweiten Bürgermeisterin gewählt.

B

B2	• der Fortschritt, -e	Schüler mit Migrationshintergrund würden viel schnellere Fortschritte bei ihren Deutschkenntnissen machen.
	leisten (sich) (hat sich geleistet)	Gerade in vielen größeren Städten ist es für ärmere Menschen unmöglich, eine Wohnung zu finden, die sie sich leisten können.
	• das Gesetz, -e	Wir bräuchten strengere Gesetze!
	• die Geschwindigkeit, -en 	Höchstgeschwindigkeit 120 Stundenkilometer, ...
B3	• die Ansicht, -en	Meiner Ansicht nach ...
	• der Zusammenhang, ⸚e	In diesem Zusammenhang finde ich auch wichtig, dass ...
	• der Gegensatz, ⸚e	Im Gegensatz zu ...

Lernwortschatz

C

C1	• die Demonstration, -en		Ich war noch nie auf einer Demonstration.
C2	• das Zeichen, -		Ein breites Bündnis hat am vergangenen Sonntag dazu aufgerufen, ein deutliches Zeichen gegen Fremdenhass und Rassismus zu setzen.
	politisch		In Berlin, München, Leipzig, Hamburg und in anderen Städten bildeten die Teilnehmenden lange Menschenketten und verbanden symbolisch religiöse, soziale, kulturelle und politische Einrichtungen mit Flüchtlingsunterkünften, um für ein offenes Europa zu demonstrieren.
	fair		Für einen fairen Milchpreis!
	• der Bauer, -n / • die Bäuerin, -nen		Immer mehr Milchbauern in Deutschland müssen ihre Höfe aufgeben.
	protestieren (hat protestiert)		Um auf diesen Missstand hinzuweisen, protestierten am Freitag etwa 50 Milchbauern vor dem Landwirtschaftsministerium.
	• die Landwirtschaft (Sg.)		Um auf diesen Missstand hinzuweisen, protestierten am Freitag etwa 50 Milchbauern vor dem Landwirtschaftsministerium.
	städtisch		Rund 50 Kinder und Jugendliche demonstrierten ... gegen die Schließung ihres städtischen Schwimmbades.
C3	• der Streik, -s		Haben Sie in Deutschland schon eine Demonstration oder einen Streik gesehen?

D

D1	• der Bundeskanzler, - / • die Bundeskanzlerin, -nen		Im Bundeskanzleramt arbeitet die Regierungschefin / der Regierungschef.
D2	• die Macht, ¨-e		Die Siegermächte wussten genau, wie es mit Deutschland weitergehen soll.
	• die Zone, -n		Deutschland wurde in vier Zonen geteilt.

offiziell .... Der deutsche Nationalfeiertag feiert die offizielle Wiedervereinigung der beiden Staaten im Jahr 1990.

D4 national .... Welche nationalen Symbole verbinden Sie mit dem Land?

folgend- .... Wir haben uns mit folgenden Fragen beschäftigt: ...

Politik

politisch

wählen

• die Regierung, -en

• die Macht, ⸚e

• der Bürgermeister, - / • die Bürgermeisterin, -nen

• der Bundeskanzler, - / • die Bundeskanzlerin, -nen

• der Präsident, -en / • die Präsidentin, -nen

TIPP
Spielen Sie ein Memo-Spiel mit zusammengesetzten Wörtern. Schreiben Sie ein Wort auf zwei Karten. Mischen Sie und finden Sie Paare.

14 Alte und neue Heimat

ELLAS KOLUMNE

diesmal .... Wer diesmal nicht dabei sein konnte, muss nicht traurig sein.

A

A2 traditionell .... Lebkuchen sind ein traditionelles süßes Gebäck, das besonders gern zur Weihnachtszeit gegessen wird.

• das Gebäck, -e .... Lebkuchen sind ein traditionelles süßes Gebäck, das besonders gern zur Weihnachtszeit gegessen wird.

speziell .... Die Thüringer Rostbratwurst gibt es nur in speziellen Restaurants.

A3 braten, du brätst, er brät (hat gebraten) .... braten + die Wurst = die Bratwurst

Lernwortschatz

	rühren (hat gerührt) 		rühren + das Ei = das Rührei
A4	trocknen (hat getrocknet)		Bei uns in Südafrika isst man gern Biltong, das ist getrocknetes Rindfleisch und das schmeckt sehr lecker.

B

B2	• das Zuhause (Sg.) 		Mit „Zuhause“ verbinde ich ...
	• die Tradition, -en		Mit „Tradition“ verbinde ich ...
	• die Gegend, -en		Mit Heimat verbinde ich die Gegend, in der ich aufgewachsen bin.
B3	• die Mobilität (Sg.)		Wer weiß heute noch genau, wohin er gehört – in Zeiten von Mobilität und Migration?
	• die Migration (Sg.)		Wer weiß heute noch genau, wohin er gehört – in Zeiten von Mobilität und Migration?
	ursprünglich		Meine Wurzeln sind im Libanon, denn meine Familie stammt ursprünglich aus Beirut.
	• das Volk, ¨-er		Libanesen sind ein sehr gastfreundliches Volk.
	• die Staatsangehörigkeit, -en		Meine Eltern kommen aus der Türkei und ich habe die türkische Staatsangehörigkeit.
	• der Profi, -s		Als kleiner Junge habe ich immer von einer Karriere als Profi-Fußballer bei den Bayern geträumt.
	integrieren (hat integriert)		Ich würde schon sagen, dass wir gut integriert sind.
B4	ordnen (hat geordnet)		Sammeln Sie Ideen. Ordnen Sie dann.

C

C2	• die Fläche, -n		Europa hat eine Fläche von ...
	• der Einwohner, - 		Wie viele Einwohner hat Europa?
	• der Kontinent, -e		Europa ist ein Kontinent.
C3	• die EU (Sg.)		Sehen die Personen die EU eher positiv oder negativ?
	• die Freiheit, -en		Welche Person spricht über Reisefreiheit?
	• die Demokratie, -n		Welche Person spricht über Frieden und Demokratie?

D

- der Zuwanderer, - ______ Auch der Deutsch-Test für Zuwanderer sollte nun kein Problem mehr für Sie sein.

In der Küche

- das Gewürz, -e
- das Rezept, -e
- die Zutat, -en
- das Gericht, -e

braten
rühren
kochen
backen

zubereiten
- der Nachtisch, -e
- das Gebäck, -e
- der Kuchen, -

TIPP

Merken Sie sich: Alle Wörter mit *-ung*, *-schaft*, *-heit* und *-ität* sind • die.

- die Freiheit
- die Mobilität …

Nomen

n-Deklination Lektion 8

	Nominativ	Akkusativ	Dativ
•	der/ein Kollege	den/einen Kollegen	dem/einem Kollegen
•	die/– Kollegen	die/– Kollegen	den/– Kollegen

auch so: der Mensch, der Nachbar, der Praktikant, der Herr, der Junge, der Pole, der Grieche, ...

ÜG 1.04

Adjektive

Adjektiv als Nomen Lektion 8

	Nominativ	Akkusativ	Dativ
•	der Bekannte ein Bekannter	den Bekannten einen Bekannten	dem Bekannten einem Bekannten
•	die Bekannte eine Bekannte	die Bekannte eine Bekannte	der Bekannten einer Bekannten
•	die Bekannten – Bekannte	die Bekannten – Bekannte	den Bekannten – Bekannten

auch so: jugendlich → die/der Jugendliche
erwachsen → die/der Erwachsene
deutsch → die/der Deutsche

ÜG 4.06

Partizip Präsens als Adjektiv Lektion 10

Partizip Präsens		
wohltun	wohltuend	• der wohltuende / ein wohltuender Tee
hupen	hupend	• das hupende / ein hupendes Fahrzeug
sprechen	sprechend	• die sprechende / eine sprechende Puppe
leuchten	leuchtend	• die leuchtenden / leuchtende Schuhe

ÜG 4.05

Adjektivdeklination mit Komparativ und Superlativ Lektion 13

Nominativ	Akkusativ	Dativ
• der größere / größte Teil • ein größerer Teil	• den größeren / größten Teil • einen größeren Teil	• dem größeren / größten Teil • einem größeren Teil
• das größere / größte Problem • ein größeres Problem	• das größere / größte Problem • ein größeres Problem	• dem größeren / größten Problem • einem größeren Problem
• die größere / größte Frage • eine größere Frage	• die größere / größte Frage • eine größere Frage	• der größeren / größten Frage • einer größeren Frage
• die größeren / größten Fragen • größere Fragen	• die größeren / größten Fragen • größere Fragen	• den größeren / größten Fragen • größeren Fragen

ÜG 4.01–4.04

Verben

Futur I Lektion 11

		Position 2		Ende
Aufforderung	Sie	werden	jetzt sofort hier	weggehen!
Vorhersage/ Vermutung	Auch im Ausland	wird	es lange Staus	geben.
Versprechen	Ich	werde	keinen einzigen Tropfen Alkohol	trinken.
Vorsatz/Plan	Ich	werde	jeden Abend eine Stunde	joggen.

So kann man auch ausdrücken, was in der Zukunft passiert:
Anfang Juni fange ich eine Ausbildung zum Hotelfachmann an.

ÜG 5.08

Passiv Perfekt Lektion 13

1975	ist	ein Lernhilfeverein	gegründet worden.

ÜG 5.13

Passiv Präteritum Lektion 13

Sie	wurde	zur 2. Bürgermeisterin	gewählt.

ÜG 5.13

Verben mit Präpositionen Lektion 14

Präpositionen mit Akkusativ	Präpositionen mit Dativ
denken an	verbinden mit
sich erinnern an	gehören zu
sich freuen über	träumen von

auch so: warten auf, sich beschweren über, sich freuen auf, sich ärgern über, sprechen über, sich kümmern um, Lust haben auf, ...

auch so: erzählen von, sich treffen mit, sprechen mit, telefonieren mit, Angst haben vor ...

ÜG 5.23

Präpositionaladverbien Lektion 14

Verb mit Präposition	Präpositionaladverb	Fragewort
denken an	daran	woran ...?
sich freuen über	darüber	worüber ...?
verbinden mit	damit	womit ...?
gehören zu	dazu	wozu ...?
träumen von	davon	wovon ...?

ÜG 5.23

Präpositionen

Präposition: *außer* + Dativ Lektion 12

außer	alle außer meiner Schwester = alle, nur meine Schwester nicht

ÜG 6.04

Konjunktionen

Konjunktion: *falls* Lektion 8

	Konjunktion		Ende
Wir sind jetzt per *Du*,	falls	dich das	interessiert.
Kein Problem ist unlösbar,	falls	man seine Hausaufgaben ordentlich	gemacht hat.

ÜG 10.11

Konjunktionen: *während, nachdem, bevor* Lektion 9

Du suchst nach der Datei, während ich das Programm runterlade.
Alex war Polizist, bevor er „Superstar“ wurde.
Nachdem du den Ordner kopiert hattest, hast du ihn gelöscht.

ÜG 10.08

Konjunktion: *als ob* Lektion 9

	Konjunktion	Ende: Konjunktiv II
Du tust ja so,	als ob ich keine Ahnung	hätte.

ÜG 5.18

Konjunktion: *da* Lektion 11

	Konjunktion	Ende
Ich wollte einfach nur schnell los,	da ich schon spät dran	bin.

ÜG 10.09

Konjunktion: *seit/seitdem* Lektion 12

	Konjunktion	Ende
Ich bin Mitglied,	seit/seitdem ich 16	bin.

ÜG 10.08

Konjunktion: *bis* Lektion 12

	Konjunktion	Ende
Das Programm geht die Ferien über,	bis die Schule wieder	anfängt.

ÜG 10.08

Konjunktion: *indem* Lektion 12

	Konjunktion	Ende
Auch Sie können helfen,	indem Sie Geld	spenden.

ÜG 10.12

Konjunktionen: *ohne dass / ohne ... zu* + Infinitiv Lektion 12

	Konjunktion	Ende
In der Nachbarschaftshilfe können Sie sogar mitmachen,	ohne dass Sie Mitglied	sind.
	ohne Mitglied	zu sein.

ÜG 10.12

Zweiteilige Konjunktion: *je ... desto/umso* Lektion 8

Je länger man wartet, desto/umso schlechter wird die Stimmung.

ÜG 10.13

Zweiteilige Konjunktion: *sowohl … als auch* Lektion 10

Der Tee soll	sowohl lecker schmecken	als auch gute Laune machen.

sowohl lecker als auch gesund = lecker und gesund

ÜG 10.13

Zweiteilige Konjunktion: *weder … noch* Lektion 10

Ella meint, dass der Tee	weder lecker ist	noch gute Laune macht.

weder lecker noch gesund = nicht lecker und nicht gesund

ÜG 10.13

Sätze

Relativsatz mit Präpositionen Lektion 8

Ist das der Kollege,	von dem	man nur Gutes sagen kann? (sagen von + Dativ)
	von dem	du erzählt hast? (erzählen von + Dativ)
Ist das die Bekannte,	von der	man nur Gutes sagen kann?
	von der	du erzählt hast?
Sind das die Kollegen,	von denen	man nur Gutes sagen kann?
	von denen	du erzählt hast?

ÜG 10.14

Relativsatz mit *wo* und *was* Lektion 10

Warum fahre ich immer genau	dort, wo	der Stau am schlimmsten ist?

auch so: da/überall/die Stadt/der Ort/…, wo …

Das, was	du suchst,	findest du immer …

auch so: nichts/etwas/…, was …

ÜG 10.14

Wortbildung

Wiederholung: Wortbildung Nomen Lektion 14

Nomen + Nomen	Adjektiv + Nomen	Verb + Nomen	Verb > Nomen
das Volk + s + das Fest > das Volksfest	weiß + die Wurst > die Weißwurst	braten + die Wurst > die Bratwurst	sich erinnern > die Erinnerung
der Oktober + das Fest > das Oktoberfest			herstellen > die Herstellung

ÜG 11.01

Lösungen zu den Tests

Lektion 8

1 **b** Distanz **c** Alternativen **d** zusagt **e** worum
2 **b** Je mehr Spaß dir die Arbeit macht, desto schneller ist der Arbeitstag vorbei. **c** Je mehr du arbeitest, desto weniger Zeit hast du für deine Familie. **d** Je ehrlicher du zu deinen Kollegen bist, desto besser ist das Arbeitsklima.
3 **b** Das hier ist mein Freund Michael, mit dem ich nächste Woche in den Urlaub fahre. **c** Hier sind die Kinder meines Bruders, um die ich mich in den Ferien gekümmert habe. **d** Da ist ja der Brief, auf den ich so lange gewartet habe. Ben & Bäcker? Das ist eine große Firma, für die ich schon einmal gearbeitet habe.
4 **a** von mir aus können wir **b** Wenn es Ihnen recht; wir uns gern duzen; Ja, gern

Fokus Beruf: ***Eine Kündigung schreiben***
1b 1 schlechtes Arbeitsklima 2 zu niedriger Lohn 3 keine Karrieremöglichkeiten 4 zu viel Stress 5 berufliche Neuorientierung / Ortswechsel des Partners 6 Schichtarbeit / Sonstiges

Lektion 9

1 **a** herunterladen **b** Ordner **c** löschen **d** Datei
2 **b** Bevor **c** Während **d** bevor **e** Nachdem
3 **b** tut so, als ob er alle kennen würde **c** sie hört sich an, als ob sie kaputt wäre **d** sagen das so, als ob Sie Angst hätten
4 **b** das Gefühl kenne ich **c** Das finde ich übertrieben **d** An deiner Stelle würde ich **e** Keine Ahnung, warum euch das so aufregt

Lektion 10

1 **b** verbieten **c** anstellen **d** Behandeln **e** abstimmen
2 **b** Wir fanden die Vorstellung sowohl spannend als auch lustig. **c** Das Zelt ist weder besonders schön noch praktisch. **d** Bei diesem Fotoapparat stimmen sowohl die Qualität als auch der Preis. **e** Mir gefallen weder die Größe noch die Farbe der Handtasche.
3 **b** sprechender 1 **c** leuchtenden 4 **d** passende 2
4 **a** Ich bin wirklich sehr verärgert, dass **b** Das geht doch nicht **c** Ich musste leider feststellen, dass **d** hat mich heute wirklich sehr enttäuscht **e** Es war doch abgemacht, dass

Lektion 11

1 **b** Missverständnis **c** Flucht **d** verhalten, beleidigen **e** Ausnahme
2 **b** Du wirst bald in einer großen Firma eine bessere Stelle finden. **c** Dein neuer Chef wird dich in ein paar Monaten ins Ausland schicken. **d** Dann wirst du einen netten Kollegen kennenlernen und ihn heiraten.
3 **b** da wir mit dem Klassenlehrer von unserer Tochter sprechen wollen **c** da ich die anderen Fahrgäste nicht stören will **d** da ich mit dem Auto im Halteverbot geparkt habe.
4 **b** 3 **c** 4 **d** 2 **e** 1

Lektion 12

1 **b** vorzulesen **c** Babysitter **d** Augenblick **e** Bürgerinitiative
2 **b** seit sie wieder arbeitet **c** Bis seine Eltern wieder aus dem Urlaub zurückkommen **d** seit sie 13 ist **e** bis er keine Zeit mehr dafür hatte
3 **b** ohne dass **c** ohne dass **d** indem
4 **b** habe **c** erst mal **d** vielleicht **e** eine Idee

Lektion 13

1 **a** körperliche **c** Zusammenhang **d** fördert
2 **b** Sie wurden zum Essen in den Präsidentenpalast eingeladen. / Sie sind zum Essen in den Präsidentenpalast eingeladen worden. **c** Stundenlang wurden politische Themen diskutiert. / Stundenlang sind politische Themen diskutiert worden.
3 **a** schöneres **b** neuesten **c** frischere **d** niedrigste **d** besten
4 **b** meine Meinung **c** es besser so, wie es in England ist **d** Meiner Ansicht nach **e** kann ich nur ablehnen

Lektion 14

1 **a** Gebäck, braten, rühren **b** Demokratie, integrieren, Migration, Staatsangehörigkeit
2 **b** Esslöffel **c** Weißbrot **d** Orangensaft **e** Kaffeetasse
3 **b** Worüber, darüber **c** an, Woran, An **d** mit, Damit
4 **a** **2** Das ist ein **3** schmecken gut zu **4** Das ist eine Spezialität **b** **1** Mit dem Kurs verbinde ich **2** Ich denke an **3** Ich träume davon

Quellenverzeichnis

Kursbuch

Cover: Bernhard Haselbeck, München U2: Digital Wisdom S. 95: Ü4: Handy © Thinkstock/iStock/chaofann; Frau © Thinkstock/BananaStock S. 100: D1 © Thinkstock/iStock/bokan76 S. 104: Gedicht © Getty Images/stevecoleimages; Projekt: 1. Zeile von links: © Thinkstock/iStock/michaeljung; © Thinkstock/Wavebreakmedia Ltd; © Thinkstock/iStock/Stuart Jenner; 2. Zeile von links: © Getty Images/iStock/Rich Legg; © Thinkstock/iStock/m-imagephotography; © Thinkstock/iStock/monkeybusinessimages S. 105: © Thinkstock/iStock/TAW4 S. 107: IT © Thinkstock/Photodisc/Chad Baker/Ryan McVay S. 110: B3 © iStock/Kemter S. 111: C1: A: Alexander Keller, München; B © Thinkstock/iStock/gpointstudio; C © Getty Images/Valentin Casarsa; D © Thinkstock/iStock/AndreyPopov S. 113: E1 © Thinkstock/iStock/monkeybusinessimages S. 116: Lied: Florian Bachmeier, Schliersee S. 117: Schreiben © Thinkstock/iStock/NADOFOTOS; Spiel von links: © Thinkstock/iStock/alfexe; © Thinkstock/iStock/iprogressman; © Thinkstock/iStock/OlegMalyshev S. 120: A1: 1 © fotolia/PhotoSG; 2 © fotolia/alex; 3 © Thinkstock/iStock/karandaev S. 122: B1: A © Fotosearch.de; C © Thinkstock/Creatas Images; D © fotolia/industrieblick; B2: A li © Thinkstock/iStock/monkeybusinessimages; A re © Thinkstock/iStock/sergeyryzhov; B © Thinkstock/iStock/Mark Bowden; C © Thinkstock/iStock/devifoto; D © Thinkstock/iStock/Bombaert S. 124: D1 © Thinkstock/iStock/conejota S. 125: Text aus Axel Hacke, Das kolumnistische Manifest, © Verlag Antje Kunstmann GmbH, München 2015; Foto © action press/GALUSCHKA, HORST S. 128: Gedicht © Getty Images/LordRunar S. 129: Litfaßsäule neu © PantherMedia/goodiefun; Revolution © INTERFOTO/Sammlung Rauch; Litfaßsäule alt © INTERFOTO/Sammlung Rauch S. 132: A2: A © iStock/simonkr; B © iStock/Kichigin; C © GettyImages/OJO Images; D © fotolia/mavoimages; E © fotolia/MAST S. 134: C1: A © fotolia/Sven Grundmann; B © Thinkstock/iStock/piotr290; C © Thinkstock/iStock/-goldy- S. 135: D2: 1 © Thinkstock/Creatas/Jupiterimages; 2 © Thinkstock/iStock/Zeffss1; 3 © GettyImages/Juanmonino; 4 © Thinkstock/iStock/g-stockstudio S. 136: Text aus Rafik Schami, Gesammelte Olivenkerne. Aus dem Tagebuch der Fremde © 1997 Carl Hanser Verlag GmbH & Co. KG, München; Cover: Rafik Schami: Gesammelte Olivenkerne aus dem Tagebuch der Fremde; Umschlagbild von Root Leeb: dtv Verlagsgesellschaft, München, © Carl Hanser Verlag, München S. 138: Polizist © fotolia/codiarts S. 140: Lesen: Florian Bachmeier, Schliersee; Hören: Mann © Thinkstock/iStock/Wavebreakmedia; Frau © Thinkstock/Photodisc/Getty Images S. 145: A3 © Getty Images/OJO Images/Robert Daly S. 146: B2: Nikolin © Thinkstock/iStock/MBPROJEKT_Maciej_Bledowski; Jürgen © Thinkstock/PHOTOS.com>>/Jupiterimages S. 147: Tafel © Thinkstock/stockbyte/Brand X Pictures; Logo © Freiwilligen-Agentur Tatendrang München S. 148: D1 © Thees Carstens S. 149: E1 © Getty Images/E+/blindtoy99 S. 151: Frau © Thinkstock/iStock/Highwaystarz-Photography S. 152: Schreiben © Thinkstock/iStock/cyano66 S. 157: A3 von links: © dpa Picture-Alliance/Matthias Balk; © dpa Picture-Alliance/Jens Kalaene; © orion_eff - stock.adobe.com S. 158: B2: 1 © Thinkstock/iStock/ajr_images; 2 © fotolia/kite_rin; 3 © PantherMedia/Goodluz S. 159: C1 © fotolia/Photocreatief; C2: A © fotolia/Pierre-jean Grouille; B © Getty Images/skynesher; C © Getty Images/iStock/Rawpixels S. 160: D1: A © Thinkstock/iStock/JohnnyWalker61; B © Thinkstock/iStock/Nash1966; C © Thinkstock/iStock/PatrickPoendl; D © fotolia/Increa; E © picture alliance/AP Images; F © imageBROKER.com GmbH & Co. KG/Alamy Stock Foto S. 161: D3: 1 © dpa Picture-Alliance; 2 © dpa Picture-Alliance/Ossinger; 4 © action press/ULLSTEIN BILD S. 164: Landeskunde © Markus Wissmann / Alamy Stock Fotos S. 168: A2: Karte: Ralf Meyer-Ohlenhof, München; 2 © Thinkstock/iStock/JBryson; 3 © Thinkstock/Stockbyte/altrendo images; 4 © Thinkstock/iStock/JackF; 5 © Thinkstock/iStock/NemanjaMiscevic; 6 © Thinkstock/iStock/tetmc; A © fotolia/Cornelia Kalkhoff; B © fotolia/Jan Sommer; C © Thinkstock/iStock/PicLeidenschaft; D © Thinkstock/iStock/bernjuer; E © fotolia/silencefoto; F © Thinkstock/iStock/totalpics S. 170: B3: Amira © Soluna Kokol, München; Burak © fotolia/Jasmin Merdan S. 172: C3: 1 © Thinkstock/iStock/LuminaStock; 2 © Getty Images/Lighthousebay; 3 © Thinkstock/iStock/sanjagrujic; 4 © Thinkstock/Purestock; 5 © Thinkstock/Wavebreak Media S. 176: Alle: Franz Specht, Weßling S. 177: Typisch Deutsch: Franz Specht, Weßling; Ü3 © Thinkstock/iStock/Raywoo

Arbeitsbuch

S. AB 86 : Ü2 © Thinkstock/iStock/bokan76 S. AB 87: Ü4 © Thinkstock/iStock/nyul S. AB 88: Ü9 © Thinkstock/Big Cheese Photo S. AB 89 : Ü13: 1 © fotolia/Gerhard Seybert; 2 © Thinkstock/Purestock S. AB 90: Ü15 © fotolia/Dash; Ü16: A © Thinkstock/iStock/bst2012; B © Thinkstock/iStock/XiXinXing; C © Thinkstock/Purestock S. AB 94: Ü25: 1 © Thinkstock/PHOTOS.com/Jupiterimages; 2 © Thinkstock/Pixland; 3 © GettyImages/alvarez S. AB 97: Ü3 © PantherMedia/Yuri Arcurs S. AB 99: Ü3 © Thinkstock/iStock/bowdenimages S. AB 100: Ü7 © Thinkstock/iStock/MEROSS S. AB 103: Ü15 © Thinkstock/iStock/R_Type S. AB 104: Ü17 © Thinkstock/iStock/shironosov S. AB 106: Ü21: A © Thinkstock/iStock/Ridofranz; B © fotolia/Tyler Olson

Lernwortschatz

Bildredaktion: Iciar Caso, Hueber Verlag, München
Illustrationen: Jörg Saupe, Düsseldorf